高等教育自学考试日语专业系列教材

实用日语

总 主 编　彭广陆
副总主编　何　琳　马小兵
审　　订　守屋三千代

初级（下册）

主　编　何　琳　磐村文乃
副主编　周　彤　王轶群　刘艳文

北京大学出版社
PEKING UNIVERSITY PRESS

图书在版编目(CIP)数据

实用日语：初级.下册/彭广陆总主编；何琳,磐村文乃主编.—北京：北京大学出版社，2010.8
(高等教育自学考试日语专业系列教材)
ISBN 978-7-301-17616-0

Ⅰ.①实… Ⅱ.①彭…②何…③磐… Ⅲ.①日语－高等教育－自学考试－教材 Ⅳ.①H36

中国版本图书馆 CIP 数据核字(2010)第 151491 号

书　　　名：实用日语：初级(下册)
著作责任者：彭广陆　总主编　何　琳　磐村文乃　主编
责 任 编 辑：兰　婷
标 准 书 号：ISBN 978-7-301-17616-0/H·2614
出 版 发 行：北京大学出版社
地　　　址：北京市海淀区成府路 205 号　100871
网　　　址：http://www.pup.cn
电　　　话：邮购部 62752015　发行部 62750672　编辑部 62767347　出版部 62754962
电 子 信 箱：lanting371@163.com
印　刷　者：北京鑫海金澳胶印有限公司
经　销　者：新华书店
　　　　　　787 毫米×1092 毫米　16 开本　21.25 印张　530 千字
　　　　　　2010 年 8 月第 1 版　2010 年 8 月第 1 次印刷
定　　　价：46.00 元(附有光盘)

未经许可，不得以任何方式复制或抄袭本书之部分或全部内容。
版权所有，侵权必究
举报电话：(010)62752024　电子信箱：fd@pup.pku.edu.cn

编委会成员

主任： 彭广陆（北京大学教授）
顾问： 守屋三千代（创价大学教授）

（以汉语拼音为序）
稻垣亚文（北京博师堂语言文化学校外国专家）
高　靖（北方工业大学讲师）
宫崎泉（北京林业大学外国专家）
何　琳（首都师范大学副教授）
刘　健（首都师范大学讲师）
刘艳文（中央民族大学讲师）
马成芬（首都师范大学图书馆员）
马小兵（北京大学副教授）
磐村文乃（北京大学外国专家）
彭广陆（北京大学教授）
王轶群（中国人民大学副教授）
周　彤（北京科技大学讲师）

插图： 崔小征

前　言

《实用日语　初级（上册·下册）》、《实用日语　中级（上册·下册）》、《实用日语　高级（上册·下册）》是北京市高等教育自学考试日语专业"初级日语（一）（二）"、"中级日语（一）（二）"、"高级日语（一）（二）"课程的指定教材，是根据有关教学大纲及考试大纲编写的。本教材具有以下特点：

（1）编写阵容强大

编者均为高等院校专门从事日语教学和研究的中日专家学者，绝大多数长年活跃在日语教学第一线，有着丰富的日语教学经验和编写日语教材的宝贵经验，这是本教材质量上乘的根本保证。

（2）语言地道、生动、实用

本教材会话课文由多名中日专家、学者在充分讨论的基础上集体撰写，保证了语言的地道、规范，为广大日语学习者提供了优质的语言学习素材。会话中固定的出场人物、连贯的故事情节，都为充分体现日语的特征提供了保证。同时场景自然合理，语言生动，引人入胜，力求帮助学习者轻松快乐地完成学习。

（3）内容充实、贴近生活

本教材内容贴近实际生活，能够满足学习者在生活和工作上的需求。为保证教材的实用性，除了日常生活的话题外，还穿插了必要的商务活动等相关内容，力求帮助学习者为将来从事与日语有关的商务工作打下坚实的基础。本套教材不仅注重语言本身，还注重文化上的差异，帮助学习者培养良好的跨文化交际的能力。

（4）编排新颖、形式多样

本教材无论在形式上还是内容上，均努力突出高自考的特点，把学习者的需求放在第一位。教材编排重点突出、层次清晰，注重中国人的学习特点，适合成年人自学日语，同时也更加适合开展课堂教学。每课均由单词、语法、课文、表达解说、词汇解说、练习、自测题以及小知识组成，不仅内容充实，各种索引也颇为完备。

（5）简明、灵活、高效

本教材解说简明扼要，练习形式灵活多样，为帮助学习者及时检测自己学习的状况，还配有涵盖所有学习重点的自测题，这样可以保证学习者高效地掌握日语，为学

习者在听说读写译诸方面的均衡发展打下牢固的基础。

（6）与日语能力考试直接接轨

编者在编写本套教材时，充分考虑到与日本国际交流基金会和日本国际教育支援协会实施的日语能力考试的衔接，可以说，《实用日语》涵盖了日语能力考试所有不同级别的语法项目以及绝大多数的单词，其对应情况大致如下：

《实用日语　初级（上册）》————N5（原4级）

《实用日语　初级（下册）》————N4（原3级）

《实用日语　中级（上册）》————N3（原3级、2级）

《实用日语　中级（下册）》————N2（原2级）

《实用日语　高级（上册·下册）》——N1（原1级）

总之，本套教材不仅是日语高自考的推荐教材，也是希望用最短的时间轻松掌握日语的学习者的首选教材，同时，还适合作为大学公外、二外、辅修教材使用。

衷心希望本套教材可以帮助以汉语为母语的学习者顺利打开日语的大门，为学习者日语综合应用能力及跨文化交际能力的培养助一臂之力。

《实用日语》编委会

2010年5月7日

《实用日语 初级（上册·下册）》使用说明

　　《实用日语 初级（上册·下册）》是为参加自学考试的日语初学者精心设计的入门教材，力求帮助学习者培养初步的日语综合应用能力，掌握基础的日语语言知识和一定的语言技能，为后续阶段的日语课程学习及应用打下良好的基础，同时培养跨文化交际能力，开阔视野。

　　成年人的外语学习中语言知识的积累至关重要。对于采用自学方式的初级阶段学习者来说，从语言知识入手，掌握语法、词汇的基本规律，是最有效的学习方法。

　　《实用日语 初级（上册·下册）》的整体结构、学习内容、学习方法的指导均围绕自学考试以业余自学为主、学习时间灵活自由等特点设计，帮助学习者以最高效、最简便易学的方法掌握日语。同时，本教材也适合在学校系统地进行学习。

　　《实用日语 初级（上册·下册）》各课由单词表、语法学习、课文、表达解说、词汇解说、练习、自测题、听力训练以及小知识组成。

　　首先，每课第1页是各课需要达到的能力目标以及将要学习的主要语法项目，帮助你了解学习的目标，使学习更加有效。

　　第2页是该课需要学习、使用的单词总表，单词总表按照词性和单词的关联性排列，便于学习、记忆。建议你先熟读这些词汇，这样以后读语法的例句、课文以及做练习时就能够比较顺利。开始的时候不必要求自己记住每一个单词，后面学习例句、读课文、做练习的时候都是你背单词的过程，只要一课的学习结束时能够熟练掌握就可以了。在每页的最下面有一个小的单词表，列出了该页出现的生词，按照出现的顺序排列，根据需要只列出了声调和汉语释义，这样使用起来更加方便。

　　单词表之后，我们安排了语法学习，通过例句及简单明了的解说，帮助你理解语法项目的结构、规律和意义。语法解说尽量避免了复杂的专业用语，用最通俗易懂的语言进行讲解。每个语法条目都配有相应的练习，你可以学完一个语法项目之后，做一下后面相应的基础练习，加深理解，学会应用。语法条目没有按照会话课文中的出现顺序，而是按照重要程度排列，主要项目在前。

　　会话课文围绕几个固定人物的生活和工作展开，由于人物的身份、关系固定，能够更好地表现日语的特点，帮助你加深理解，为你提供最佳的学习素材，这也是本教材的一个主要特点。出场人物每一句话的内容、语言形式都与他的身份和人物之间的关系以及场景有关，所以请你在学习会话课文时，一定要关注场景和人物关系。

　　表达解说主要是解释说明一些交际中常用的表达方式，或者课文中需要特别注意的难点。表达解说的项目在会话中均用颜色标示出来。所以，在学习会话课文时，如果你

发现有些不好理解的句子在前面的单词和语法部分没有出现，请到表达解说中查找。

词汇解说主要对一些需要扩展的词汇和难懂的词汇进行解说。

本教材的练习包括基础练习、会话练习、应用练习三个部分。基础练习的主要目的是帮助你理解、掌握语法项目，与前面的语法解说顺序、内容相对应，既可以在完成每个语法项目时做，也可以学习完会话、课文之后做，目的是巩固所学的语法知识。会话练习选择了一些能够广泛使用、场景明确的会话模块，注重的是实用性。考虑到有相当一部分学习者采用的是自学的学习方式，应用练习设计了一些能够帮助你提高日语的应用能力，同时能够独立完成的练习。当然，建议你找几个伙伴一起学习，因为合作学习是非常有效的外语学习法。

为了帮助你了解自己对每课学习内容掌握的情况，我们为每课设计了自测题。自测题形式多样，涵盖所有学习内容。通过完成自测题你可以及时发现自己的问题，及时查漏补缺。通过自测题进行自我检测的结果可以分成「たいへんよくできました（真棒！）」「よくできました（不错！）」「がんばりました（很努力！）」「もうすこしです（再加把劲儿哦！）」4个等级，请你根据自己完成的情况给自己一个评价吧。自测题中有阅读练习，阅读练习的单词单独列表，不计算在考试大纲的词汇内。

限于篇幅，日本社会文化小知识无法涵盖日本所有的社会文化知识，希望它能够起到抛砖引玉的作用，引起你对日本社会文化的关注。

最后为了便于使用，卷末配上了各部分的索引。此外，由于初级阶段动词、形容词的变化较多，需要重点练习，因此，我们为你准备了一个"动词、形容词表"，建议你每学一种变化，就利用这个表反复进行相关练习，打好基础。这样不仅能够帮助你尽快掌握语法规则，对听力、会话也会有很大的帮助。

本教材配有光盘，请专业播音员录制了单词、课文、听力练习。另外，为了给自学的同学更大的帮助，本书作者将语法例句、基础练习的部分也录制成了声音文件，放在了网站里，请登录使用（http://www.bjbsht.com/）。

完成《实用日语　初级（上册・下册）》的学习后，你的日语水平可以达到全日制普通高等院校日语专业本科1年级的结业水平，可以参加北京市高等教育自学考试日语（基础阶段）专业"初级日语（一）（二）"的考试，同时达到新日语能力考试5级、4级的水平。

祝你学习顺利！

《实用日语》编委会
2010年7月7日

主要人物

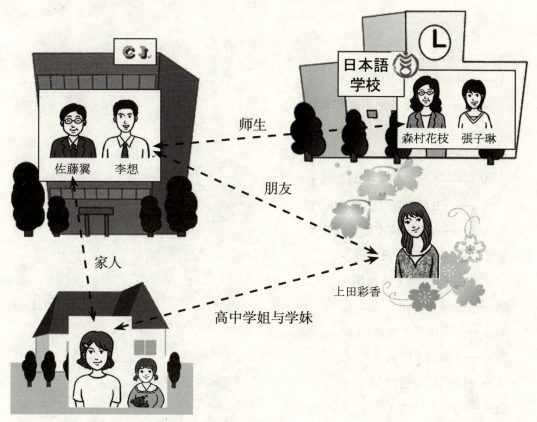

李 想
（り そう）

28岁。中日合资企业CJ的IT技术人员。爱好是日本的动漫和游戏。为了参加公司的日本软件开发项目，开始了日语的学习。

上田 彩香
（うえだ あやか）

27岁。留学生，自由撰稿人。大学毕业后曾经在日本的出版社工作，后辞职来到北京留学。

佐藤 翼
（さとう つばさ）

33岁，日本人。中日合资企业CJ日本项目负责人。驻华职员。李想的同事。

森村 花枝
（もりむら はなえ）

42岁，日本人。北京某日语培训学校的教师。

張 子琳
（ちょう しりん）

20岁，中国人。高自考学生。来自大连，是李想在日语培训学校的同学。

佐藤 久美
（さとう くみ）

29岁，日本人。佐藤翼之妻，上田高中的学姐，与丈夫和女儿一起在中国生活。

咲（さき）

5岁，佐藤翼之女。

缩略语、符号一览

N——名詞（名词）

A——形容詞（形容词）

　　A₁——Ⅰ類形容詞（Ⅰ类形容词）

　　A₂——Ⅱ類形容詞（Ⅱ类形容词）

V——動詞（动词）

　　V₁——Ⅰ類動詞（Ⅰ类动词）

　　V₂——Ⅱ類動詞（Ⅱ类动词）

　　V₃——Ⅲ類動詞（Ⅲ类动词）

　　自——自動詞（自动词）

　　他——他動詞（他动词）

副——副詞（副词）

連体——連体詞（连体词）

感——感動詞（叹词）

接——接続詞（连词）

助——助詞（助词）

S——文（句子）

⓪①②③ —— 声调符号（有两个声调时，常用者在前）

目 录

第16課	お久しぶり、元気だった？	1
第17課	あのプロジェクトについてどう思いますか	25
第18課	書いたら直してくれませんか	42
第19課	日本語で書いた文章を見ていただけないでしょうか	64
第20課	週末は家で勉強しようと思っています	84
第21課	遠くまでよく見えますね	104
第22課	楽しそうに話していました	122
第23課	準備しておきます	139
第24課	あそこに登れば、故宮が見渡せるんです	155
第25課	これからは遅れないように気をつけなさい	172
第26課	電源をオフのままにしてしまいました	190
第27課	スピーチコンテストが開かれました	210
第28課	いろいろな経験をさせてもらって、楽しかったです	234
第29課	李想くんのことを非常に期待なさっているようです	250
第30課	日本でまたお会いできるのを楽しみにしています	272

本册出现的各种动词形式	288
词汇解说索引	289
表达解说索引	290
单词索引	291
文化专栏索引	299
动词、形容词、副词表	300
语法索引	306
参考书目	310
编者后记	311
北京市高等教育自学考试课程考试大纲	312

第16課

お久しぶり、元気だった？

学习目标
★ 理解关系亲密者之间的对话。
★ 寒暄，道谢。
★ 谈论自己的经历。

学习项目
- 简体句
- ～たら＜假设、条件＞
- Vたら、～た＜契机—发现＞
- Vないで＜否定＞
- A₁て；N／A₂で＜原因、理由＞
- のに＜转折＞
- Nとして＜资格、身份＞
- Nがする＜感官、感觉＞
- Vてよかった＜评价＞
- ～おかげで＜积极的原因＞
- けど＜顺接＞

单 词 表

冬休み（ふゆやすみ）③	【名】寒假
平日（へいじつ）⓪	【名】平日，非节假日，日常
新年会（しんねんかい）③	【名】新年会（刚过完年后举办的新年宴会）
春節（しゅんせつ）⓪	【名】春节
爆竹（ばくちく）⓪	【名】爆竹，鞭炮
現在（げんざい）①	【名】现在，目前
時代（じだい）⓪	【名】时代，时期
直轄市（ちょっかつし）④	【名】直辖市
港町（みなとまち）③	【名】港口城市
町中（まちじゅう）⓪	【名】整个城市
街（まち）②	【名】街道，城镇
雰囲気（ふんいき）③	【名】氛围，气氛
台風（たいふう）③	【名】台风
首都（しゅと）①②	【名】首都
海外（かいがい）①	【名】海外，国外
ヨーロッパ(Europe)③	【名】欧洲
お宅（おたく）⓪	【名】府上，您家；您
手作り（てづくり）②	【名】自己做，手工制作
手料理（てりょうり）②	【名】亲手做的菜
豆腐（とうふ）⓪	【名】豆腐
饅頭（まんじゅう）③	【名】豆包，包子
味（あじ）⓪	【名】味道
匂い（におい）②	【名】气味
感じ（かんじ）⓪	【名】感觉，知觉
ボランティア(volunteer)②	【名】志愿者
人生（じんせい）①	【名】人生
都合（つごう）⓪	【名】情况，方便（与否）
泥人形（どろにんぎょう）③	【名】泥人，泥塑
旅館（りょかん）⓪	【名】（日式）旅馆
畳（たたみ）⓪	【名】榻榻米，草垫，草席
洋服（ようふく）⓪	【名】西服，西装
サークル(circle)⓪①	【名】社团活动，小组活动
公務員（こうむいん）③	【名】公务员

第16課　お久しぶり、元気だった？

君（きみ）⓪	【名】你
涙（なみだ）①	【名】眼泪
おかげ⓪	【名】得到的恩惠，多亏，因为
科学技術（かがくぎじゅつ）④	【名】科学技术
この間（このあいだ）⓪	【名】前些日子
怖い（こわい）②	【形Ⅰ】可怕的，令人害怕的
懐かしい（なつかしい）④	【形Ⅰ】怀念的，眷恋的
細い（ほそい）②	【形Ⅰ】细，细的
正しい（ただしい）③	【形Ⅰ】正确的，正当的
辛い（つらい）⓪②	【形Ⅰ】痛苦，难过，难受
気持ちいい（きもちいい）④	【形Ⅰ】心情好，舒服
うるさい③	【形Ⅰ】吵闹的；爱唠叨的；麻烦的
寂しい（さびしい）③	【形Ⅰ】寂寞，孤单，无聊
かたい②⓪	【形Ⅰ】硬的，坚硬的
複雑（ふくざつ）⓪	【形Ⅱ】复杂的
変（へん）①	【形Ⅱ】奇怪，古怪
華やか（はなやか）②	【形Ⅱ】华丽，华美，辉煌
壮大（そうだい）⓪	【形Ⅱ】雄伟
古風（こふう）①	【形Ⅱ】古老样式，老派作风
危険（きけん）⓪	【名・形Ⅱ】危险
大きな（おおきな）①	【連体】大的
講義（こうぎ）①	【名・自Ⅲ】讲义；讲解，授课
留守（るす）①	【名・自Ⅲ】不在家；看家
相談（そうだん）⓪	【名・自他Ⅲ】商量，征求意见
化粧（けしょう）②	【名・自Ⅲ】化妆，梳妆
体験（たいけん）⓪	【名・他Ⅲ】经历，经验，体验
案内（あんない）③	【名・他Ⅲ】引导，导游；通知
心配（しんぱい）⓪	【名・他Ⅲ】担心，牵挂
故障（こしょう）⓪	【名・自Ⅲ】故障，坏
感動（かんどう）⓪	【名・自Ⅲ】感动
アドバイス（advice）①③	【名・自Ⅲ】建议
考える（かんがえる）④③	【他Ⅱ】思考，认为
誘う（さそう）⓪	【他Ⅰ】邀请
太る（ふとる）②	【自Ⅰ】发胖
守る（まもる）②	【他Ⅰ】保护，守护；遵守
決める（きめる）⓪	【他Ⅱ】决定，规定
さす①	【他Ⅰ】撑（伞）
乗り換える（のりかえる）④	【他Ⅱ】倒车，换乘
炊く（たく）⓪	【他Ⅰ】煮（饭）
焼く（やく）⓪	【他Ⅰ】烧，烤

沸く(わく)②⓪	【自Ⅰ】沸腾，水开
込む(こむ)①	【自Ⅰ】拥挤
泣く(なく)⓪	【自Ⅰ】哭泣
要る(いる)⓪	【自Ⅰ】需要
鳴る(なる)⓪②	【自Ⅰ】发出响声
すく②⓪	【自Ⅰ】饿；空，空荡
寄る(よる)⓪	【自Ⅰ】顺便去；靠近
栄える(さかえる)③	【自Ⅱ】繁荣，兴旺
過ごす(すごす)②	【他Ⅰ】度过，生活
驚く(おどろく)③	【自Ⅰ】吃惊，惊讶
着く(つく)①	【自Ⅰ】到达，抵达
泊まる(とまる)⓪	【自Ⅰ】下榻，住宿
並ぶ(ならぶ)⓪	【自Ⅰ】排列，列队；并列
見つける(みつける)⓪	【他Ⅱ】找；找到，发现
通じる(つうじる)⓪	【自Ⅰ】理解；精通；通往，通
慣れる(なれる)②	【自Ⅱ】习惯，熟练
落ち着く(おちつく)⓪	【自Ⅰ】稳定；镇定，沉着
久しぶり(ひさしぶり)⓪	【副】好久不见，（隔了）好久
どんどん①	【副】接连不断，顺利
十分(じゅうぶん)③	【副・形Ⅱ】十分，非常，充分地；充足，足够
ほとんど②	【副】几乎（都，不）
さっき①	【副】刚才
なかなか⓪	【副】比较，相当，挺
なんだか⓪	【副】总觉得，不自得
わずか①	【副】仅，一点点
もうすぐ③	【副】马上，即将
あっという間(あっというま)⓪	【副】瞬间，一下子
-ぶり	经过……，时隔……
-め	（程度）一点
-風(-ふう)	样子，态度，风格
-用(-よう)	用途，用处

けど【助】表示顺接关系，用作前提或开场白
～たら（表示条件、假设）如果，……的话
～として 作为
のに（表示转折关系），可是，却

▶ 地　名

伊豆(いず)⓪　　　　　北京南駅(ぺきんみなみえき)①-③

第16課　お久しぶり、元気だった？

语法学习

1. 简体句

敬体、简体形式对照表

词类	敬体		简体	
	肯定	否定	肯定	否定
动词	行きます	行きません	行く	行かない
	行きました	行きませんでした	行った	行かなかった
Ⅰ类形容词	寒いです	寒くないです 寒くありません	寒い	寒くない
	寒かったです	寒くなかったです 寒くありませんでした	寒かった	寒くなかった
Ⅱ类形容词	便利です	便利ではありません 便利じゃありません 便利ではないです 便利じゃないです	便利だ	便利ではない 便利じゃない
	便利でした	便利ではありませんでした 便利じゃありませんでした 便利ではなかったです 便利じゃなかったです	便利だった	便利ではなかった 便利じゃなかった
名词	学生です	学生ではありません 学生じゃありません 学生ではないです 学生じゃないです	学生だ	学生ではない 学生じゃない
	学生でした	学生ではありませんでした 学生じゃありませんでした 学生ではなかったです 学生じゃなかったです	学生だった	学生ではなかった 学生じゃなかった

★ 日语的语体有敬体和简体之分。敬体语气恭敬，用于较为正式的场合或需要对听话人表示尊敬时；简体语气较为随意，可用于关系亲密的人之间或听话人身份地位低的情况。口头发言、书信等一般使用敬体，报纸、论文、日记等书面语言一般使用简体。

☆ 以「です・ます」形式（及其变形）结尾的句子都是敬体句。

☆ 简体句句尾可用「の」表示疑问的语气，如例（5）。要注意「の」接名词或Ⅱ类形容词时不是「N／AⅡだの」，而是「N／AⅡなの」。

(1) 昨日はいい天気だった。友達と香山へ行った。
(2) 張：今日のテストはちょっと難しかったね。
　　李：そうだね。僕もあまりよくできなかった。
(3) 佐藤：李さん、課長が呼んでいるよ。
　　李　：はい、分かりました。すぐ行きます。
(4) 翼　：お湯、沸いているよ。
　　久美：あ、本当だ。コーヒーを入れるね。
(5) 久美：バター、要るの？
　　咲　：要らない。

2．〜たら

(1) 大学を卒業したら、どんな仕事がしたいですか。
(2) 講義が終わったら、事務室に来てください。
(3) 王さんに会ったら、この本を渡してください。
(4) もし暑かったら、クーラーをつけてください。
(5) 明日もし雨だったら、家でテレビを見る。

3．Vたら、〜た

(1) 窓を開けたら、雨が降っていました。
(2) お風呂に入ったら、電話が鳴りました。
(3) 本屋に行ったら、5年ぶりに高校時代の友達に会いました。
(4) 駅に着いたら、もう電車は出ていました。
(5) 食べてみたら、とてもおいしかった。

★「たら」的接续方法是：将动词、I类形容词"た形"的"た"换成「たら」即可，名词和II类形容词则后续「だったら」。
☆「〜たら」可以表示条件，此时强调时间上的先后顺序，即前项成立后再进行后项的动作，相当于"一……就……、……之后就……"，如例（1、2）。也可以表示假设，即如果前项成立，则进行后项的动作，相当于"如果……就……"，这种情况下，可以和「もし」呼应，明确假设的语气，如例（3-5）。

★ 此句式表示进行了V这个动作后，紧接着就发生了后句所述的动作，或发现了后句所述的状态。后句一般为过去时的形式。

☆ 这个句式常常含有"出乎意料"的语气，相当于"……之后，（竟然）就……"。

たんご

沸く②⓪ 水开，沸腾　　要る⓪ 需要　　講義① 讲义，课　　鳴る⓪② 响
-ぶり 经过……，时隔……　　時代⓪ 时代，时期

4．Vないで

(1) 砂糖を入れないで、コーヒーを飲みます。
(2) うちの子は帽子をかぶらないで遊びに行きました。
(3) 今朝、朝ご飯を食べないで会社へ来ました。
(4) 冬休みは故郷に帰らないで、あちこち旅行しました。
(5) 先生に聞かないで、自分で考えてください。

★「Vないで」可以表达两种意义：
（一）表示在不进行前项动作V的情况下，做后项动作。相当于"不V（就）……"，如例（1-3）；
（二）表示并列，否定前项肯定后项，相当于"不V，而是……"，如例（4、5）。

5．A₁／Vて；N／A₂で

(1) 合格の知らせを聞いて、うれしくて泣きました。
(2) 中国のあちこちを旅行して、とても楽しかったです。
(3) 日本語が分からなくて、困りました。
(4) 宿題が多くて、テレビを見る暇がありません。
(5) 台風で電車が止まりました。
(6) 使い方が複雑で、なかなかできません。

★ 动词、I类形容词的"て形"以及名词、II类形容词加"で"的形式可以用于表示原因或理由。一般主句的谓语都是意志性较弱的表达方式。

6．のに

(1) さっき食べたのに、もうおなかがすきました。
(2) 雨が降っているのに、傘もささないで歩いています。
(3) 寒いのに、コートも着ないで出かけました。
(4) 上手なのに、どうしてみんなの前で歌わないんですか。
(5) 平日なのに、大勢の人で、大変込んでいる。

★「のに」表示转折关系，相当于"但是……；却……"。

☆「のに」的接续方式与此前学过的「ので」相同，接在动词、形容词的连体形及"名词＋な"的后面。

たんご

冬休み ③ 寒假　考える ④③ 思考，认为　泣く ⓪ 哭泣　台風 ③ 台风　複雑 ⓪ 复杂的
すく ②⓪ 饿；空，空荡　さす ① 撑（伞）　平日 ⓪ 非节假日，日常　込む ① 拥挤，混杂

7. Nとして

(1) 兄は大学を卒業した後、公務員として3年間働きました。

(2) 毎週日曜日、わたしはボランティアとして、留学生たちに中国の文化を紹介しています。

(3) 人生の先輩として、アドバイスをした。

(4) 北京は中国の首都として、栄えている。

★「として」用于表示动作主体进行某动作时的资格或身份。相当于"作为……"等。

8. Nがする

(1) この豆腐は、ちょっと変な味がします。

(2) 隣の部屋からコーヒーの匂いがしました。

(3) 窓の外で、大きな音がしました。

(4) この歌は、なんだか悲しい感じがするね。

★「がする」前接表示味道、气味、声音、感觉等的名词，表示"尝到某种味道、闻到某种气味、听到某种声音、有某种感觉"等。

9. Vてよかった

(1) とてもいい映画で、見てよかったです。

(2) いろいろなおもしろいことを体験した。日本に来てよかった！

(3) かばん、見つかってよかったね。

(4) 君と結婚してよかった。

★用于表示对已经发生的事情的积极评价，表达"幸好做了该事；做了该事，真好"的意思。

10. ～おかげで

(1) 上田さんのおかげで、日本語が上手になりました。

(2) 科学技術のおかげで、生活が便利になりました。

(3) 十分に復習したおかげで、試験はよくできました。

(4) 海がきれいなおかげで、魚がたくさんいます。

★「おかげで」接在"名词＋の"或动词、形容词的连体形后面，表示带来某种积极结果的原因。相当于"多亏了……"。

たんご

公務員③公务员　ボランティア②志愿者　人生①人生　アドバイス①③建议　首都①②首都　栄える③繁荣，兴旺　豆腐⓪豆腐　変①奇怪，古怪　味⓪味道　匂い②气味　大きな①大的　感じ⓪感觉，知觉　体験⓪经历，经验，体验　君⓪你（用于男性亲切地称呼同辈或同辈以下的人）　おかげ⓪得到的恩惠，多亏　科学技術④科学技术　十分③十分，充分

11. けど

(1) 伊豆(いず)の温泉に行ったけど、暖かくて富士山もきれいだったよ。

(2) 悪いですけど、この椅子、使ってもいいですか。

(3) すみませんが、明日はちょっと都合(つごう)が悪いんですけど。

(4) A：じゃ、日曜日に行こうか。
    B：日曜日は仕事なんだけど。

(5) 上田：地下鉄で行きましょうか。
    李　：地下鉄だと、2回も乗(の)り換(か)えなければならないんですけど。

> ★「けど」（「けれども／けれど」）除了连接具有转折关系的句子外，有时也可表示单纯的接续，此时前句相当于后句的前提或开场白，如例（1、2）。
> ☆当后句的内容为不便说明的情况或是向对方的建议、要求等时，「けど」之后的句子常常会省略，表达出委婉的语气。如例（3—5）。
> ☆「が」也有同样的用法。

「Vて」与「Vたら」

「Vたら」与「Vて」均可用于连接前后两个动作，但是具有以下不同。

1．「～たら」表示后项动作以前项动作为条件，即在前动作实现的条件下，做后项动作；而「～て」只是单纯描述前后两个动作相继发生。

　(1) a. 図書館へ行ったら、本を借りてきてください。
　　　b. 図書館へ行って、本を借りてきてください。
　(2) a. 図書館へ行ったら、勉強できる。
　　　b. 図書館へ行って、勉強する。

2．后项以「た」结尾时，用「～て」连接的前后两个动作，要求主语必须一致；而「～たら」则不同，其后项一般表示出乎说话人意料之外的事情，即说话人的非意志性动作或某一状态。

　(3) 図書館へ行って（×行ったら）、本を借りてきた。
　(4) 図書館へ行ったら（×行って）、木村さんもいた。
　(5) 図書館へ行ったら（×行って）、休みだった。

たんご

伊豆 ⓪ 伊豆　　都合 ⓪ 情况，方便（与否）　　乗り換える ④ 倒车，换乘

ユニット1

（上田和久美在交谈）

上田：先輩、**お久しぶりです**。

久美：お久しぶり、**元気だった？**

上田：はい、おかげさまで。みなさん、**お元気ですか**。

久美：ええ。みんな元気よ。

上田：**この間_{あいだ}はありがとうございました。新年会_{しんねんかい}、とても楽しかったです**。

久美：こちらこそ、いろいろありがとう。

上田：春節_{しゅんせつ}はどちらで？

久美：わたしたちは日本に帰ったけど、彩香ちゃんは？

上田：こちらで過_すごしました。李さんの案内_{あんない}で天津にも行って来ました。

久美：そう。よかったね。初めての春節はどうだった？

上田：町中_{まちじゅう}が華_{はな}やかで、爆竹_{ばくちく}の音がすごくて驚_{おどろ}きました。日本はどうでしたか。

久美：伊豆_{いず}の温泉に行ったけど、暖かくて富士山もきれいでね…。

上田：温泉ですか、いいなあ。わたしも帰国したら行きたいです。

久美：あ、そうだ。これ、お土産のお饅頭_{まんじゅう}。早_{はや}めに食べてね。

上田：わあ、うれしい。どうもありがとうございます。

たんご

この間 ⓪ 前些日子，上次　　新年会 ③ 新年会　　春節 ⓪ 春节　　過ごす ② 度过，生活

案内 ③ 引导，导游；通知　　町中 ⓪ 整个城市　　華やか ② 华丽，华美，辉煌

爆竹 ⓪ 爆竹，鞭炮　　驚く ③ 吃惊　　饅頭 ③ 豆包；包子　　—め（程度）一点

ユニット2

　冬休みは日本に帰らないで、ずっと中国で過ごした。

　春節には李さんの案内で天津に行った。天津は中国の4つの直轄市の一つで、昔から港町として栄えたところだ。現在は、北京南駅から新幹線でわずか30分。乗ったら、あっという間に着いた。街は古風な雰囲気で、ヨーロッパ風の建物が並んでいる。初めて来たのになんだか懐かしい感じがした。天津は横浜とよく似ている。

　天津でいいものを見つけた。かわいい子どもの「泥人形」！お土産用にもたくさん買った。

　李さんのお宅にもお邪魔した。お父さんの手作りの餃子も、お母さんの手料理も本当においしくて感動した。わたしの中国語はあまり通じなくて、残念だったが、楽しい時間を過ごすことができた。

　李さんのおかげで、中国の春節が体験できて本当によかった。

たんご

直轄市④直辖市　港町③港口城市　現在①现在，目前　北京南駅①-④北京南站
わずか①仅，一点点　あっという間⓪瞬间，一下子　着く①到达，抵达　街②街道，城镇
古風①②古老样式，老派作风　雰囲気③气氛　ヨーロッパ③欧洲　〜風 样子，态度，风格
並ぶ⓪排列，列队　なんだか①总觉得　懐かしい④怀念，眷恋　見つける⓪找；找到，发现
泥人形③泥人，泥塑　-用 用途，用处　お宅⓪府上，您家；您　手作り②自己做，手工制作
手料理②亲手做的菜　感動⓪感动　通じる⓪通，理解；通往

 解　说

表达解说

1. お久しぶりです

久未见面的人再见时的寒暄语，关系较亲近的人之间可以用更口语化的说法「お久しぶり」，意思是"很久不见了"，"很久没联系了"。一般不对上级或长辈使用。

2. 元気だった？/お元気ですか

「お元気ですか」用于询问对方近况，可用于口语，也可用于书信。意思是"你（您）还好吗"。简体形式「元気だった？」用于关系亲近者或者轻松的场合，要读升调。本教材中久美是上田的学姐，两人关系亲近，久美年龄地位高于上田，所以久美对上田使用简体，而上田是学妹，所以对学姐使用敬体形式。回答时一般用「おかげさまで（元気です）」。

3. この間はありがとうございました。新年会、とても楽しかったです

日本人在见面时，经常会提起上一次的共同体验，再次表示感谢、歉意等。本教材上册第15课，上田和李想曾经受到邀请在佐藤家聚会，春节过后这是第一次见面，所以上田对上次的聚会表示感谢。感谢的方式一个是直接说「この間はありがとうございました」，同时最好还要告诉对方和他（她）在一起自己非常愉快，如「新年会、とても楽しかったです」。

词汇解说

1. 先辈

「先輩」一词在日语中使用比较广泛，在同一所学校学习或学习过的同学或校友，年级高的为「先輩」；在同一个单位工作的同事，资历老或先到该单位的为「先輩」，它可以加在姓氏的后面使用，例如「山田先輩」。「先輩」的反义词是「後輩（こうはい）」。「先辈」一般可以直接用作称呼，以示对对方的尊敬，而「後輩」则不能。

2. -中

后缀「-中（じゅう）」接在不同的名词后面构成的派生名词，大致可以表示如下三种意义：

① 接在表示空间、范围的名词后面，表示该整个区域或包含在该范围之内的所有的

事物之意。例如：「世界中（せかいじゅう）」（整个世界，全世界）、「町中」。

② 接在表示时间的名词后面，表示整个期间之意。例如：「一年中（いちねんじゅう）」（一整年，全年）、「一日中（いちにちじゅう）」（一整天）、「一晩中（ひとばんじゅう）」（整个一晚上）、「夏中（なつじゅう）」（整个一夏天）。

③ 接在表示组织、团体的名词或集合名词后面，表示其整个机构或所有成员之意。例如：「学校中（がっこうじゅう）」（整个学校，全校上下）、「親戚中（しんせきじゅう）」（所有的亲戚）。

3．-め

后缀「-め（目）」一般接在与量或程度有关的Ⅰ类形容词的词干后面，表示比起一般的程度，该倾向或性质更加明显，它构成派生名词或派生Ⅱ类形容词，多用假名书写。例如：

(1) **厚めの本／細めの糸**
(2) **短めに切る。**
(3) **大きめなほうを選ぶ。**

4．-風

后缀「-風（ふう）」接在名词后面，表示具有该风格、特色、样式之意。例如：「**日本風の建物**」、「**学者風の人**」。

5．なんだか

副词「なんだか」表示说话人的一种不明原因的主观感受。例如：

(1) **なんだか**寂しい。
(2) **なんだか**心配になってきた。
(3) **なんだか**変だ。

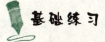

1. **简体句（N、A_Ⅱ）**

   例　大学生です ➡ 大学生だ ➡ 大学生でした ➡ 大学生だった

   (1) 103号室です　　　　　　(2) きれいな町です
   (3) 複雑です　　　　　　　　(4) 元気です

複雑 ⓪ 复杂的

2．简体句（N、A_II 否定）

　　例　高校生ではありません　➡　高校生ではない
　➡　高校生ではありませんでした　➡　高校生ではなかった
　　（1）いい天気ではありません　　（2）食堂ではありません
　　（3）静かではありません　　　　（4）有名ではありません

3．简体句（A_I）

　　例　細いです　➡　細い　➡　細かったです　➡　細かった
　　（1）やさしいです　　（2）厳しいです
　　（3）すごいです　　　（4）正しいです

4．简体句（A_I 否定）

　　例　厳しいです　➡　厳しくないです
　➡　厳しくなかったです　➡　厳しくなかった
　　（1）大きいです　　（2）おかしいです
　　（3）遅いです　　　（4）暑いです

5．简体句（V）

　　例　見ます　➡　見る　➡　見ました　➡　見た
　　（1）起きます　（2）書きます　（3）読みます　（4）遊びます
　　（5）知ります　（6）笑います　（7）焼きます　（8）取ります
　　（9）します　　（10）来ます　　（11）利用します　（12）覚えます

6．简体句（V否定）

　　例　見ません　➡　見ない　➡　見ませんでした　➡　見なかった
　　（1）行きません　　（2）立ちません　　（3）切りません
　　（4）終わりません　（5）起きません　　（6）置きません
　　（7）返しません　　（8）吸いません　　（9）しません
　　（10）来ません　　（11）運転しません　（12）飲みません

たんご

細い ② 细，细的　　正しい ③ 正确的，正当的　　焼く ⓪ 烧，烤

第16課 お久しぶり、元気だった？

7. 簡体句

例 爆竹の音がすごくて驚きました ➡ 爆竹の音がすごくて驚いた。
(1) おじいさんの家に行きましたが、おじいさんは留守でした
(2) 北京はとても広いです
(3) 昨日のテストは難しかったです
(4) 豚肉はあまり好きではありません
(5) 夜、1人で出かけるのは危険です
(6) 天津でかわいい泥人形を見つけました
(7) 日本に来て半年経ちましたが、まだ畳の生活には慣れていません

8. Vたら

例 日本へ行く・富士山に登りたい ➡ 日本へ行ったら、富士山に登りたい。
(1) 近くに来る・家に寄ってください
(2) 向こうに着く・連絡してください
(3) この仕事が終わる・すぐ帰る
(4) この薬を飲む・元気になる

9. N／A_IIたら

例 雨・出かけない ➡ 雨だったら、出かけません。
(1) 英語・分かる
(2) 便利・買う
(3) 複雑でない・使ってみる
(4) 留学生でない・このサークルに入ることができない

10. A_Iたら

例 難しい・やめましょう ➡ 難しかったら、やめましょう。
(1) 辛い・泣いてもいいです
(2) 怖い・その映画は見ないでください
(3) 高くない・買います
(4) 寒くない・散歩に行きましょう

たんご

留守⓪ 不在家，看家　　危険⓪ 危险　　畳⓪ 榻榻米，草垫，草席　　慣れる② 习惯，熟练
寄る⓪ 顺便去，靠近　　サークル⓪① 社团活动　　辛い② 痛苦，难过　　怖い②⓪ 可怕，令人害怕

11. Vないで

   例 日本へ帰る・こちらで春節を過ごした
   → 日本へ帰らないで、こちらで春節を過ごした。
   (1) 修理する・新しいのを買った
   (2) 勉強する・毎日遊んでいる
   (3) 夜も寝る・勉強している
   (4) 映画館へ行く・DVDで映画を見る

   > 不做A，取而代之做B。

12. Vないで

   例 両親と相談する・留学を決める
   → 両親と相談しないで、留学を決めました。
   (1) 朝ご飯を食べる・会社へ行く   (2) 住所を書く・手紙を出した
   (3) 勉強する・試験を受ける   (4) 化粧する・出かける

   > 在不做A的情况下，做B。

13. AⅠて・N／AⅡで

   例 うれしい・涙が出た → うれしくて、涙が出ました。
   (1) うるさい・勉強できない   (2) 難しい・分からない
   (3) 静か・気持ちいい   (4) 心配・落ち着かない
   (6) 病気・休む   (6) 仕事・海外へ行く

14. N／AⅡのに

   例 日曜日・会社へ行った → 日曜日なのに、会社へ行きました。
   (1) 学生・勉強しない   (2) 中国人・中国文化をあまり知らない
   (3) 複雑・すぐ分かった   (4) 歌が下手・よくカラオケに行く

15. AⅠのに

   例 高い・たくさん買った → 高いのに、たくさん買いました。
   (1) 近い・タクシーで行った   (2) 寒い・姉はスカートをはいている
   (3) 若い・何でも知っている   (4) 教室が汚い・誰も掃除しない

たんご

相談 ⓪ 商量，征求意见　**決める** ⓪ 决定，规定　**化粧** ② 化妆，梳妆　**涙** ① 眼泪
うるさい ③ 吵闹的，爱唠叨的，麻烦的　**気持ちいい** ④ 心情好，舒服　**心配** ⓪ 担心，牵挂
落ち着く ⓪ 稳定，镇定　**海外** ① 海外，国外

第16課　お久しぶり、元気だった？

16. Vのに
　　例　薬を飲んだ・なかなか治らない
　→　薬を飲んだのに、なかなか治りません。
　　(1) 会議はもうすぐ始まる・まだ誰も来ていない
　　(2) さっき食べた・もうおなかがすいた
　　(3) よく勉強した・合格できなかった
　　(4) あまり食べていない・どんどん太る

17. Nとして
　　例　留学生・日本へ行く　→　留学生として日本へ行きました。
　　(1) 店員・あの喫茶店で働いていた
　　(2) 親・子どもを守らなければならない
　　(3) 客・自分の旅館に泊まる
　　(4) 女・生まれて幸せだ

18. Nがする
　　例　寂しい感じ　→　寂しい感じがします。
　　(1) バナナの味　　(2) 花の匂い　　(3) 子どもの声　　(4) 風の音

19. Vてよかった
　　例　来る　→　来てよかった。
　　(1) 日本語を勉強する　　　　　　(2) 歩いてくる
　　(3) 早めに出かける　　　　　　　(4) 友達に相談する

20. ～おかげで
　　例　インターネット・買い物が便利になった
　→　インターネットのおかげで買い物が便利になった。
　　(1) 音楽・友達がたくさんできた
　　(2) 先生・合格できた
　　(3) パソコンが故障した・李さんと友達になった
　　(4) 早く起きた・彼女と同じ電車に乗ることができた

たんご

なかなか ⓪ 比較，相当，挺　　もうすぐ ③ 马上，即将　　さっき ① 刚才
どんどん ① 接连不断，顺利　　太る ② 胖　　守る ② 保护，守护；遵守　　旅館 ⓪ 旅館
泊まる ⓪ 住，住宿，下榻　　寂しい ③ 寂寞，孤单，无聊　　故障 ⓪ 故障，坏

21. けど

  例 わたしもあの店へ行った・それほど高くなかった
  → わたしもあの店へ行ったけど、それほど高くなかった。
  (1) うちの大学に留学生がいる・ほとんど日本人留学生です
  (2) さっき大学に行った・学生がほとんどいなかった
  (3) 今から食事に行く・一緒に行きませんか
  (4) パンを買ってきた・食べませんか

22. Aめ

  例 ご飯をかたく炊いた → ご飯をかために炊きました。
  (1) 早く出発してください   (2) 多く作りましょう
  (3) 洋服はいつも大きいのを買う (4) 辛い料理が好きだ

23. Vてね

  例 早く来てください → 早く来てね。
  (1) たくさん食べてください   (2) これを使ってください
  (3) 忘れないでください   (4) 誰にも話さないでください

会话练习

1. 例 ①王さん ②来る ③王さんが来る ④教える

   A：①王さんは？
   B：まだ②来ていません。
   A：じゃ、③王さんが来たら、④教えてください。
   B：はい。

   (1) ①コピー   ②できる   ③できる   ④すぐ持ってくる
   (2) ①昼ご飯   ②食べる   ③食事が終わる ④ちょっと来る
   (3) ①レポート ②書く   ③できる   ④見せる

たんご

ほとんど ② 几乎　　かたい ②⓪ 硬的，坚硬的　　炊く ⓪ 煮（饭）　　洋服 ⓪ 西服，西装

2．例　①万里の長城　②壮大（そうだい）　③感動する

> A：①万里の長城はどうでしたか。
> B：②壮大で、③感動しました。
> A：そうですか。

(1) ①北海道　　②広い　　　　　　③感動する
(2) ①北京　　　②人が多い　　　　③びっくりする
(3) ①春節　　　②爆竹の音がすごい　③驚く

3．例　①タクシーで行く　②近い　③ちょっと疲れた

> A：①タクシーで行くの？
> B：うん。
> A：②近いのに。
> B：うん、でも③ちょっと疲れたから。

(1) ①この服、買う　　　　②高い　　　　　　③好き
(2) ①この本、買う　　　　②図書館にある　　③必要
(3) ①パーティー、行かない　②楽しみにしていた　③忙しい

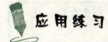応用练习

1．请用简体的形式复述课文1的内容。
2．请用简体写一篇日记，说说你这学期的学习计划。

1．写出下列划线部分汉字的假名。
(1) この<u>間</u>、李さんに会いました。
(2) 値段が高くて、<u>驚</u>いた。
(3) <u>富士山</u>がきれいです。
(4) 一年生に学校を<u>案内</u>した。
(5) <u>港</u>から大島が見える。

壮大 ⓪ 雄伟

(6) 昔、ここは小学校でした。
(7) テーブルにケーキや果物が並んでいる。
(8) 久しぶり。元気？
(9) 日本文化を体験できました。
(10) このテレビは音がいいです。

2．写出下列划线部分假名的汉字。
(1) 初めて海を見て、かんどうした。
(2) なつかしい歌を聴いた。
(3) あのたてものは体育館です。
(4) 優勝できなくてざんねんだ。
(5) あの店はふんいきがいいです。
(6) 料理はあっというまにできた。
(7) 夏休みは実家ですごした。
(8) 今日はあたたかくなりました。
(9) このまちはきれいになったね。
(10) ここはおんせんで有名です。

3．仿照例子完成下表。

起きます	起きる	起きない	起きた	起きなかった
します				
来ます				
見ます				
食べます				
会います				
行きます				
書きます				
過ごします				
待ちます				
遊びます				
読みます				
あります				
終わります				
やさしいです				
暖かいです				
懐かしいです				
華やかです				
静かです				
友達です				
お土産です				

4．在（　）中填入适当的助词，每个（　）填写一个假名，不需要助词的填×。
(1) お正月はどこ（　）過ごしましたか。
(2) 初めて（　）海外旅行はどうでしたか。
(3) 早め（　）食べてくださいね。
(4) 田中さんの案内（　）富士山に行きました。
(5) 町には新しい建物（　）並んでいる。
(6) 母は熱がある（　）（　）、休まないで働いている。
(7) 大学の４年間はあっという間（　）過ぎた。
(8) 仕事用（　）パソコンを３台買った。
(9) 隣の部屋から女の人の声（　）する。
(10) 娘は主人（　）よく似ている。
(11) みんなと楽しい時間（　）過ごすことができてよかった。

5．将（　）中的词改成适当形式填写在＿＿＿＿上。
(1) 北京に（着く）＿＿＿＿＿＿＿＿＿＿、電話をください。
(2) 爆竹の音が（すごい）＿＿＿＿＿＿＿＿＿＿、驚いた。
(3) 帰国（する）＿＿＿＿＿＿＿＿＿＿、温泉へ行きたい。
(4) 大連は日本の町とよく（似る）＿＿＿＿＿＿＿＿＿＿。
(5) 日本語を（勉強する）＿＿＿＿＿＿＿＿＿＿よかった。
(6) あの人は（学生）＿＿＿＿＿＿＿＿＿＿、ぜんぜん勉強しない。

6．正确排列句子的顺序，把序号填写在＿＿＿＿上。
(1) 上海＿＿＿＿＿＿＿＿＿＿＿＿。
　　①へ　　　②仕事　　　③で　　　④行きました
(2) ＿＿＿＿＿＿＿＿＿＿＿＿＿＿。
　　①使わないで　②作りました　③ケーキを　④卵を
(3) 夜＿＿＿＿＿＿＿＿＿＿＿＿。
　　①も　　　②起きた　　　③何度　　　④うるさくて
(4) ＿＿＿＿＿＿＿＿＿＿＿＿＿＿。
　　①日本へ　②行きたいです　③留学に　④卒業したら
(5) ＿＿＿＿＿＿＿＿＿＿＿＿＿＿。
　　①として　②中国文化を　③中国人　④知っていなければならない
(6) ＿＿＿＿＿＿＿＿＿＿＿＿。
　　①を　　　②持ってきて　　　③よかった　　　④傘

(7) ＿＿＿ ＿＿＿ ＿＿＿ ＿＿＿。
　　①が　　　②このお菓子は　③する　　　④バナナの味

(8) ＿＿＿ ＿＿＿ ＿＿＿ ＿＿＿。
　　①見つけた　②を　　　　　③店　　　　④ラーメンのおいしい

(9) ＿＿＿ ＿＿＿ ＿＿＿ 彼は来なかった。
　　①作って　　②待っていた　③料理を　　④のに

(10) 天津は昔から＿＿＿ ＿＿＿ ＿＿＿ ＿＿＿だ。
　　①ところ　　②港町　　　　③栄えた　　④として

7．把下列句子翻译成日语。

(1) 尽管是第一次来，我却感到非常亲切。

(2) 我到位于天津的小李家做客了。

(3) 上田春节没有回国，在北京过的年。

(4) 我的声音和妈妈非常像。

(5) 我说的汉语别人听不懂，真遗憾。

(6) 放了暑假之后，我想马上回老家。

(7) 现在从北京到上海乘飞机只需要2个小时。

(8) 这个茶有花的香气。

(9) 天津是中国四个直辖市之一。

(10) 街上有很多古老的欧式建筑。

8．阅读文章，判断后面图的对错，对的在括号里画圈，错的打叉。

僕は上田さんが天津で買ってきた泥人形だ。あの日からずっと上田さんと一緒に暮らしている。上田さんの家は北京大学の東門からまっすぐ行って、右に曲がったところにある。上田さんは一人で住んでいる。僕はいつも上田さんの部屋の机の上にいる。僕の隣には上田さんの家族の写真がある。お父さんはやさしい感じの人だ。お母さんはきれいな人だ。そして、上田さんはとてもまじめな人だ。毎日一生懸命勉強している。ときどき寝ないで原稿を書いている。もし僕が人間だったら手伝うんだけど…。上田さんは僕にいろいろ話しかけてくれるが、僕はいつも上田さんを見ているだけだ。本当は上田さんにいろいろ話したいことがある。僕が言葉を話すことができたらいいのに…。いつも僕は上田さんを見ているだけだが、上田さんと一緒に生活できて、僕は幸せだ。

① (　　　)　　② (　　　)

③ (　　　)　　④ (　　　)

听力训练

1. 听录音，从a.b中选择正确答案。
   (1) _____ (2) _____ (3) _____ (4) _____

2. 从a-c中选择适当的应答，完成对话。
   (1) _____ (2) _____ (3) _____ (4) _____

　　日本从1947年开始实行"6、3、3、4"学制，即小学六年，初中三年，高中三年，大学四年。其中小学到初中为九年义务教育。

　　日本的学校有国立、公立、私立之分，它们的区别主要在于资金的来源，国立学校、公立学校、私立学校分别由国家、地方政府、个人或企业出资办学。2004年4月起日本所有的国立大学实行了独立行政法人化改革，日本的大学正在发生一系列的变化。

　　日本的高等教育中除了四年制的综合大学以外还有单科大学和两年制的短期大学、女子大学等。大学包括学部和大学院。学部相当于中国的院或系，即本科阶段，大学院相当于中国的研究生院，设有硕士和博士课程。硕士（「修士(しゅうし)」）课程一般是2年，博士（「博士(はかせ／はくし)」）课程一般是3年，医学博士课程为4年。

　　日本的新学年从每年的4月1日开始，至下一年的3月底结束。学校假期一般为3次，春假、暑假和寒假。

第17課

あのプロジェクトについて どう思いますか

学习目标
★ 询问、叙述意见及感想。
★ 询问、说明风俗习惯。
★ 征求意见。
★ 提出建议。

学习项目
🖉 ～と思う＜思维活动＞
🖉 ～と言う＜言语行为＞
🖉 Nって＜话题＞
🖉 というN＜说明＞
🖉 ～でしょう＜推测、委婉的判断＞
🖉 Vたらどうですか＜建议＞
🖉 疑问词+Vたらいいか＜询问＞
🖉 Nについて＜内容＞
🖉 ところで＜转换话题＞
🖉 それとも＜选择＞

単 词 表

人間(にんげん)⓪	【名】人，人类
部長(ぶちょう)⓪	【名】部长
赤ん坊(あかんぼう)⓪	【名】婴儿，小宝宝
赤ちゃん(あかちゃん)①	【名】婴儿，小宝贝（对「赤ん坊」的爱称）
お礼(おれい)⓪	【名】表示感谢（的话或礼物）
バレンタインデー(St.Valentine's day)⑤	【名】情人节
ホワイトデー(white day)④	【名】白色情人节
チョコレート(chocolate)③	【名】巧克力
本命(ほんめい)⓪①	【名】真心的；最有希望的
義理(ぎり)②	【名】情义，（没有血缘的）亲戚关系
友情(ゆうじょう)⓪	【名】友情，友谊
キャンディー(candy)①	【名】糖果
刺身(さしみ)⓪	【名】生鱼片，刺身
財布(さいふ)⓪	【名】钱包
やけど⓪	【名】烧伤，烫伤
忘年会(ぼうねんかい)③	【名】年终联欢会
みんな③	【名】大家，各位
ステレオ(stereo)⓪	【名】立体声音响
プロジェクト(project)②③	【名】课题；计划；项目
開発事業(かいはつじぎょう)⓪-①	【名】开发事业
価値(かち)①	【名】价值
機会(きかい)②	【名】机会
流れ(ながれ)⓪	【名】水流；潮流；流派
雪国(ゆきぐに)②	【名】多雪的地方，雪乡
婚活(こんかつ)⓪	【名】相亲活动
将来(しょうらい)①	【名】将来
大学院(だいがくいん)④	【名】研究生院
日本語能力試験(にほんごのうりょくしけん)⑨	【名】日语能力测试
スケジュール(schedule)②③	【名】时间表，日程表
国際文化祭(こくさいぶんかさい)⓪-③	【名】国际文化节
すばらしい④	【形Ⅰ】非常好，盛大
苦い(にがい)②	【形Ⅰ】（味道）苦，痛苦
かっこいい④	【形Ⅰ】帅的，酷的

第17課　あのプロジェクトについてどう思いますか

丁寧(ていねい)①	【形Ⅱ】客气的，礼貌的
企画(きかく)⓪	【名・他Ⅲ】规划，计划
参加(さんか)⓪	【名・自Ⅲ】参加，加入
就職(しゅうしょく)⓪	【名・自Ⅲ】就业，就职
入学(にゅうがく)⓪	【名・自Ⅲ】入学
進学(しんがく)⓪	【名・自Ⅲ】升学
推薦(すいせん)⓪	【名・他Ⅲ】推荐
朝寝坊(あさねぼう)③	【名・自Ⅲ】睡懒觉
研究(けんきゅう)⓪	【名・他Ⅲ】研究
発表(はっぴょう)⓪	【名・他Ⅲ】发表，发布，宣布
賛成(さんせい)⓪	【名・自Ⅲ】赞成
反対(はんたい)⓪	【名・自Ⅲ】反对
お返し(おかえし)⓪	【名・自Ⅲ】还礼
思う(おもう)②	【自・他Ⅰ】认为，以为，思索
乾く(かわく)②	【自Ⅰ】干，干燥，干枯
塗る(ぬる)⓪	【他Ⅰ】涂抹
無くす(なくす)⓪	【他Ⅰ】丢失，弄丢
受ける(うける)②	【他Ⅱ】接受
さし上げる⓪④⑤	【他Ⅱ】（自谦）给，送
選ぶ(えらぶ)②	【他Ⅰ】选择
飾る(かざる)⓪	【他Ⅰ】装饰
はやる②	【自Ⅰ】流行
話し合う(はなしあう)④	【他Ⅰ】谈论，商量，协商
まさか①	【副】怎么会，万一
ところで③	【接】（用于转换话题）顺便说一句
それとも③	【接】还是
例の(れいの)①	【連体】（上次）那个
役に立つ(やくにたつ)②-①	有用处，有帮助
～合う(あう)	互相……
-屋(-や)	卖……的地方，……屋

～でしょう（表示推测或委婉的判断）大概……吧
って　叫做……
～という　叫做……，所谓……
～たらどうですか（表示建议）……怎么样？
について　关于

▶ 人　名

坂本竜馬(さかもとりょうま)⑤

语法学习

1. ～と思う

(1) これはすばらしい企画だと思います。

(2) 一人でも大丈夫だと思う。

(3) 来週も忙しいと思います。

(4) 昨日のパーティーには張さんも来ていたと思うけど。

(5) どうですか。中国語は難しいと思いますか。

(6) 劉さんは将来、中日の交流に役に立つ人間になりたいと思っています。

★「と思う」接在简体句后面，表示说话人的思考内容，相当于汉语的"我认为……；我觉得……"。格助词「と」表示内容。

☆ 以「と思う」结句的句子，只表示第一人称、即说话人的思考内容，所以一般省略主语；其问句可以用于询问第二人称（对方）的想法、看法，如例（5）；要表示第三人称的想法、看法，需要用「と思っている」的形式，如例（6）。

2. ～と言う

(1) 日本人は食事の前に「いただきます」と言います。

(2) A:「ステレオ」は中国語で何と言いますか。

B:"音响"と言います。

(3) 李さんも参加すると言いました。

(4) 上田さんは「天津旅行のお礼に」と言って、李さんにチョコレートをあげた。

★ 这个句式用于直接或间接引用。相当于汉语的"说……；叫……"。

たんご

企画 ⓪ 规划，计划　　思う ② 认为，以为，思索　　将来 ① 将来　　役に立つ ⓪-① 发挥作用

人間 ⓪ 人，人类　　ステレオ ⓪ 立体声音响　　参加 ⓪ 参加，加入

お礼 ⓪ 表示感谢（的话或礼物）　　チョコレート ③ 巧克力

第17課　あのプロジェクトについてどう思いますか

3．Nって

(1) 「子どもの日」って、いつですか。
(2) 「義理チョコ」って、何ですか。
(3) 赤ん坊って、赤ちゃんの意味ですね。
(4) 湖南料理って、辛いんですか。

★「って」用于提出话题，在口语中使用。

4．というN

(1) 「雪国」という小説を読んだことがありますか。
(2) さっき鈴木さんという方から電話がありました。
(3) 「久しぶり」は"好久不见了"という意味です。
(4) 日本人の友達から、来週北京へ旅行に来るというメールをもらいました。

★「というN」接在名词或简体句子后面，用于说明名词N的名称或内容，相当于汉语的"叫……的……；所谓……"。

5．～でしょう

(1) あの人は韓国人ではなく、日本人でしょう。
(2) 今洗ったら、午後には乾くでしょう。
(3) 北海道は涼しかったでしょう。
(4) 熱が下がったから、もう大丈夫でしょう。
(5) おばあさんは若い時はきっときれいだったでしょう。

★「でしょう」接在名词、II类形容词词干或动词、I类形容词的简体后面，表示说话人的推测或委婉的判断。

☆「でしょう」可以与「きっと」呼应，表示"肯定……吧"，如例(5)。

たんご

義理 ② 情义，（没有血缘的）亲戚关系　　赤ん坊 ⓪ 婴儿，小宝宝　　赤ちゃん ① 婴儿，小宝贝
雪国 ② 多雪的地方，雪乡　　久しぶり ⓪ 好久不见，（隔了）好久　　乾く ② 干，干燥，干枯

6．Vたらどうですか

(1) 近いから、自転車で行ったらどうですか。

(2) やけどですか。この薬を塗ってみたらどうですか。

(3) そんなに困っているんだったら、先生に相談したらどうですか。

(4) 財布を無くしたんですか。交番に行ったらどうですか。

★ 表示建议对方做某事，相当于汉语的"（做）……怎么样？"。

7．疑问词＋Vたらいいか

(1) お土産を買いたいのですが、どこで買ったらいいですか。

(2) 日本へ留学に行きたいのですが、どうしたらいいですか。

(3) こんな時、何と言ったらいいか分かりません。

(4) 忘年会は何日にしたらいいかみんなで相談しました。

★ 「Vたらいいか」接在疑问词后面，用于向对方询问做某事的最佳方法、时间、地点等。
☆ 「Vたらいいか」还可后续「分かる、知る、思う、聞く、相談する」等表示思维活动或言语行为的动词。

8．Nについて

(1) 佐藤さんの意見について、みなさんどう思いますか。

(2) 日本文化についてインターネットでいろいろ調べました。

(3) 新しいプロジェクトについてみんなで話し合いました。

(4) レポートは何について書いたらいいか先生に相談しました。

★ 「について」接在名词后面，表示语言或思维活动所涉及的对象，相当于汉语的"关于……；就……"等。

たんご

やけど ⓪ 烧伤，烫伤　　塗る ⓪ 涂抹　　財布 ⓪ 钱包　　無くす ⓪ 弄没，丢失　　交番 ⓪ 派出所
忘年会 ③ 年终联欢会　　みんな ③ 大家，各位　　プロジェクト ②③ 课题，计划，项目
話し合う ④ 交谈，讨论　　～合う 互相……

第17課　あのプロジェクトについてどう思いますか

9．ところで

(1) 場所が分からなかったら、携帯で連絡してください。
あのう、ところで、上田さん、お一人ですか。

(2) プロジェクトに参加できたらいいですね。ところで、出張はいつですか。

(3) 今日はお疲れ様でした。明日の会議は2時からです。忘れないでくださいね。ところで、会議の後、ちょっとご相談があるんですが…。

(4) 授業が多くて大変ですね。ところで、今度の週末は何か予定がありますか。

★连词「ところで」接在两个句子之间，用于转换话题。相当于"顺便说一句……；对了，……"等。

10．それとも

(1) どうやって行きますか。バス？　それとも地下鉄？

(2) 何を飲みますか。コーヒー、それとも紅茶？

(3) 日本料理がいいですか。それとも中華料理がいいですか。

(4) 卒業したら、就職するかそれとも進学するか、まだ決めていません。

★「それとも」用于连接名词或两个句子，构成选择疑问句，表示二者选一。相当于汉语的"是……，还是……？"。

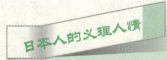
日本人的义理人情

　　"义理人情"一词来源于中国，在日本的历史文献中义理观念最早见于井原西鹤的《武家义理物语》，他所描述的是武士之间的义理。

　　所谓"义理"是指维持和谐的人际关系和社会关系的一种道德规范，即下对上、子对父、以及朋友、邻居等对等关系中所必须遵守的道义。比如："知恩图报"就是一种义理，如果不知道报恩，就会被人看成不懂义理之人。每逢中元、岁暮、年末，都会对平日照顾自己的人或公司赠送礼物表达谢意，这就是"义理"的一种典型表现。"人情"就是每个人对家庭、亲人的感情。这样，"义理"和"人情"就很容易形成对立。在现代社会中，为了维持良好的人际关系，人们仍然十分重视"义理和人情"。

たんご

ところで③（转换话题）顺便说一句　　それとも③还是　　就職⓪就职，就业　　進学⓪升学

ユニット1

（佐藤和小李谈论公司的新项目）

佐藤：李さん、新しいプロジェクトの企画があるんですが、知っていますか。

李　：あ、例(れい)のゲームソフトの開発事業(かいはつじぎょう)のことですね。

佐藤：そうです。あのプロジェクトについてどう思いますか。

李　：すばらしい企画だと思います。大変な仕事になるでしょうが、チャレンジする価値(かち)があると思います。

佐藤：じゃ、李さん、今度のプロジェクトに参加してみますか。

李　：えっ、参加できるんですか。

佐藤：わたしから部長(ぶちょう)に推薦(すいせん)してみましょうか。

李　：え、**本当ですか**。ありがとうございます。よろしくお願いします。

たんご

例の①（上次）那个　**開発事業**⓪-①开发事业　**すばらしい**④非常好，盛大　**価値**①价值　**部長**⓪部长　**推薦**⓪推荐

ユニット２

（小李向森村老师询问日本人还礼的习惯）

李　：あのう、先生、日本ではバレンタインデーにチョコレートをもらったら、お返(かえ)しはどうするんですか。

先生：そうですね。ホワイトデーにお返しをしますね。

李　：え、ホワイトって白という意味ですか。

先生：ええ。日本では３月14日をホワイトデーと言って、バレンタインデーにチョコレートなどをもらった男性が、そのお返しにキャンディーなどを女性に贈る日なんです。

李　：へえ、そんな習慣があるんですか。

先生：日本で始まった習慣です。李さんは日本人の女性にチョコレートをもらったんですか。

李　：**ええ、まあ**。天津案内のお礼にもらったんですが、お返し**はどうしたらいいかと思って**。

先生：そうですね。キャンディーなどお菓子でもいいんですが、その方の好きなものをさしあげたらどうですか。ところで、それは、義理チョコですか、それとも、本命(ほんめい)？

李　：えっ、**まさか**！

たんご

バレンタインデー⑤ 情人节　　お返し⓪ 还礼　　ホワイトデー④ 白色情人节
キャンディー① 糖果　　さしあげる⓪④⑤ 给，送　　本命⓪① 真心的　　まさか① 怎么会，万一

表达解说

1. 本当ですか
这里表示惊讶，会话1中小李没想到佐藤会向部长推荐自己加入软件设计项目，对此感到意外，意思是"真的吗?!"

2. ええ、まあ
当不好明确回答时，可以用「ええ、まあ」来回避。这里小李不好意思明确回答自己是否从女孩子那里收到了巧克力，所以敷衍一下。

3. ～はどうしたらいいかと思って
字面的意思是"我正在考虑该怎么样做呢"，实际上是向对方告知自己之所以做某事的原因。这里是李想告诉老师自己之所以问如何还礼的原因。

4. まさか
用于表达说话人难以置信的心情。会话中小李认为老师说的情况绝对不可能出现，意思是"不会吧，怎么可能?"

词汇解说

1. 例の
连体词「例の」用来指称说话人和听话人所熟知的人或事物。例如：
(1) 例の人は昨日も来ました。
(2) この間、また例の店に行きました。
(3) 例の件ですが。

2. ～価値がある
「価値がある」接在动词连体修饰语后面，表示"值得"之意。例如：
(1) その本は翻訳する価値があると思います。
(2) その展覧会は見る価値があります。
(3) 山田先生の講義は十分に聞く価値があります。

3. お返し
「お返し」表示接受别人礼物或贺礼后还礼，也指回赠的礼物。此外，「お返し」

还可以表示消费时店方找给顾客的钱，义同「お釣り」。例如：
(1) お返しをする時はタイミングも大切です。
(2) お返しは不要です。
(3) はい、10円のお返しです。

4．お礼

「お礼」意为表示感谢或为表示感谢而赠送的金钱或礼品。例如：
(1) お礼を言う。
(2) お礼の品を贈る。
(3) お見舞いのお礼にお手紙をさしあげました。

 基础练习

1．～と思う

　　例　日本語は難しくないです　➡　日本語は難しくないと思います。
　　(1) 水餃子のほうがヘルシーです　(2) これはとてもいい機会です
　　(3) そのやり方はよくないです　(4) この書き方のほうが丁寧です
　　(5) 天津は横浜とよく似ています　(6) 中国の春節が体験できてよかったです

2．～と言う

　　例　この花・日本語　➡　この花は日本語で何と言いますか。
　　(1) この野菜・英語　(2) この動物・中国語
　　(3) この色・韓国語　(4) このお菓子・日本語

3．Nって

　　例　上田さんは佐藤さんの後輩ですか
　　　➡　上田さんって佐藤さんの後輩ですか。
　　(1) 天津はどんなところですか　(2) インターネットは便利ですね
　　(3) 日本語は美しいですね　(4) 泥人形はかわいいですね

たんご

機会 ②⓪ 机会　　丁寧 ① 客气的，礼貌的

4．Nという
例　「朝寝坊」・言葉の意味を調べた
　→　「朝寝坊」という言葉の意味を調べました。
(1) 「友情」・テーマで作文を書いた
(2) 「川の流れのように」・歌を歌った
(3) 中国には「冷たいものを飲んではいけない」・考え方がある
(4) 「婚活」・言葉がはやっている

5．～でしょう
例　李さんはもう家に帰りました　→　李さんはもう家に帰ったでしょう。
(1) ホワイトって白という意味です
(2) あの薬は苦いです
(3) 三、四種類しかありません
(4) 日本の調味料は外資系のスーパーにあります

6．Vたらどうですか
例　電話で調べる　→　電話で調べたらどうですか。
(1) ご両親と相談する　　　　(2) 新しい携帯を買う
(3) 大学の近くに引越しする　(4) 大学院の入学試験を受ける

7．疑問詞＋たらいいか
例　どれを選ぶか　→　どれを選んだらいいでしょうか。
(1) 両親に何と言うか　　(2) この絵をどこに飾るか
(3) 誰に相談するか　　　(4) いつ渡すか

8．Nについて
例　日本のお祭り・調べた　→　日本のお祭りについて調べました。
(1) 日本文化・研究している　　(2) 最近の大学生の生活・発表した
(3) 将来・友達と話し合った　　(4) プロジェクト・先輩からいろいろ聞いた

たんご

朝寝坊③ 睡懒觉　友情⓪ 友情　流れ⓪ 水流，潮流，流派　婚活⓪ 相亲活动　はやる② 流行
苦い②（味道）苦；痛苦　大学院④ 研究生院　入学⓪ 入学　受ける② 受，接受　選ぶ② 选择
飾る⓪ 装饰　研究⓪ 研究　発表⓪ 发表，发布，宣布

第17課　あのプロジェクトについてどう思いますか

9．それとも

　　例　大学を卒業したら就職する・大学院に入る
　→　A：大学を卒業したら就職しますか、それとも大学院に入りますか。
　　　B：就職します。
　　(1)　大学まで歩いて行く・バスで行く
　　(2)　その意見に賛成だ・反対だ
　　(3)　今年日本語能力試験を受ける・来年受ける
　　(4)　コーヒーにする・紅茶にする

会話練習

1．例　①この小説　　②おもしろい

> A：①この小説についてどう思いますか。
> B：②とてもおもしろいと思います。
> A：そうですか。

　　(1)　①この映画　　　　　　　②あまりおもしろくない
　　(2)　①この旅行のスケジュール　②ほかの旅行会社のよりいい
　　(3)　①李さんのレポート　　　　②とてもよくできている

2．例　①王さんは行かない　　②最近忙しい

> A：①王さんはどうして行かないの？
> B：②最近忙しいからでしょう。
> A：そう。

　　(1)　①みんなはその仕事をやりたくない
　　　　②夜遅くまで働かなければならなくて、大変だ
　　(2)　①あの歌手はあんなに人気がある
　　　　②かっこいい
　　(3)　①劉さんは木村さんにキャンディーをあげた
　　　　②バレンタインデーにチョコレートをもらった

たんご

賛成 ⓪ 赞成　　反対 ⓪ 反对　　日本語能力試験 ⑨ 日语能力测试
スケジュール ②③ 时间表，日程表　　かっこいい ④ 帅的，酷的

3．例　①先日「桜屋」へ行った　　②店　③刺身がおいしい

> A：先日①「桜屋」へ行きました。
> B：ああ、あの②店は③刺身がおいしいですね。
> A：そうですね。

(1) ①「坂本竜馬」のＤＶＤを買った　　②ドラマ　③すばらしい
(2) ①国際文化祭で田中さんと会った　　②あの人　③おもしろい人
(3) ①富士屋でパソコンを買った　　　　②電気屋　③安い

应用练习

1．用「～たらいい」来给以下同学提建议。

(1) 日本語が上手にならないんです。
(2) ダイエットしたいんです。
(3) お金がほしいんです。
(4) 日本のドラマが見たいんです。
(5) 留学について知りたいんです。
(6) 日本の企業に就職したいんです。

2．仿照课文中的例子，介绍以下几个词的意思。自己尝试着想几个词来介绍一下吧。

例　ホワイトデー
　　日本では３月14日をホワイトデーと言って、バレンタインデーにチョコレートなどをもらった男性が、そのお返しにキャンディーなどを女性に贈る日です。

(1) バレンタインデー　(2) 春節　(3) 教師節　(4) 花見
(5) ホワイトデー　　(6) 天津　(7) 富士山　(8) 新年会

－屋　卖……的地方，……屋　　刺身⓪生鱼片　　坂本竜馬⑤坂本龙马　　国際文化祭⓪－③国际文化节

第17課　あのプロジェクトについてどう思いますか

1．写出下列划线部分汉字的假名。
(1) わたしたちは新しいソフトを開発しています。
(2) この企画についてどう思いますか。
(3) この仕事はやる価値があると思う。
(4) 劉さんを会長に推薦した。
(5) お返しにりんごをあげました。
(6) 日本と中国は習慣が違う。
(7) 女性が参加してもいいですか。
(8) これは彼女に贈る誕生日プレゼントです。
(9) この言葉の意味を教えてください。
(10) 授業は何時に始まりますか。

2．从a-d中选择正确答案。
(1) 日本語能力試験に_____しようと思います。
　　a．チャレンジ　b．プロジェクト　c．ゲームソフト　d．バレンタインデー
(2) 兄は_____1年で会社をやめた。
　　a．もっと　　b．ぜんぜん　　c．わずか　　d．なんだか
(3) 昔、よくこの店でお茶を飲みました。_____。
　　a．きびしい　b．あたらしい　c．うらやましい　d．なつかしい
(4) やっといい仕事を_____。
　　a．見た　　　b．見えた　　　c．見つかった　d．見つけた
(5) 広い海を見て、_____。
　　a．違った　　b．頑張った　　c．邪魔した　　d．感動した
(6) 楽しみにしていた運動会が中止になって、_____。
　　a．幸せです　b．残念です　　c．渋滞です　　d．うれしいです
(7) この話は父に言っても_____。
　　a．過ごさない　b．通じない　c．勤めない　d．貸さない

3．在（　）中填入适当的助词，每个（　）填写一个假名，不需要助词的填×。
(1) 新しいプロジェクト（　）参加した。
(2) 社長（　）李さんを推薦した。
(3) 悪いのは劉さんではない（　）思います。

(4) お礼（　）中国のお茶をあげました。
(5) これは日本（　）始まった習慣です。
(6) 海外の大学で勉強すること（　）留学と言う。
(7) この花は日本語（　）何と言いますか。
(8) 隣のおばさんから野菜をもらいましたので、お返し（　）しました。
(9) 隣のおばさんから野菜をもらいましたので、お返し（　）餃子をあげました。
(10) この漢字は何（　）読みますか。

4．正确排列句子的顺序，把序号填写在＿＿＿＿上。

(1) 中国のバレンタインデーは男性が＿＿＿＿＿＿＿＿＿＿＿＿日です。
　　a．贈る　　　　b．に　　　　c．女性　　　　d．プレゼントを
(2) 2月14日＿＿＿＿＿＿＿＿＿＿＿＿日です。
　　a．バレンタインデー　b．いう　　c．と　　　　d．は
(3) 中国では大晦日に＿＿＿＿＿＿＿＿＿＿＿＿があります。
　　a．習慣　　　　b．餃子　　　c．食べる　　　d．を
(4) 先生にお礼をしたいのですが、＿＿＿＿＿＿＿＿＿＿＿＿か。
　　a．でしょう　　b．したら　　c．どう　　　　d．いい
(5) ＿＿＿＿＿＿＿＿＿＿＿＿ですか。
　　a．どう　　　　b．さしあげたら　c．中国のお茶　d．を
(6) おせち料理って、＿＿＿＿＿＿＿＿＿＿＿＿のことです。
　　a．料理　　　　b．お正月　　c．食べる　　　d．に
(7) 電車に＿＿＿＿＿＿＿＿＿＿＿＿。
　　a．あっという間　b．に　　　c．着いた　　　d．乗ったら
(8) おかげさまで＿＿＿＿＿＿＿＿＿＿＿＿。
　　a．体験　　　　b．が　　　　c．できた　　　d．楽しい
(9) うちでは晩ご飯の後＿＿＿＿＿＿＿＿＿＿＿＿。
　　a．習慣　　　　b．あります　c．散歩する　　d．が
(10) これは＿＿＿＿＿＿＿＿＿＿＿＿です。
　　a．香水　　　　b．彼　　　　c．もらった　　d．から

5．把下列句子翻译成日语。

(1) 我觉得不应该做那样的事。

(2) 我估计电影马上就完了，再等一会儿吧。

(3) 我觉得小李不是说那种话的人。

(4) 我觉得这个工作值得挑战。

(5) 我们公司从3年前就开始这个游戏软件的开发工作了。

(6) 你对情人节送礼物这个现象怎么看？

(7) 过年吃饺子这个习惯是从什么时候开始的？

(8) 我想向大家推荐一本日本的小说。

6．阅读文章，判断后面问题的对错。

> 中国と日本の習慣はいろいろな面で違います。例えば、中国では一つの皿の料理をみんなで取り分けて食べますが、日本では一人分ずつ分かれています。お箸もそれぞれ決まっています。
> 　中国の人は友達と手をつなぐことは仲がいいことだと思いますが、日本の人はあまり手をつなぎません。
> 　新年を迎える時、中国ではにぎやかなのがいいと思います。日本では、過ぎた一年のことを考えて静かに過ごす人が大勢います。
> 　また、日本ではプレゼントをもらった後、次に会った時にもお礼を言うのが礼儀です。
> 　いろいろ違いはありますが、お互いに誠意をもって接したら、きっと理解できるでしょう。大切なのは相手の考えを尊重することです。

問題：
①日本も中国も普通一つのお皿の料理をみんなで食べます。（　　）
②日本ではそれぞれ自分のお箸があります。（　　）
③日本の人はよく友達と手をつなぎます。（　　）
④日本の正月は中国ほどにぎやかではありません。（　　）

听力训练

1．听录音，从a.b中选择正确答案。

(1) _____　　(2) _____　　(3) _____　　(4) _____

書いたら直してくれませんか

学习目标
- ★ 请求帮助。
- ★ 提出建议。
- ★ 说明自己的决定和计划。
- ★ 推荐。

学习项目
- くださる／いただく／さしあげる＜物品的授受・敬语＞
- Ｖてくれる／もらう／あげる＜行为的授受＞
- Ｖたいと思う＜愿望＞
- Ｎの／Ｖために＜目的＞
- Ｖなくてはならない／いけない＜要求、义务＞
- Ｖことにする＜决定＞
- Ｖ／ＡⅠても；Ｎ／ＡⅡでも＜让步＞
- Ｖといい＜愿望、建议＞
- ～し、～＜并列＞
- 格助词＋の
- Ｖた＋Ｎ
- 表示动作阶段的复合动词

単　词　表

観光客(かんこうきゃく)③	【名】游客
小学生(しょうがくせい)③④	【名】小学生
メンバー(member)①	【名】成员，分子
チーム(team)①	【名】队，队伍，团队
試合(しあい)⓪	【名】比赛
神社(じんじゃ)①	【名】神社
外国(がいこく)⓪	【名】外国
歴史(れきし)⓪	【名】历史
興味(きょうみ)①	【名】兴趣
文章(ぶんしょう)①	【名】文章
論文(ろんぶん)⓪	【名】论文
アルバム(album)⓪	【名】影集，相册
ネット(net)①	【名】网络
柔道(じゅうどう)①	【名】柔道
病気(びょうき)⓪	【名】病，疾病
給料(きゅうりょう)①	【名】工资
スイカ⓪	【名】西瓜
漢方薬(かんぽうやく)③	【名】中药
パワーポイント(power point)⓪-①	【名】幻灯片，PPT
辺(へん)⓪	【名】一带
技術(ぎじゅつ)①	【名】技术
詳しい(くわしい)③	【形Ⅰ】详细的；对……熟悉的
えらい②	【形Ⅰ】了不起的，伟大的
急(きゅう)⓪	【形Ⅱ】突然的，紧急的
健康(けんこう)⓪	【名・形Ⅱ】健康
ジョギング(jogging)⓪	【名・自Ⅲ】慢跑
ダイエット(diet)①	【名・自Ⅲ】减肥
希望(きぼう)⓪	【名・自他Ⅲ】希望，要求
翻訳(ほんやく)⓪	【名・他Ⅲ】翻译，笔译
勤務(きんむ)①	【名・自Ⅲ】工作，勤务
説明(せつめい)⓪	【名・他Ⅲ】说明，解释
貯金(ちょきん)⓪	【名・自Ⅲ】存款，储蓄
出席(しゅっせき)⓪	【名・自Ⅲ】出席，参加
プレゼン(「プレゼンテーション」presentation的缩略语)⓪	【名・自Ⅲ】演示，介绍

くださる③	【他Ⅰ】（尊他）给（我）
いただく④	【他Ⅰ】（自谦）领受；吃，喝
直す（なおす）②	【他Ⅰ】修改，改正；修理
運ぶ（はこぶ）⓪	【他Ⅰ】搬，运，运送，搬运
続ける（つづける）⓪	【他Ⅱ】持续
願う（ねがう）②	【他Ⅰ】祝愿
吹く（ふく）①②	【自他Ⅰ】吹；刮（风）
持つ（もつ）①	【他Ⅰ】拿，持有，有
別れる（わかれる）③	【自Ⅱ】分别，分手
晴れる（はれる）②	【自Ⅱ】晴朗，放晴
増える（ふえる）②	【自Ⅱ】增加
優れる（すぐれる）③	【自Ⅱ】优秀的，出众的
曲がる（まがる）⓪	【自Ⅰ】弯曲；拐弯
飛ぶ（とぶ）⓪	【自Ⅰ】飞，飞翔
勝つ（かつ）①	【自Ⅰ】胜利，取胜，战胜
集まる（あつまる）③	【自Ⅰ】集合，聚集
もてる②	【自Ⅱ】受异性的欢迎
読み始める（よみはじめる）⑤	【他Ⅱ】开始读
吸い始める（すいはじめる）⑤	【他Ⅱ】开始吸（抽）
読み終わる（よみおわる）④	【他Ⅰ】读完
食べ終わる（たべおわる）④	【他Ⅰ】吃完
通い続ける（かよいつづける）⑥	【自Ⅱ】一直去
書き続ける（かきつづける）⑤	【他Ⅱ】一直写
泣き出す（なきだす）③	【自Ⅰ】哭起来
直し合う（なおしあう）④	【他Ⅰ】互相修改
大体（だいたい）⓪	【副】大体上，基本上
突然（とつぜん）⓪	【副】突然
互いに（たがいに）⓪	【副】互相
気に入る（きにいる）⓪-⓪	喜欢，中意
-式（-しき）	……仪式，……典礼

～ために（表示目的）为了……

～なくてはならない／いけない（表示义务）必须，不得不

～ことにする　决定……

～ても（でも）即使……也……

～といい（表示建议）……就好了，……比较好

～し、～（表示并列）既……也

▶ 地　名

西安（せいあん）①

第18課　書いたら直してくれませんか

语法学习

1．くださる／いただく／さしあげる

(1) 先生が日本語の辞書を**くださいました**。

(2) 先輩が妹にかわいい人形を**くださいました**。

(3) 鈴木さんに誕生日プレゼントを**いただきました**。

(4) これは先生に**いただいた**本です。

(5) 卒業の時、先生にアルバムを**さしあげました**。

(6) 課長に中国のお土産を**さしあげました**。

2．Vてくれる／もらう／あげる

(1) 上田さんが日本語で書いた作文を**直してくれました**。

(2) 王さんがコンサートのチケットを**買ってくれました**。

(3) 李さんに餃子の作り方を**教えてもらいました**。

(4) １年生たちにパーティーの準備を**してもらいましょう**。

(5) 張さんは上田さんに本を**貸してあげました**。

(6) わたしは子どもたちに本を**読んであげました**。

> Vてくれる：前面的动词是他人的动作
> Vてもらう：前面的动词是他人的动作
> Vてあげる：前面的动词是自己的动作

★「くださる／いただく／さしあげる」分别是授受动词「くれる／もらう／あげる」的敬语表现形式，表达对话题中提到的人物的敬意。

☆「くださる」用于地位高的人给"我"（或我方的人）某物。

☆「いただく」用于"我"（或我方的人）从地位高的人处得到某物。

☆「さしあげる」表示"我"（或我方的人）给地位高的人某物。

★「くれる／もらう／あげる」是"物体的授予"，「Vてくれる／もらう／あげる」则相当于"行为的授予"，通常用于表示某人受益的动作。

☆当听话人是长辈、上级或关系不亲近者时，一般不直接对其使用「Vてあげる」的形式，即不要说"我为你做……"，以免给对方带来心理负担。

たんご

くださる ③（尊他）给（我）　　**いただく** ④（自谦）领受；吃，喝　　**アルバム** ⓪ 影集，相册

3．Vたいと思う

(1) 卒業したら、日本へ留学に行きたいと思います。

(2) 今週中に、レポートを書きたいと思います。

(3) 周さんの話を聞いたら、いつか西安(せいあん)へ行ってみたいと思った。

(4) 今日は日本の柔道(じゅうどう)について紹介したいと思います。

★「Ｖたい」用于说话人直接表达自己的愿望，要向别人描述自己的愿望时，则可使用「Ｖたいと思う」这个句式，意为"我想要……"。

4．Nの／Vために

(1) 健康(けんこう)のために、毎朝ジョギングしています。

(2) ダイエットのために、夜は果物しか食べません。

(3) 日本語を勉強するために、日本へ留学しました。

(4) 家を買うために、一生懸命働いています。

★「ために」接在"名词＋の"或动词词典形后面，用来表示目的，意为汉语的"为了……"之意。后句的动词为自主动词，表示为了实现该目的而采取的手段。

☆「ため」属于名词性质。

5．Vなくてはならない／いけない

(1) 毎日、予習と復習をしなくてはいけません。

(2) これからもっと頑張らなくてはなりませんね。

(3) もうこんな時間ですか。そろそろ帰らなくては。

(4) 張　：この本はなかなか勉強になりますよ。

　　上田：そうですか。じゃ、わたしも読まなくては。

★「Ｖなくてはならない」或「Ｖなくてはいけない」与此前学过的「Ｖなければならない」意义相近，表示要求或义务，相当于"必须……；得……"。

☆口语中有时省略为「Ｖなくては」。

たんご

西安①西安　柔道①柔道　健康⓪健康　ジョギング⓪慢跑　ダイエット①减肥

6．Vことにする

(1) 頭が痛いので、今日は学校を休むことにします。

(2) 今日からタバコをやめることにしました。

(3) 鈴木さんは新しいプロジェクトには参加しないことにしました。

(4) 気に入りましたが、高いから、買わないことにしました。

★「ことにする」接在动词的词典形或"ない形"后面，用于表示动作主体决定做或不做某事。相当于"（我）决定……"。

7．V／A₁ても；N／A₂でも

(1) 友達と会う約束をしたから、明日雨が降っても、出かけなくてはなりません。

(2) 前からずっと読みたいと思っていた本ですから、高くても買います。

(3) 体が丈夫でも、健康に気をつけないと、病気になりますよ。

(4) このごろは忙しくて、休みの日でも会社に行かなければなりません。

★将动词、Ⅰ类形容词的"て形"中的「て」换成「ても」，名词、Ⅱ类形容词加「でも」，表示让步转折的条件。即"即使……也……"。

8．Vといい

(1) 明日晴れるといいですね。

(2) 病気が早く治るといいね。

(3) 分からない単語があったら、辞書で調べるといいよ。

(4) 上田：北京南駅まで、どう行ったらいいですか。

　　李　：地下鉄４号線で行くといいですよ。

★「といい」接在动词的简体形式后面，主要有两种用法：
（一）用于表示自己的愿望，表达"如果……就好了"的心情，如例（1、2）；（二）用于向对方建议，相当于"……比较好；最好是……"等，如例（3、4）。

たんご

気に入る 喜欢，中意　　**病気** ⓪ 病，疾病　　**晴れる** ② 晴朗，放晴

9. ～し、～

(1) 雨も降っている**し**、風も吹いている。
(2) 張さんは歌も上手です**し**、スポーツも得意です。
(3) この辺は交通も便利だ**し**、緑も多い**し**、高くても住みたいです。
(4) もう、会社をやめたい。仕事も忙しい**し**、給料も安い**し**…。

★「し」用于连接两个或两个以上的分句，表示并列关系，相当于汉语的"既……也……；又……又……"等。

☆「し」有时也可用于罗列理由，如例（3、4）。

10. 格助词＋の

A	B
上田さん**が**留学する	上田さん**の**留学
日本語**を**勉強する	日本語**の**勉強
日本**に**留学する	日本**への**留学
天津**へ**出張する	天津**への**出張
3時**から**会議が始まる	3時**からの**会議
母**に**手紙を出す	母**への**手紙
北京**で**生活する	北京**での**生活
日本人**と**会話する	日本人**との**会話
学校**まで**案内する	学校**までの**案内

★「が／を／に／へ／から／で／と／まで」被称作格助词，一般接在名词后面与动词搭配使用（如A组）。除此之外，这些格助词还可以与「の」结合构成复合形式，用于修饰名词（如B组）。

☆注意没有「がの」、「をの」和「にの」的形式。

(1) 北京**での**生活はとても楽しいです。
(2) 意味は大体分かりますが、中国語**への**翻訳はなかなか難しいです。
(3) 外国**からの**観光客が増えています。
(4) アメリカチーム**との**試合はいつですか。

たんご

吹く①② 刮（风）　辺 ⓪ 一带　給料 ① 工资　大体 ⓪ 大体上　翻訳 ⓪ 翻译，笔译　外国 ⓪ 外国
観光客 ③ 游客　増える ② 增加　チーム ① 队，队伍，团队　試合 ⓪ 比赛

11. Vた＋N

(1) この大学には、優れた学生が多い。
(2) 本屋は道を曲がったところにあります。
(3) 今、痩せた人がもてる。
(4) 娘の性格はお母さんによく似ている。

12. 表示动作阶段的复合动词

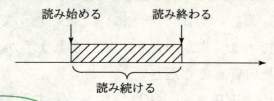

V始める

(1) この本は1週間前に、読み始めました。
(2) 彼は30歳のころからタバコを吸い始めました。

V終る

(1) この本を読み終わったら、貸してください。
(2) ご飯を食べ終わって、散歩に行きました。

V続ける

(1) 合格を願って毎日神社に通い続けました。
(2) 小学生の時から、日記を書き続けています。

V出す

(1) 突然、雨が降り出しました。
(2) 赤ん坊が急に泣き出しました。

> ★「太る、痩せる、曲がる、優れる、似る」等表示性质状态的动词后接名词时，一般用「Vた＋N」的形式。要注意这里的「Vた」并不表示过去。
>
> ☆ 这类动词做谓语时一般只用「Vている」的形式。
>
> ★ 动词接「ーます」的形式通过与「始める／終わる／続ける／出す」等动词的复合，可以用来描述动作或变化所处的具体阶段。
>
> ☆「V始める」表示动作开始进行；「V終わる」表示动作结束；「V続ける」表示动作的持续。
>
> ☆「V出す」也可用来表示动作或变化的开始，与「V始める」相比，它更强调突发性和意外性。

たんご

優れる③ 优秀的，出众的　　曲がる⓪ 弯曲；拐弯　　もてる② 受异性的欢迎
読み始める⑤ 开始读　　吸い始める⑤ 开始吸（抽）　　読み終わる④ 读完　　食べ終わる④ 吃完
願う② 祈祷，祈求　　神社① 神社　　通い続ける⑥ 一直去　　小学生③④ 小学生
書き続ける⑤ 一直写　　突然⓪ 突然　　急⓪ 突然的，紧急的　　泣き出す③ 哭起来

ユニット1

（开学了，小张和上田一起学习）

張　：新しいクラスはどうですか。
上田：授業が難しくなって、大変です。（看到小张拿的小说）
　　　あ、それ、アメリカの小説ですね。前から読みたいと思っていたんです。
張　：あ、この本ですか。高校の英語の先生にいただいたんですが、本当におもしろいですよ。よかったら、貸しましょうか。
上田：じゃ、読み終わったら貸してください。
張　：分かりました。あの、上田さん、実は、ちょっとお願いがあるんですが。
上田：はい、何でしょう？
張　：勉強のために日本語で少し長い文章を書いてみたいと思っているんですが、書いたら直してくれませんか。
上田：もちろんいいですよ。張さん、えらいですね。わたしも中国語で書く練習をしなくては。
張　：じゃ、これからブログは中国語で書いたらどうですか。
上田：あ、それはいいですね。これから忙しくても毎日書くことにします。
張　：よかったら、書いたものをメールで送ってください。わたしが直します。
上田：それは助かります。じゃ、お互いに直し合いましょうね。
張　：ええ、頑張りましょう。

たんご

文章 ① 文章　　直す ② 修改，改正　　えらい ② 了不起的，伟大的　　互いに ⓪ 互相
直し合う ④ 互相修改

ユニット2

（佐藤敲门后进入部长的办公室）

佐藤：失礼します。
部長：ああ、どうぞ。
佐藤：部長、プロジェクトのメンバーのことですが。
部長：あ、あの件、考えてくれたかな。
佐藤：はい。実は、李想さんに入ってもらったらどうかと考えているんですが。
部長：ああ、李くんか。若くて技術の優れた人がメンバーに入ってくれるといいね。
佐藤：ええ。本人もぜひ参加したいと言っています。
部長：そう。日本での仕事になるけど…大丈夫かな。
佐藤：李さんは日本語が上手ですし、日本での勤務を希望していますから、よくやってくれると思います。
部長：そうか。じゃ、支社長に相談して、本社に推薦してみるよ。李くんにプロジェクトについて詳しく説明してあげて。

佐藤：はい、分かりました。

たんご

メンバー① 成员，分子　　技術① 技术　　勤務① 工作，勤务　　希望⓪ 希望，要求
詳しい③ 详细的；对……熟悉的　　説明⓪ 说明，解释

表达解说

1. ちょっとお願いがあるんですが

用于请求别人帮助时，意思是"想请你帮个忙"或"想拜托你一件事"。一般不对长辈和上级使用。

2. はい、何でしょう

「はい」表示说话人在听或下面要听对方说话，请对方讲的意思，后面的「何でしょう」是询问具体的事情。意思是"什么事啊"。

3. 頑張りましょう

用于请对方和自己一起努力做某事，意思是"我们一起努力吧"。一般不对长辈和上级使用。

4. 失礼します

进入别人房间时的寒暄语，意思是"失礼了"，"打扰一下"。

5. ああ、どうぞ

「ああ」是叹词，部长看到佐藤进来时的自然反应。后面的「どうぞ」是「どうぞお入りください」或者「どうぞ、入ってください」的省略语。意思是"请进"。

词汇解说

1. -くん

后缀「-くん」可以写作「君」，一般接在人的姓、名或姓名后面，主要用于男子对关系亲密的朋友或年龄、地位低于自己的人（男子）的称呼，带有一种亲近感或轻度的敬意。例如：「田中君」「鈴木君」「健太君」「諸君」都属于这类用法。

2. 相談する

与「相談する」共现的指称人的名词既可以后接助词「に」，也可以后接助词「と」，二者在意义上是有差异的，前者侧重表示听从那个人的意见或建议，大多对方的地位高于动作的主体（主动进行「相談する」的人），而后者则表示双方相互商量，大多二者的地位相同。例如：

（1）困ったことがあったら先生に相談してみるといい。

(2) 皆さんは悩みを誰に相談しますか。
(3) それは友達と相談して決めました。

「ように」与「ために」

本课学习的「ために」与第15课学习过的「ように」都可以译为"为了……"，二者的区别在于：

「ように」表示"目标"，前面的动词多为意志性较弱的动词；而「ために」表示"目的"，前面的动词多为意志性较强的词。

1a. 家が買えるように、一生懸命に働いて、お金を貯めている。
1b. 家を買うために、一生懸命に働いて、お金を貯めている。
2a. 病気が治るように、薬を飲んでいます。
2b. 病気を治すために、薬を飲んでいます。

另外「～ように、」还可用来表示盼望、要求，后句常常可以省略。「ために」没有这种用法。

3．大学に合格するように。
4．会議に遅れないように。

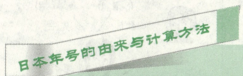

日本于1868年开始制定了一代天皇只能使用一个年号的原则，天皇即位年为元年。1868年为明治元年，1912年为大正元年，1926年为昭和元年，其中"昭和"是日本历史上最长的年号，从1926年到1988年历时64年。昭和年号和大正年号是根据明治时代制定的"皇室典范"和"登基令"决定的。1979年制定了"年号法"。据此，年号是由内阁在听取有识之士和参众两院议长的意见之后通过内阁会议决定的。

现在日本天皇为明仁天皇，年号取为"平成"。这个年号取自中国的《史记》中的"内平外成"和《尚书》中"地平天成"。取两词中的"平""成"二字，意为"内外和平"。

那么所谓的平成〇〇年应该如何换算成公历年呢？可以用这个公式进行换算：平成年分＝本年－1988年。比如：今年就是2011年－1988年＝23，即平成23年。

1. くださる

　例　社長・日本のお土産
　➡　社長は（わたしに）
　　　日本のお土産をくださいました。
　（1）先生・日本のお茶
　（2）友達のおばあさん・お菓子
　（3）隣のおじいさん・野菜

2. いただく

　例　社長・日本のお土産
　➡　（わたしは）社長に
　　　日本のお土産をいただきました。
　（1）先生・日本のお茶
　（2）友達のおばあさん・お菓子
　（3）隣のおじいさん・野菜

3. さしあげる

　例　社長・中国のお土産
　➡　（わたしは）社長に
　　　中国のお土産をさしあげました。
　（1）先生・中国のお茶
　（2）友達のおばあさん・お菓子
　（3）隣のおじいさん・中国のお酒

第18課　書いたら直してくれませんか

4. Vてくれる
   例　友達は仕事を手伝う
   → 友達は仕事を手伝ってくれました。
   (1) 彼はわたしの作った料理を食べる
   (2) 兄はお金を貸す
   (3) 両親はわたしのコンサートに来る
   (4) 妹は旅行の写真を見せる

   > 这几个句子的直接受益人都是我。
   > 跟我有关的音乐会，父母来是为了让我高兴。
   > 妹妹给我看（她的）照片。

5. Vてもらう
   例　友達・写真を撮る　→　友達に写真を撮ってもらいました。
   (1) 友達・うちに来る　　　(2) 母・新しい服を買う
   (3) 兄・時計を直す　　　　(4) 彼・荷物を部屋まで運ぶ

6. Vてあげる
   例　彼・晩ご飯を作る　→　彼に晩ご飯を作ってあげました。
   (1) 弟・本を読む
   (2) 友達・お金を貸す

   > 过分使用会有强加于人的感觉，所以要慎用。

7. Vたいと思う
   例　いつか京都へ行く　→　いつか京都へ行きたいと思います。
   (1) 3月に帰国する　　　　(2) これからも日本語の勉強を続ける
   (3) 卒業したら通訳になる　(4) 将来、日本の歴史を研究する

8. Nのために
   例　健康・毎日運動している　→　健康のために、毎日運動しています。
   (1) 自分・頑張りたい　　　(2) 子ども・働いている
   (3) 結婚・貯金している　　(4) 両親・家を買った

たんご

運ぶ ⓪ 搬，运，运送，搬运　　続ける ⓪ 持续　　歴史 ⓪ 历史　　貯金 ⓪ 存款，储蓄

9. Vために

　　例　日本語を勉強する・日本へ行った
　　→　日本語を勉強するために、日本へ行きました。
　　(1) 姉の結婚式に出席する・実家に帰った
　　(2) 論文を書く・資料を集めている
　　(3) 答えを知る・いろいろ調べた
　　(4) コンサートのチケットを取る・8時間も並んだ

10. Vなくてはいけない（ならない）

　　例　家族のため働く　→　家族のため働かなくてはならない。
　　(1) 明日は洗濯をする　　　　　(2) 毎日6時間以上寝る
　　(3) 親友の結婚式に出席する　　(4) 将来のことを考える

11. Vことにする

　　例　来年、日本へ留学に行く　→　来年、日本へ留学に行くことにしました。
　　(1) 新しいパソコンを買う　　　(2) 日本語で日記を書く
　　(3) 彼と別れる　　　　　　　　(4) 誰にも相談しない

12. V／A₁ても

　　例1　安い・買わない　→　安くても買いません。
　　例2　読む・分からない　→　読んでも分かりません。
　　(1) おいしい・食べない　　　　(2) 遠い・行く
　　(3) 食べる・太らない　　　　　(4) 雨が降る・行く

13. N／A₂でも

　　例　子ども・分かる　→　子どもでも分かります。
　　(1) 日曜日・学校へ行かなければならない
　　(2) 冬・スイカを食べることができる
　　(3) 不便・使う
　　(4) 無理・頑張ってみたい

たんご

-式……仪式，……典礼　　**出席** ⓪ 出席，参加　　**論文** ⓪ 论文　　**別れる** ③ 分别，分手
スイカ ⓪ 西瓜

第18課　書いたら直してくれませんか

14. Vといい

例　ご両親と相談するよ　➡　ご両親と相談するといいですよ。

(1) ネットで調べるよ
(2) 漢方薬(かんぽうやく)を飲むよ
(3) おばあさんが早く元気になるね
(4) 日本語能力試験に合格できるね

（1）（2）表示建议，（3）（4）表示愿望。

15. 〜し、〜

例　雨も降っている・荷物も多い・タクシーで帰る
➡　雨も降っているし、荷物も多いし、タクシーで帰ります。

(1) 寒い・疲れた・今日は出かけない
(2) 頭も痛い・熱もある・学校を休む
(3) 便利・安い・よくこのスーパーを利用している
(4) あの歌手はかっこいい・歌が上手・人気がある

16. 格助詞＋の

例　大学で勉強しました・その勉強は楽しかった
➡　大学での勉強は楽しかった。

(1) 友達から手紙が来た・これはその手紙だ
(2) 会社まで電車がある・その電車はなかなか来ない
(3) 母にお土産を買った・そのお土産はマフラーだ
(4) 東京で試合をした・その試合に勝(か)った

17. 表示动作阶段的复合动词

例　話す　➡　話し始める
(1) 書く　(2) 咲く　(3) する　(4) 興味(きょうみ)を持(も)つ

例　撮る　➡　撮り終わる
(1) 食べる　(2) 読む　(3) 書く　(4) 聞く

例　書く　➡　書き続ける
(1) 働く　(2) 咲く　(3) 飛(と)ぶ　(4) 読む

例　泣く　➡　泣き出す
(1) 笑う　(2) 動く　(3) 降る　(4) 歩く

たんご

ネット①网络　**漢方薬**③中药　**勝つ**①胜利，取胜，战胜　**興味**①兴趣
持つ①拿，持有，有　**飛ぶ**⓪飞，飞翔

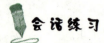 会話練習

1．例　①コンサート　②大勢来る

> A：①コンサートはどうでしたか。
> B：②大勢来てくれました。
> A：よかったですね。

(1) ①パーティー　②みんな集まる
(2) ①昨日の会議　②みんな賛成する
(3) ①プレゼン　　②パワーポイントを使って丁寧に説明する

2．例　①もっと勉強する　②今日から毎晩２時間勉強する

> A：①もっと勉強したらどうですか。
> B：そうですね。②今日から毎晩２時間勉強することにします。
> A：頑張って！

(1) ①もっと運動する　　②毎朝ジョギングする
(2) ①会話の練習をする　②これから毎日練習する
(3) ①ダイエットする　　②今日から晩ご飯を食べない

3．例　①勉強のために日本語の作文を書いた　②直す

> A：あの、ちょっとお願いがあるんですが。
> B：はい、何でしょう。
> A：①勉強のために日本語の作文を書いたんですが、②直してくれませんか。
> B：もちろんいいですよ。

(1) ①旅行のために地図を調べたい　　　　②調べ方を教える
(2) ①日本語の勉強のため日本語のブログを作った　②見る
(3) ①留学の準備をしている　　　　　　②富士大学について紹介する

たんご

集まる③集合，聚集　　プレゼン⓪演示，介紹　　パワーポイント幻灯片

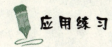応用練习

1．用「ことにする」说一说你现在打算和努力做的事情。
例：朝ご飯はバナナしか食べないことにしています。
　　これから毎朝30分日本語の教科書を読むことにします。

2．用「ために」说一说你现在做的一些事情的目的。

例	勉強	日本の企業に就職するために、日本語を勉強しています。
1	仕事	
2	ダイエット	
3	運動	
4		
5		

1．写出下列划线部分汉字的假名。
(1) 何かあったら相談してください。
(2) お客さんにパソコンの使い方を説明しました。
(3) 新しい技術の開発をしている。
(4) 学校に勤務している。
(5) ここを直してください。
(6) 何を考えているのですか。
(7) 先輩は優れた選手です。
(8) ここはわたしが若いころに住んでいた家です。
(9) 詳しい企画書を見せてください。
(10) 長い夜は寂しい。

2．写出下列划线部分假名的汉字。
(1) きぼうを捨ててはいけないよ。
(2) しゃちょうはすぐ戻ってくると思います。
(3) だいじょうぶ、心配しないでください。

(4) れいのけんについてまとめてみた。
(5) すこし高いです。
(6) じゅぎょうは何時までですか。
(7) わたしはしょうせつを読むことが好きです。
(8) すみません、辞書をかしてください。
(9) じつはそのことについてはわたしもよく分からないのです。
(10) このぶんしょうを読んでください。

3．在（　）中填入适当的助词，每个（　）填写一个假名，不需要助词的填×。
(1) 先生（　）日本の雑誌をいただきました。
(2) その雑誌を李さん（　）貸しました。
(3) わたしもこれから毎日運動すること（　）します。
(4) 李さんにプロジェクト（　）入ってもらいたいと思います。
(5) 北京（　）（　）生活は楽しかった。
(6) 母（　）（　）お土産はお花です。
(7) 友達（　）（　）（　）メールを読んで感動した。
(8) 先生（　）相談して発表の内容を決めました。
(9) 友達（　）（　）約束を忘れてしまいました。
(10) 学生たち（　）おもしろい本を推薦した。

4．从a-d中选择符合例句内容的句子。
(1) 姉からもらったマフラーを友達にあげました。
　　a．友達がマフラーをくれました。
　　b．お姉さんがマフラーをくれました。
　　c．お姉さんにマフラーをあげました。
(2) 佐藤さん、李くんにプロジェクトについて詳しく説明してあげてください。
　　a．佐藤さんがプロジェクトについて詳しく説明します。
　　b．李さんがプロジェクトについて詳しく説明します。
　　c．佐藤さんがプロジェクトについて詳しく説明してもらいます。
(3) わたしも野菜を食べなくては。
　　a．わたしも野菜を食べない。
　　b．わたしも野菜を食べたくない。
　　c．わたしも野菜を食べなければならない。
(4) 1年生たちにパーティーの準備をしてもらいました。
　　a．1年生の後輩がパーティーの準備をしました。
　　b．先輩がパーティーの準備をしました。

c．先輩がパーティーの準備をしてくれました。
(5) 冬でもこの魚は食べられます。
　　a．この魚は冬にしか食べられません。
　　b．この魚は冬は食べられません。
　　c．この魚は冬だけでなくほかの季節にも食べられます。
(6) 前からその本を読みたいと思っていたんです。
　　a．その本を読んだことがあります。
　　b．その本を読んだことはありません。
　　c．その本は前読みました。

5．正确排列句子的顺序，把序号填写在_____上。
(1) ____ ____ ____ ____。
　　a．でも　　　b．なりません　　c．出かけなければ　　d．雨
(2) 頭が痛いので、今日は学校を____ ____ ____ ____。
　　a．こと　　　b．します　　　　c．休む　　　　　　　d．に
(3) ____ ____ ____夜は果物しか____。
　　a．ために　　b．食べません　　c．の　　　　　　　　d．ダイエット
(4) 王さんは____ ____ ____ ____。
　　a．くれました　b．チケットを　c．コンサートの　　　d．買って
(5) 勉強のために日本語で____ ____ ____ ____と思っている。
　　a．みたい　　b．書いて　　　　c．文章を　　　　　　d．少し長い
(6) これから____ ____ ____ ____ですか。
　　a．どう　　　b．中国語で　　　c．ブログを　　　　　d．書いたら
(7) 雨だし、____ ____ ____ ____タクシーで帰ります。
　　a．荷物　　　b．多い　　　　　c．し　　　　　　　　d．も
(8) ____ ____ ____ ____はおもしろかった。
　　a．で　　　　b．大学　　　　　c．映画　　　　　　　d．見た
(9) これは____ ____ ____ ____です。
　　a．へ　　　　b．お土産　　　　c．の　　　　　　　　d．母
(10) ____ ____ ____ ____は楽しかった。
　　a．大学　　　b．で　　　　　　c．勉強　　　　　　　d．の

6．把下列句子翻译成日语。
(1) 这个超市非常方便，所以我常来。

(2) 我要是今年能通过日语能力测试就好了。

(3) 最近很忙，周日也得去公司。

(4) 妹妹吃得再多也不胖，真令人羡慕。

(5) 我决定这件事不跟任何人商量。

(6) 下个月要参加好友的婚礼，所以必须回国。

(7) 为了买音乐会的票，我排了一天的队。

(8) 为了健康，我每天都锻炼身体。

(9) 参加工作之后，我想继续学习日语。

(10) 请他帮助把行李搬到了房间。

7．阅读文章，回答后面的问题。

To:	sato@bjbsht.com
From:	ueda@boshitang.com
Subject:	レストランを紹介していただけませんか

佐藤翼様
先日はどうもありがとうございました。
実は今度日本から友人が遊びに来る予定なのですが、どこか中華料理のいいお店を教えてもらえませんか。わたしはあまり外へ食べに行かないので、よく分からないのです。
お忙しいところ恐縮ですが、よろしくお願いします。
上田彩香

To:	ueda@boshitang.com
From:	sato@bjbsht.com
Subject:	Re:レストランを紹介していただけませんか

上田彩香様
こんにちは。こちらこそ、先日はどうも。
さて、お勧めの店ですが、遠くてもよかったら、大華酒店はどうでしょうか。サービスもいいし、メニューも豊富です。健康のために考えた漢方メニューもあります。漢方とは言ってもとてもおいしいので試してみるといいでしょう。値段は少し高いですが、きっとお友達も満足するでしょう。
ほかにも僕に分かることだったら、何でも聞いてください。
では、取り急ぎ。
佐藤翼

質問：
①上田さんは佐藤さんに何を頼みましたか。
②佐藤さんはどんなレストランを紹介してくれましたか。
③そのレストランの特色は何ですか。
④そのレストランの料理は安いですか。

 听力训练

1．听录音，从a.b中选择正确答案。
 (1) _____ (2) _____ (3) _____ (4) _____

2．从a-c中选择适当的应答，完成对话。
 (1) _____ (2) _____ (3) _____ (4) _____

第19課
日本語で書いた文章を見ていただけないでしょうか

学习目标
★ 寻求长辈、上级的帮助。
★ 建议、劝说。
★ 铺垫的说法。

学习项目
- Vてくださる／いただく／さしあげる＜受益＞
- Vてくださいませんか／いただけませんか／いただけないでしょうか＜客气的请求＞
- Vた／Vないほうがいい＜建议、劝说＞
- ～かもしれない＜推测＞
- Nを通して＜手段、媒介＞
- 动词的第一连用形

第19課　日本語で書いた文章を見ていただけないでしょうか

单　词　表

世界各地(せかいかくち)⓪-① 　　　　　　　　　　【名】世界各地
教会(きょうかい)⓪ 　　　　　　　　　　【名】教会，教堂
経済(けいざい)① 　　　　　　　　　　【名】经济
黄砂(こうさ)① 　　　　　　　　　　【名】黄沙，沙尘暴
花粉症(かふんしょう)⓪② 　　　　　　　　　　【名】花粉症
マスク(mask)① 　　　　　　　　　　【名】口罩
時期(じき)① 　　　　　　　　　　【名】时期
木(き)① 　　　　　　　　　　【名】树；木头
知り合い(しりあい)⓪ 　　　　　　　　　　【名】熟人，相识
女性(じょせい)⓪ 　　　　　　　　　　【名】女性
係り(かかり)① 　　　　　　　　　　【名】负责的工作人员，主管人员
プール(pool)① 　　　　　　　　　　【名】游泳池
封筒(ふうとう)⓪ 　　　　　　　　　　【名】信封
開発部(かいはつぶ)④ 　　　　　　　　　　【名】开发部
ソフトウエア・プログラマー(software programmer)⓪-③ 　　　　　　　　　　【名】软件开发人员
システム(system)① 　　　　　　　　　　【名】系统
パスワード(password)③ 　　　　　　　　　　【名】密码
ビデオ(video)① 　　　　　　　　　　【名】录像
ゲーム(game)① 　　　　　　　　　　【名】游戏，比赛
エピソード(episode)① 　　　　　　　　　　【名】趣闻，轶事
専門(せんもん)⓪ 　　　　　　　　　　【名】专业，专门
業務(ぎょうむ)① 　　　　　　　　　　【名】业务，工作
好奇心(こうきしん)③ 　　　　　　　　　　【名】好奇心
向上心(こうじょうしん)③ 　　　　　　　　　　【名】上进心
関心(かんしん)⓪ 　　　　　　　　　　【名】关心，感兴趣
知識(ちしき)① 　　　　　　　　　　【名】知识
強み(つよみ)③ 　　　　　　　　　　【名】优点，强项
推薦状(すいせんじょう)⓪ 　　　　　　　　　　【名】推荐信
お見舞い(おみまい)⓪ 　　　　　　　　　　【名】探望病人
主語(しゅご)① 　　　　　　　　　　【名】主语
平仮名(ひらがな)③ 　　　　　　　　　　【名】平假名
茶道(さどう)① 　　　　　　　　　　【名】茶道
近所(きんじょ)① 　　　　　　　　　　【名】附近，邻居
スーツケース(suitcase)④ 　　　　　　　　　　【名】行李箱
塩水(しおみず)② 　　　　　　　　　　【名】盐水
鍋(なべ)① 　　　　　　　　　　【名】锅
サンドイッチ(sandwich)④ 　　　　　　　　　　【名】三明治

紹興酒(しょうこうしゅ)③	【名】绍兴酒，黄酒
贈り物(おくりもの)⓪	【名】礼物，赠品
幅広い(はばひろい)③	【形Ⅰ】广泛的
ひどい②	【形Ⅰ】残酷的，过分的，无情的
珍しい(めずらしい)④	【形Ⅰ】少见的，珍奇的
自然(しぜん)⓪	【名・形Ⅱ】自然
楽(らく)②	【名・形Ⅱ】轻松；舒适
順調(じゅんちょう)⓪	【形Ⅱ】顺利
挑戦(ちょうせん)⓪	【名・自Ⅲ】挑战
志望(しぼう)⓪	【名・他Ⅲ】志向，愿望
うがい⓪	【名・自Ⅲ】漱口
徹夜(てつや)⓪	【名・自Ⅲ】熬夜，通宵
チャレンジ(challenge)②①	【名・自Ⅲ】挑战
チェック(check)①	【名・他Ⅲ】检查，登记
プログラミング(programming)④	【名・自Ⅲ】程序；编程
競争(きょうそう)⓪	【名・他Ⅲ】竞争
計画(けいかく)⓪	【名・他Ⅲ】计划
ＰＲ(ピーアール)(public relations)③	【名・他Ⅲ】广告，宣传
間に合う(まにあう)③	【自Ⅰ】来得及，赶得上
用いる(もちいる)⓪③	【他Ⅱ】使用
伝える(つたえる)⓪	【他Ⅱ】传达，转告
植える(うえる)⓪	【他Ⅱ】种植
通す(とおす)①	【他Ⅰ】穿过，通过；贯彻
学ぶ(まなぶ)⓪②	【他Ⅰ】学，模仿
残る(のこる)②	【自Ⅰ】留下，剩余
書き加える(かきくわえる)⑤⓪	【他Ⅱ】添写，加注
届ける(とどける)③	【他Ⅱ】送达，送到
変える(かえる)⓪	【他Ⅱ】改变
壊れる(こわれる)③	【自Ⅱ】坏掉
現れる(あらわれる)④	【自Ⅱ】出现，显现
はっきり③	【副・自Ⅲ】清晰，明确
すべて①	【名・副】全部，所有
わざわざ①	【副】特意
あら①	【感】哎呀
身につける(みにつける)⓪-②	掌握，学会

～ほうがいい（表示建议）最好……，……比较好
～かもしれない（表示推测）大概……
～を通して　通过

第19課　日本語で書いた文章を見ていただけないでしょうか

语法学习

1. Vてくださる／いただく／さしあげる

(1) 森村先生が作文を直してくださいました。
(2) 先輩、アルバイトを紹介してくださって、ありがとうございました。
(3) 先生から日本の小説を貸していただきました。
(4) 遠いところからわざわざ来ていただいて、すみません。
(5) 李さんは部長のパソコンを修理してさしあげました。

2. Vてくださいませんか／いただけませんか／いただけないでしょうか

(1) よかったら、電話番号を教えてくださいませんか。
(2) すみません、写真を撮っていただけませんか。
(3) 明日この時間にもう1回電話していただけませんか。
(4) 先生、作文を直していただけないでしょうか。
(5) すみません、このことを森村先生にも伝えていただけないでしょうか。

★「Vてくださる／いただく／さしあげる」分別是「Vてくれる／もらう／あげる」的敬语表达方式。
☆ 当身份、地位、年龄等高于自己的人为自己做某事时，用「Vてくださる」或「Vていただく」的形式表达，二者的区别在于：「Vていただく」带有请求对方为自己做某事的含义。
☆「Vてさしあげる」用于表示自己为身份、地位、年龄等高于自己的人做事，但一般不直接对对方使用，而只在叙述客观事实时使用。

★ 请求对方为自己做某事时，用这三个句式。是很客气的表达方式。

たんご

わざわざ① 特意　　伝える③ 伝达，转告

3．Vた／Vないほうがいい

(1) このサンドイッチは早めに食べたほうがいいですよ。

(2) 庭にもっと木を植えたほうがいいと思います。

(3) そんなに高いものは買わないほうがいいと思います。

(4) このことは彼に話さないほうがいいよ。

★ 「ほうがいい」接在「Vた」或「Vない」的后面，用于建议、劝说对方做或不做某事。相当于汉语的"最好（做）……"；"最好不（做）……"。

4．～かもしれない

(1) 李さんはもう帰ったかもしれません。

(2) この魚は焼いて食べるとおいしいかもしれない。

(3) あの建物は教会かもしれません。

(4) あそこへは地下鉄のほうが便利かもしれません。

(5) 鈴木さんはプロジェクトに参加しないかもしれない。

★ 「かもしれない」接在动词、Ⅰ类形容词的简体或名词、Ⅱ类形容词词干后面，表示说话人的推测或委婉的断定。相当于汉语的"也许……；说不定……"。

5．Nを通して

(1) アルバイトを通してたくさんのことを学びました。

(2) インターネットを通して世界各地の人々と交流できる。

(3) 李さんは佐藤さんを通して上田さんと知り合いになった。

(4) 日本語の勉強を通して日本文化をもっと知りたい。

★ 「を通して」接在名词后面，表示手段或媒介。相当于汉语的"通过……"。

6．动词的第一连用形

(1) 日本に留学し、経済を勉強したいと思います。

(2) まだ仕事があり、今晩も残って仕事しなければならない。

(3) 子どもたちはプールに入り、泳ぎ始めた。

(4) 彼女は封筒を開け、中の手紙を読んだ。

★ 和形容词一样，动词的连用形也分为第一连用形和第二连用形两种。动词接「ます」的形式是第一连用形，「Vて」的形式是第二连用形。
☆ 动词的第一连用形用法不及第二连用形丰富，一般表示并列或先后顺序。第一连用形通常只用于书面语。

たんご

サンドイッチ④ 三明治　　木① 树，木头　　植える⓪ 种植　　教会⓪ 教会，教堂
通す① 穿过，通过；贯彻　　学ぶ⓪② 学，模仿　　世界各地⓪–① 世界各地
知り合い⓪ 熟人，相识　　経済① 经济　　残る② 留下，剩余　　プール① 游泳池　　封筒⓪ 信封

第19課　日本語で書いた文章を見ていただけないでしょうか

ユニット1

（小李给老师打来电话）

上田：もしもし、森村先生、李です。今、よろしいでしょうか。

先生：あ、李さん。いいですよ。どうぞ。

李　：あのう、先生、お忙しいところ申し訳ありませんが、日本語で書いた文章を見ていただけないでしょうか。

先生：かまいませんよ。じゃ、今日の授業の30分前に来てください。

李　：はい、よろしくお願いします。

（小李来到学校请老师帮助修改日语的文章）

先生：あら、李さん、マスクをしていますね。どうかしたんですか。

（小李一边摘口罩一边说）

李　：今日は黄砂がひどくて、喉が痛いんです。先生は大丈夫ですか。

先生：ええ、大丈夫です。日本ではこの時期、花粉症で大変でしたけど。

李　：そうですか。

先生：塩水やお茶などでよくうがいをするといいですよ。

李　：はい。

（小李拿出笔记本）すみません、あの…。

先生：あ、日本語で書いたものですね。

李　：ええ、これなんですが、お願いします。

先生：はい、分かりました。

たんご

あら ①哎呀　マスク ①口罩　黄砂 ①黄沙,沙尘暴　ひどい ②残酷的,过分的,无情的
時期 ①时期　花粉症 ⓪②花粉症　塩水 ②盐水　うがい ⓪漱口

ユニット2

　　　　　　　　　　　　　　　　　　　　　　できました

わたしはシステム開発部で、5年間ソフトウエア・プログラマーとして勤務しています。
~~わたしは~~大学ではプログラミングを専門的に学び、プログラマーの仕事を通して幅広い知識と技術を身につけることが 出来ました 。また、英語と日本語で業務を行うことができます。
わたしの強みは好奇心と向上心です。趣味はゲームをすることで、現在、ゲームソフトの開発に強い関心を持っています。
システム開発部で身につけたプログラミングの知識を用い、今回のプロジェクトでゲームソフトの開発に挑戦したいと考え、志望しました。

（老师看了看文章）

先生：あ、ここに主語は入れないほうがいいですね。そのほうが自然な日本語になりますよ。…それから、この「出来る」は平仮名で書いたほうがいいでしょう。

李　：分かりました。

先生：それから、これは自己ＰＲですから、もっとエピソードを入れて書いたほうがいいかもしれません。

李　：はい。もう少し書き加えてみます。先生、ありがとうございました。大変勉強になりました。

たんご

システム① 系统　開発部④ 开发部　ソフトウエア・プログラマー⓪-③ 软件开发人员
プログラミング④ 编程　専門⓪ 专业，专门　幅広い③ 广泛　知識① 知识
身につける 掌握，学会　業務① 业务，工作　強み③ 优点，强项　好奇心③ 好奇心
向上心③ 上进心　ゲーム① 游戏，比赛　関心⓪ 关心，感兴趣　用いる⓪③ 使用
挑戦⓪ 挑战　志望⓪ 志向，愿望　主語① 主语　自然⓪ 自然　平仮名③ 平假名
ＰＲ③ 广告，宣传　エピソード① 趣闻，轶事　書き加える⑤⓪ 添写，加注

第19課　日本語で書いた文章を見ていただけないでしょうか

解　说

表达解说

1．今、よろしいでしょうか
当需要打扰对方时，最好先询问对方是否方便。「今、よろしいでしょうか」或者「ちょっといいですか」就是这个表达方式，意思是"您现在方便吗？"、"现在可以打扰一下吗？"

2．お忙しいところ申し訳ありませんが
用于自己可能在对方繁忙时添麻烦或请别人给予帮助时，意思是"您这么忙的时候打扰您（给您添麻烦），非常抱歉"。本课会话中小李为请老师给自己修改文章表示抱歉。

3．かまいませんよ
字面的意思是"没关系"、"没问题"，本课老师这样说是同意接受李想的请求的意思。

4．どうかしたんですか
用于询问对方发生了什么事、出现什么问题时，意思是"你怎么了"、"出什么事了"。

5．大変勉強になりました
用于感谢对方（老师）的指导或者教导，意思是"我学到了很多"。汉语中我们在课后可以对老师说"老师您讲得真好"，表示感谢。但是，在日语中晚辈或下级不能评价长辈或上级，只能表示自己在老师的指导中学到了很多东西，通过说明自己的感受来表示感谢。

词汇解说

1．かまいません／大丈夫です
「かまいません」和「大丈夫です」有时都可以译作"没关系"，但二者在意义

71

用法上有一定区别。本课中的「かまいません」表示许可、同意别人要进行的某一行为，通常带有"虽然不积极支持，但也不反对"的消极含义，所以它经常用于「Vてもかまわない」这样的句式。但是，「大丈夫です」则不然，它表示没有担心的必要，也就是说它通常表示一种判断。例如：

(1) ここに駐車してもかまわない。
(2) お金はいくらかかってもかまわない。
(3) 一緒について行ってもかまわないだろうか。
(4) 資金は大丈夫か。
(5) この水は飲んでも大丈夫でしょうか。

2．-み

后缀「-み」有时写作「味」，通常接在形容词的词干后面构成派生名词，表示可以主观感受到的事物的程度、状态、性质。所接形容词词干的数量不如后缀「-さ」多，较之「-さ」，「-み」侧重表示事物内在的东西。例如：

(1) ありがたみが分かる。
(2) 深みのある絵。
(3) 真剣みが足りない。

此外还有这些说法：「厚み／甘み／重み／軽み／黒み／赤み／青み／面白み／新鮮み／温かみ」。

「-み」接在形容词词干后面还可以表示处所的意思。例如：「高み／深み／弱み／茂み」。

3．ＰＲ

「ＰＲ（ピーアール）」是英文public relations的缩写，表示机关、团体、企业或个人通过各种媒体进行（的）宣传活动。例如：

(1) 自分をＰＲする。
(2) ＰＲ活動。
(3) ＰＲ雑誌。

第19課　日本語で書いた文章を見ていただけないでしょうか

 練習

 基礎練習

1. Vてくださる
    例　先生・妹の文章・見る　➡　先生が妹の文章を見てくださいました。
    (1) 先輩・茶道・教える　　　(2) 近所の方・アルバイト・紹介する
    (3) 先生・資料・貸す　　　　(4) 先生・日本語の小説・読む

2. Vていただく
    例　先生・作文・直す　➡　先生に作文を直していただきました。
    (1) 先生・論文・チェックする　(2) 部長・推薦状・書く
    (3) 会社の先輩・仕事・手伝う　(4) 係りの方・本の調べ方・説明する

3. Vてさしあげる
    例　（わたし）・先輩・映画の切符・送る
    ➡　（わたしは）先輩に映画の切符を送ってさしあげました。
    (1) （わたし）・先生・ビデオの使い方・説明する
    (2) 李さん・部長・スーツケースを届ける
    (3) 母・料理の先生・新しい鍋を買う
    (4) （わたし）・お客さん・ＡＴＭの使い方・説明する

4. Vていただけませんか／いただけないでしょうか
    例　文章・見る　➡　文章を見ていただけませんか。
    　　　　　　　➡　文章を見ていただけないでしょうか。
    (1) 日本語・直す　　(2) 写真・見せる
    (3) こちら・来る　　(4) この言葉の意味・説明する

たんご

茶道①茶道　近所①附近，邻居　チェック①检查，登记　推薦状⓪推荐信
係り①负责人，主管人员　ビデオ①录像　スーツケース④行李箱
届ける③送达，送到　鍋①锅

5．Vたほうがいい

例　平仮名で書く　➡　平仮名で書いたほうがいいです。

(1) お見舞いに行く　　　　　　(2) 自分の気持をはっきりと伝える
(3) この中から選ぶ　　　　　　(4) 別れた彼氏の写真は捨てる

6．Vないほうがいい

例　お酒を飲む　➡　お酒は飲まないほうがいいです。

(1) タバコを吸う　　　　　　　(2) 徹夜する
(3) パスワードを変える　　　　(4) 新幹線で行かない

7．Nかもしれない

例　前を歩いている人は日本人だ
➡　前を歩いている人は日本人かもしれません。

(1) 鈴木さんも横浜出身だ　　　(2) 明日はテストだ
(3) 郵便局は休みだ　　　　　　(4) これは李さんからの贈り物だ

8．Vかもしれない

例　雨が降る　➡　雨が降るかもしれません。

(1) 彼はもう寝ている　　　　　(2) 上田さんは柔道に興味がない
(3) このパソコンは壊れている　(4) もう間に合わない

9．Aかもしれない

例　来週の試験は難しい　➡　来週の試験は難しいかもしれません。

(1) 外資系企業では競争が厳しい　(2) このやり方は田舎では珍しくない
(3) この計画はだめだ　　　　　　(4) すべてを話したほうが楽だった

たんご

平仮名 ③平假名　お見舞い ⓪探望病人　はっきり ③清楚地，明确地　徹夜 ⓪熬夜，通宵
パスワード ③密码　変える ⓪改变　贈り物 ⓪礼物，赠品　壊れる ②坏掉
間に合う ③来得及，赶得上　競争 ⓪竞争　珍しい ④少见的，珍奇的　計画 ⓪计划
すべて ①全部　楽 ②轻松；舒适

10. 动词的第一连用形

　　例　ヨーロッパ風の建物が並ぶ・緑が多い町だ
　　→　ヨーロッパ風の建物が並び、緑が多い町です。
　　(1)　ドアが開く・女性が現れた
　　(2)　技術の優れたメンバーが入る・仕事が順調になった
　　(3)　中国の春節を体験する・楽しい時間を過ごした
　　(4)　新しいプロジェクトに参加する・ソフトの開発にチャレンジしたい

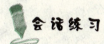会話練習

1．例　①先生　　②留学の推薦状を書く　　③故郷の泥人形

> A：①先生に何かお礼をさしあげたいんですが…。②留学の推薦状を書いていただいたので。
> B：そうですか。じゃあ、③故郷の泥人形はどうですか。
> A：あ、いいですね。

　　(1)　①山田さん　　②資料を貸す　　　③京劇のチケット
　　(2)　①支社長　　　②本社に推薦する　③紹興酒
　　(3)　①先輩　　　　②引っ越しを手伝う　③お菓子
　　(4)　①先生　　　　②作文を直す　　　③お花

2．例　①黄砂がひどくてのどが痛い　　②お茶をたくさん飲む

> A：①黄砂がひどくてのどが痛いんですが。
> B：じゃあ、②お茶をたくさん飲んだほうがいいですよ。
> A：そうですね。

　　(1)　①風邪を引いて頭が痛い　　②お医者さんに診てもらう
　　(2)　①日本に留学したい　　　　②まず日本語を習う
　　(3)　①お腹が痛い　　　　　　　②冷たいものを飲まない
　　(4)　①友達が来るかもしれない　②早く掃除する

たんご

女性 ⓪ 女性　**現れる** ④ 出現，显现　**順調** ⓪ 顺利　**チャレンジ** ②① 挑战
紹興酒 ③ 绍兴酒，黄酒

3．例　来る

> 陳：李さんは明日来ますか。
> 林：たぶん来るでしょう。
> 陳：王さんも来ますか。
> 林：王さんは来ないかもしれません。

（1）野球を見に行く　　　　　　（2）参加する
（3）日本語の試験を受ける　　　（4）ジョギングをする

 应用练习

1．模仿会话2中李想写的参加新项目的申请书，写一篇短文推介你自己。

2．你是否觉得自己幸福呢？你是否经常得到周围的人的关爱呢？写出10条最近别人为你做的事，哪怕是很小的事，反思一下在忙碌的生活中我们是否忽视了什么。
（提示：可以使用「～てくれる」「～てもらう」「～ていただく」「～てくださる」）

例：　母は毎日ご飯を作ってくれます。

1．写出下列划线部分汉字的假名。
（1）今日は黄砂がひどいですね。
（2）アルバイトをしていろいろなことを学んだ。
（3）この文章を読んで、いろいろ考えました。
（4）わたしは英語と日本語で業務をする能力があります。
（5）この商品は幅広く利用できます。
（6）喉が痛いです。

(7) 今回のプロジェクトでゲームソフトの開発に挑戦したい。
(8) 大学ではプログラミングを専門的に学びました。
(9) 彼はシステム開発部で勤務している。
(10) 支社長が本社に推薦してくださいました。

2．写出下列划线部分假名的汉字。
(1) わたしの強みはこうきしんとこうじょうしんです。
(2) 大学ではさまざまな知識をみにつけることができた。
(3) わたしは医者をしぼうしている。
(4) 毎年このじきになると、よく風邪を引きます。
(5) 学校ではいろいろなちしきを学びました。
(6) あのプロジェクトはすばらしいきかくだと思う。
(7) 日本語はしゅごを使わない場合が多い。
(8) 何回も聞くと、しぜんに覚えることができました。
(9) 日本語をなおしてくれませんか。
(10) 李さんはぎじゅつの優れた若者だ。

3．在下列（　）中填入适当的助词。每个（　）填一个假名。
(1) 日本語（　）日記を書きます。
(2) 花粉症がひどくて、頭（　）痛いんです。
(3) 日本（　）（　）、この時期花粉症がひどかったんです。
(4) お茶（　）うがいをする。
(5) いろいろなこと（　）挑戦したいと思う。
(6) わたしはアニメ（　）関心を持っています。
(7) ここでの仕事（　）通して、幅広い知識（　）身につけた。
(8) 自己ＰＲはエピソード（　）入れて書いた方がいい。
(9) 大学（　）（　）、日本語を専門的（　）学んだ。
(10) 助詞を入れないほう（　）自然な中国語になりますよ。
(11) 山田先生（　）妹さん（　）電子辞書の使い方を教えてくださいました。

4．正确排列句子的顺序，把序号填写在_____上。
(1) 先生_____ _____ _____ _____。
　　①作文　　②を　　③チェックしていただきました　　④に
(2) 先生_____ _____ _____ _____いただきました。
　　①を　　②貸して　　③日本の雑誌　　④に

(3) 部長は＿＿＿ ＿＿＿ ＿＿＿ ＿＿＿推薦してくださいました。
　　①本社　　　　②を　　　　③に　　　　　④わたし
(4) 中国の春節を＿＿＿ ＿＿＿ ＿＿＿ ＿＿＿。
　　①を　　　　　②過ごした　③楽しい時間　④体験し
(5) 彼女＿＿＿ ＿＿＿ ＿＿＿ ＿＿＿。
　　①に　　　　　②を　　　　③もらいました　④セーター
(6) 中村さんも＿＿＿ ＿＿＿ ＿＿＿ ＿＿＿。
　　①ほうがいい　②に　　　　③参加した　　　④今回のプロジェクト
(7) ＿＿＿ ＿＿＿ ＿＿＿ ＿＿＿いただけますか。
　　①こちら　　　②来て　　　③あさって　　　④に
(8) 来月＿＿＿ ＿＿＿ ＿＿＿ ＿＿＿。
　　①かもしれません　②なる　③は　　　　　④忙しく
(9) ＿＿＿ ＿＿＿そんなにたくさん＿＿＿ ＿＿＿。
　　①食べない　　②を　　　　③甘いもの　　　④ほうがいい
(10) わたしは＿＿＿ ＿＿＿ ＿＿＿ ＿＿＿持っています。
　　①文学　　　　②に　　　　③関心　　　　　④を

5．完成下列对话。

(1) A：王先生、今、よろしいでしょうか。
　　B：＿＿＿＿＿＿＿＿＿＿。
(2) A：＿＿＿＿＿＿＿＿＿＿。
　　B：目が痛いんです。
(3) A：あの、実は、ちょっとお願いがあるんですが。
　　B：はい、＿＿＿＿＿＿＿＿＿＿。
(4) A：先生、日本語で文章を書いたんですが、見ていただけないでしょうか。
　　B：＿＿＿＿＿＿＿＿＿＿。
(5) A：＿＿＿＿＿＿＿＿＿＿ほうがいいですよ。
　　B：分かりました。
(6) A：＿＿＿＿＿＿＿＿＿＿いただけないでしょうか。
　　B：いいですよ。
(7) （向讲座的老师致谢）＿＿＿＿＿＿＿＿＿＿。
(8) A：王さんは明日来てくれるでしょうか。
　　B：＿＿＿＿＿＿かもしれませんよ。昨日出張から帰ってきましたから。
(9) わたしの長所は＿＿＿＿＿＿＿＿＿＿です。

6．从a-d中选择符合例句内容的句子。
(1) A：先生、今よろしいでしょうか。
　　B：いいですよ。どうぞ。
　　　　a．先生は今留守です。
　　　　b．先生は忙しいです。
　　　　c．先生は今忙しくないです。
(2) A：Bさん、どうしたんですか。
　　B：黄砂がひどくて、のどが痛いんです。Aさんは大丈夫ですか。
　　A：ええ、大丈夫です。
　　　　a．Bさんはのどが痛いです。
　　　　b．Bさんは大丈夫です。
　　　　c．Aさんはのどが痛いです。
(3) わたしは中国人の先生に英語を教えていただきました。
　　　　a．わたしの英語の先生に中国語を教えました。
　　　　b．わたしの英語の先生は中国人です。
　　　　c．わたしの中国人の先生に英語を教えます。
(4) A：Bさん、どうしたんですか。
　　B：目が痛いんです。
　　A：徹夜しない方がいいですよ。
　　B：そうですね、気をつけます。
　　　　a．Bさんは徹夜しませんでした。
　　　　b．Bさんは徹夜しました。
　　　　c．Bさんは徹夜したいです。
(5) 李さんはゲームソフトの開発に関心を持っている。
　　　　a．李さんはゲームソフトの開発に興味がありません。
　　　　b．李さんはゲームソフトの開発に興味があります。
　　　　c．李さんはゲームソフトの開発に関係がありません。

7．从a-d中选择正确答案。
(1) 先生が妹に仕事を紹介して_____。
　　　　a．もらいました　　　　b．くださいました
　　　　c．あげました　　　　　d．いただきました
(2) 先生にお土産を_____。
　　　　a．くださいます　　　　b．いただきます
　　　　c．さしあげます　　　　d．やります

(3) 後輩に案内して_____。
　　a．あげました　　　　　b．もらいました
　　c．いただきました　　　d．くださいました
(4) すみませんが、日本語で書いたレポートを見て_____。
　　a．くださいませんか　　b．あげませんか
　　c．もらいましょう　　　d．くれます
(5) 李さんは日本文化に_____関心を持っています。
　　a．ひどい　　b．よい　　c．あまり　　d．強い
(6) 授業の1時間_____来てください。
　　a．前に　　b．前の　　c．前で　　d．前は
(7) 大学で法律を_____学びました。
　　a．専門的に　　b．専門的の　　c．専門と　　d．専門
(8) 先生、直してくださってありがとうございました。_____勉強になりました。
　　a．ひどい　　b．大変　　c．しっかり　　d．とくに

8．从「（て）くださる」「（て）いただく」「（て）さしあげる」中选择最合适的，并改成适当的形式填在_____上。
(1) 日本人の先生から歌舞伎のチケットを_____、大変うれしかったです。
(2) ゴールデンウィークに社長のお宅へ行きました。社長の奥さんはおいしい料理を作って_____。そして、おにぎりの作り方を教えて_____。
(3) 担任の先生は日本語の辞書の使い方を妹に教えて_____。
(4) みなさん、わたしの発表を聞いて_____どうもありがとうございました。

9．把下列句子翻译成日语。
(1) 老师，能麻烦您帮我写封留学的推荐信吗？

(2) 老师，能教我一些日语的日常用语吗？

(3) 通过打工，我学到了很多东西。

(4) 吃饭的时候最好不要说话。

(5) 这个时候，她可能不在家吧。

(6) 我希望能够参加新的项目开发，挑战一下。

（7）我感受了中国的春节，度过了美好的时光。

（8）那种人，你还是赶快和他分手吧。

（9）能麻烦您给我解释一下这个词的意思吗？

（10）我希望能够发挥自己在系统开发部学到的知识，挑战这次游戏软件的开发工作，所以提出了申请。

10. 阅读文章，回答问题。
干支占い。今日の運勢！

ねずみ年の人：
　今日は運がいいです。仕事はとても忙しいでしょう。ですから、体に注意したほうがいいでしょう。

うし年の人：
　友人とけんかするかもしれません。金運はいいでしょう。しかし、買い物はあまりしないほうがいいです。

とら年の人：
　異性に人気です。しかし、自分の身近な人を大事にしないと、人間関係が悪くなるかもしれません。家族や友人を大切にしてください。

うさぎ年の人：
　何か新しいことがあるでしょう。ぜひいろいろなことにチャレンジしてください。どれもうまくいくでしょう。

たつ年の人：
　ちょっと体調が悪くなるかもしれません。気をつけましょう。しかし、心は充実しています。ゆっくり小説などを読むといいでしょう。

へび年の人：
　今日は素敵な人に出会うかもしれません。しかし、慌てないで、ゆっくり友達になったほうがいいでしょう。

うま年の人：
　勉強がとてもよくできる日です。たくさんの本を読むといいでしょう。

ひつじ年の人：
　今日はミスが多い日です。大きな仕事はしないほうがいいでしょう。しかし、友達と食事に行くと楽しいことがあるでしょう。

さる年の人：
　金運がいい日です。宝くじにあたるかもしれません。
　今日のラッキーカラーはピンクです。

とり年の人：
　これまでの夢が実現するかもしれません。テストはいい点をとることができるでしょう。でも、これからも努力することを忘れないでください。

いぬ年の人：
　街に出かけると、いいことがあるかもしれません。ぜひ友達と街を歩いてみてください。

いのしし年の人：
　あまり運はよくありませんが、周りの人がたくさん助けてくれるでしょう。感謝することを忘れないでください。

質問：
①金運がいいのはどの干支の人ですか。
②恋愛運がいいのはどの干支の人ですか。
③学業運がいいのはどの干支の人ですか。

 听力训练

1．听录音，选择正确答案。
　(1)＿＿＿＿　(2)＿＿＿＿　(3)＿＿＿＿　(4)＿＿＿＿

2．从a−c中选择适当的应答，完成对话。
　(1)＿＿＿＿　(2)＿＿＿＿　(3)＿＿＿＿　(4)＿＿＿＿

第19課　日本語で書いた文章を見ていただけないでしょうか

日本的节假日

　　日本的节假日（祝祭日（しゅくさいじつ））分为民间节日（祭日（さいじつ））和法定节日（祝日（しゅくじつ））。民间节日是指「お盆」、「七五三」等具有民族特色的传统节日。法定节日是指日本法律规定的全体国民的节日。政府机关、公司、学校通常都在节假日放假，日历上也将这些日子标为红色。

　　日本的主要节假日：

日期	祭日	祝日
1月1日	正月（しょうがつ）	（元日（がんじつ））
1月第2月曜日		成人の日（せいじん　ひ）
2月3日	節分（せつぶん）	
2月11日		建国記念の日（けんこくきねん　ひ）
2月21日前後		春分の日（しゅんぶん　ひ）
3月3日	ひな祭り（まつ）	
4月29日		昭和の日（しょうわ　ひ）
5月3日		憲法記念日（けんぽうきねんび）
5月4日		みどりの日
5月5日	端午の節句（たんごせっく）	こどもの日
7月15日或8月15日	（お）盆（ぼん）	
7月第3月曜日		海の日（うみ　ひ）
9月第3月曜日		敬老の日（けいろう　ひ）
9月23日前後		秋分の日（しゅうぶん　ひ）
10月第2月曜日		体育の日（たいいく　ひ）
11月3日		文化の日（ぶんか　ひ）
11月15日	七五三（しちごさん）	
11月23日		勤労感謝の日（きんろうかんしゃ　ひ）
12月23日		天皇誕生日（てんのうたんじょうび）
12月31日	大晦日（おおみそか）	

週末は家で勉強しようと思っています

学习目标
★ 询问、谈论计划。
★ 谈论天气、季节。
★ 谈论自己的意向。

学习项目
- Vてくる／いく＜移动、变化＞
- V（よ）う＜意志＞
- V（よ）うと思う＜计划＞
- Vつもりだ＜打算＞
- V／Nの予定だ＜计划＞
- 〜かどうか＜选择＞

単　词　表

大使館（たいしかん）③	【名】大使馆
教育（きょういく）⓪	【名】教育
文学部（ぶんがくぶ）④	【名】文学部，文学系
募集要項（ぼしゅうようこう）④	【名】招生简章
製品（せいひん）⓪	【名】产品，制品
作品（さくひん）⓪	【名】作品
名所（めいしょ）⓪③	【名】名胜（古迹），景点
スポット（spot）②	【名】地点，点，黑点
運動会（うんどうかい）③	【名】运动会
会場（かいじょう）⓪	【名】会场
相撲（すもう）⓪	【名】相扑，日本式摔跤
レベル（level）①	【名】水平，级别，层次
向こう（むこう）②⓪	【名】对面，另一边，对方
つもり⓪	【名】打算，意图
生活費（せいかつひ）④③	【名】生活费
毛（け）⓪	【名】毛发
泥棒（どろぼう）⓪	【名】小偷
同僚（どうりょう）⓪	【名】同事，同僚
カーテン（curtain）①	【名】窗帘
木の葉（このは）①	【名】树叶
大気（たいき）①	【名】大气，空气
自信（じしん）⓪	【名】自信，信心
収入（しゅうにゅう）⓪	【名】收入
今週末（こんしゅうまつ）③	【名】本周末
深い（ふかい）②	【形Ⅰ】深的
弱い（よわい）②	【形Ⅰ】虚弱的，软弱的
肌寒い（はだざむい）④	【形Ⅰ】有凉意的，凉飕飕的
適当（てきとう）⓪	【形Ⅱ】适当的，合适的，随意
用意（ようい）①	【名・他Ⅲ】准备，预备，注意
支度（したく）⓪	【名・他Ⅲ】准备，预备
予定（よてい）⓪	【名・他Ⅲ】预计，打算
花見（はなみ）③	【名・自Ⅲ】赏樱花，赏花
アテンド（attend）⓪	【名・自Ⅲ】接待，陪同
汚染（おせん）⓪	【名・他Ⅲ】污染
輸出（ゆしゅつ）⓪	【名・他Ⅲ】输出，出口
承知（しょうち）⓪	【名・他Ⅲ】同意，赞成，知道
到着（とうちゃく）⓪	【名・自Ⅲ】到达
応募（おうぼ）⓪①	【名・自Ⅲ】应征

売る(うる)⓪	【他Ⅰ】卖
育てる(そだてる)③	【他Ⅱ】养育，培育
楽しむ(たのしむ)③	【他Ⅰ】享受，欣赏
立てる(たてる)②	【他Ⅱ】制定，起草；竖起，扬起
伸びる(のびる)②	【自Ⅱ】伸长，延长
冷える(ひえる)②	【自Ⅱ】变凉，感觉冷
逃げる(にげる)②	【自Ⅱ】逃跑
減る(へる)⓪	【自Ⅰ】减少
開く(ひらく)②	【自他Ⅰ】打开；开始；开
曇る(くもる)②	【自Ⅰ】阴天，多云
凍る(こおる)⓪	【自Ⅰ】冰冻，结冰
足りる(たりる)⓪	【自Ⅱ】足够
せっかく⓪	【副】特意，好不容易……
さっそく⓪	【副】立刻，马上，赶紧
-先(-さき)	……地点

～（よ）う（表示意志）打算……，计划……
～かどうか（表示疑问）是否……

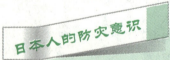

香港(ホンコン)①　　　玉淵潭公園⑦(ぎょくえんたんこうえん)

日本人的防灾意识

　　日本地处环太平洋地震带，是一个地震多发国家。仅在过去的十年中，日本就发生过多次大规模地震。其中有1995年的阪神大地震、2004年的新潟（xì）县中越地震，2005年的福冈县西部洋面地震。为了使全民在地震、火灾等自然灾害到来之时，都能沉着、有序地应对，每年三月的第一周被定为"全国消防周"。这一周内所有的中小学都会进行有关地震和火灾的预防宣传和演习活动。

　　日本在经历了关东大地震和阪神大地震后，更加注重培养国民的防灾意识。东京有专门的防灾生活用品店，并且每个家庭几乎都会备有一个紧急避难用品包。这种用品包是阪神大地震后制造出来的，它采用经防火处理的聚酯材料制作而成。背包内有各种用品27件，包括：灌装压缩饼干、手电筒、电池、蜡烛、防滑手套、药棉、钳子、镊子、急用哨子、摇动发光灯等。在自然灾害面前，日本人深知人类力量的渺小，因而他们用智慧和丰富的经验来抵御自然灾害，进行自我保护。

语法学习

1. Vてくる／いく

```
      走って来た              走って行く
  ─────────────→  ☺  ─────────────→
   寒くなってきた           寒くなっていく
              <今、ここ>
```

(1) 向こうから車が走って来ました。

(2) 子どもはお母さんのところへ走って行きました。

(3) 何か飲みたいですね。ちょっと飲み物を買って来ます。

(4) 夜は寒いから、コートを着て行きましょう。

(5) だんだん寒くなってきましたね。これから、もっと冷えていくでしょう。

(6) 最近、北京に住む外国人が多くなってきました。

(7) これからは一人で頑張っていきたいと思います。

(8) あ、雨が降ってきた。傘を持って行かなければ。

★ 动词"て形"后续「くる／いく」，可以表示移动或变化、动作的过程。

☆「Vてくる」表示以说话人为基准，由远及近移动，即"……过来"；或表示由过去到现在的变化过程、状态的持续，相当于"……来；……起来"。

☆「Vていく」与「Vてくる」正好相反，表示由近及远的移动，即"……过去"；或表示由现在到以后的发展变化过程以及状态的继续，相当于"……下去"。

☆表示变化过程的时候，「くる／いく」一般不写汉字。

2. V（よ）う

◆ I类动词

V［う段假名］→V［お段假名］＋う

買う→買おう　書く→書こう　話す→話そう

待つ→待とう　死ぬ→死のう　運ぶ→運ぼう

読む→読もう　帰る→帰ろう

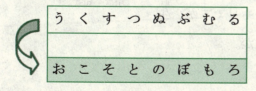

★「Vよう」是「Vましょう」的简体形式，也被称为动词的意志形。

☆「Vよう」一般用于建议对方与自己共同进行某动作；当用于第一人称句，即采用「わたしがVよう」的形式时，则表示说话人自告奋勇来做该动作。

たんご

向こう ②⓪ 対面，另一边，对方　　冷える ② 变凉，感觉冷

◆ Ⅱ类动词

$$\boxed{V[る] \rightarrow V[る] + よう}$$

食べる→食べよう　見る→見よう

◆ Ⅲ类动词

$$\boxed{来る→来よう　する→しよう}$$

(1) 早く行こう。
(2) 支度ができた。さあ、出かけよう。
(3) みんなで楽しもう。
(4) わたしが掃除しよう。

3．V（よ）うと思う

(1) 今日は早く帰ろうと思います。
(2) わたしは日本に留学しようと思っています。
(3) 明日からダイエットしようと思います。
(4) 張さんは日本語で小説を書こうと思っています。

4．Vつもりだ

(1) お正月に日本へ帰るつもりです。
(2) これから、中国語でブログを書くつもりです。
(3) 明日からはお酒を飲まないつもりです。
(4) 卒業したら、働くつもりです。
(5) 留学が決まりました。来月出発するつもりですが、生活費はどれぐらい用意したらいいですか。

★ 「V（よ）うと思う」表示说话人计划做某事，相当于汉语的"打算……；要……"。

☆ 当主语为第三人称时，只能用「V（よ）うと思っている」的形式，而不用「V（よ）うと思う」。

★ 「つもり」是名词，前面接动词的连体形。

☆ 表示说话人的意志与打算。相当于汉语的"（我）打算……"。陈述别人的打算时，一般不用这个句式。

たんご

支度 ⓪ 准备，预备　　楽しむ ③ 享受，欣赏　　つもり ⓪ 打算，意图　　生活費 ④③ 生活费
用意 ① 准备，预备，注意

5．V／Nの予定だ

(1) 週末に李さんたちとお花見に行く予定です。

(2) 来週は入学試験の予定です。

(3) 試合の前にもう一度練習する予定です。

(4) こちらの製品は日本に輸出する予定です。

★ 表示某人的计划。相当于汉语的"计划……；准备……"等。

6．〜かどうか

(1) 彼女が結婚しているかどうか、誰も知りません。

(2) そのことについて承知してくれるかどうか、彼に聞いてみよう。

(3) この漢字の書き方が正しいかどうか、辞書で調べてください。

(4) 家賃は安いですが、便利かどうか分かりません。

★「かどうか」前接动词、Ⅰ类形容词的简体形式或名词、Ⅱ类形容词词干，用于提出肯定、否定两种情况。相当于汉语的"……还是不……；……与否"之意。

☆「かどうか」前接的句子的主语一般用「が」而不用「は」。

使用「つもり」的注意事项

「Vつもりだ」用于表示说话人（第一人称）的打算，这个打算应该是说话人有把握可以实现的，如果没有确实的把握，一般不用「Vつもりだ」，否则会给人一种自大的印象。例如：

a. わたしは卒業後、大学院に入るつもりです。

如果要表达自己"想要上研究生"愿望时，可以说：

b. わたしは卒業後、大学院に入りたいです。（大学毕业后，我想读研究生。）

c. わたしは卒業後、大学院に入ることができたらいいなと思います。（大学毕业后，要是能读研究生就好了。）

询问别人的打算时，一般也不用「Vつもりですか」，因为它会给人一种打探别人内心隐私的感觉，不够得体。例如：

d. あなたは明日何をするつもりですか。

→ 明日、何をする予定ですか。

たんご

花見 ③ 赏樱花，赏花　　予定 ⓪ 预计，打算　　製品 ⓪ 产品，制品　　輸出 ⓪ 输出，出口

承知 ⓪ 同意，赞成，知道

ユニット１

（久美和上田在公园里散步）

上田：今日はよく晴れていますね。

久美：暖かくなってきたね。

上田：わあ、花がきれい！

久美：そうね。これから緑も深くなっていくね。

上田：先輩は今週末、どこかに出かけますか。

久美：日本からお客さんが来て、アテンドする予定だけど。彩香ちゃんは？

上田：特に予定はありません。家で勉強しようと思っています。

久美：でも、せっかくいい季節だから、出かけたら？

上田：それもそうですね。お花見にでも行ってみようかなあ。

久美：じゃ、玉淵潭公園がいいよ。桜の名所だから。

上田：へえ、北京のお花見スポットなんですか。それは行かなくては。

久美：でも、週末はすごい人だから、平日に行ったほうがいいよ。

上田：そうですか。じゃ、さっそく行ってみようかな。

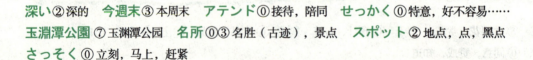

深い ② 深的　今週末 ③ 本周末　アテンド ⓪ 接待，陪同　せっかく ⓪ 特意，好不容易……
玉淵潭公園 ⑦ 玉渊潭公园　名所 ⓪③ 名胜（古迹），景点　スポット ② 地点，点，黑点
さっそく ⓪ 立刻，马上，赶紧

ユニット2

（在周末召开的留学说明会上，小张正在向工作人员咨询）

張　：あのう。
係員：はい。こんにちは。
張　：こんにちは。実は、教育大学に留学したいと思っているんですが。
係員：学部は決めていますか。
張　：はい、文学部に入りたいと考えているんですが、わたしの日本語レベルで大丈夫かどうか心配です。
係員：日本語能力試験は受けたことがありますか。
張　：はい。1級に合格していますが。
係員：それでしたら、大丈夫です。他に何かご質問は？
張　：これから留学の準備を始めるつもりなんですが、何から始めたらいいかよく分からなくて。
係員：そうですか。じゃ、まず、この募集要項を見て、留学までの予定を立ててみてください。よかったら、こちらの資料もどうぞ。
張　：ありがとうございます。

たんご

教育 ⓪ 教育　**文学部** ④ 文学部，文学系　**レベル** ① 水平，级别；层次　**募集要項** ④ 招生简章　**立てる** ② 竖起，扬起，制定，起草

词汇解说

1．よく

副词「よく」是从形容词「よい」的连用形转类而来的，它是一个多义词，其主要意义和用法如下：

①表示动作进行得彻底，到位，程度足够。例如：
(1) よく洗ったらきれいになる。
(2) よく覚えている。
(3) 星がよく見える。

②表示事情发生的频率高。例如：
(1) 京都へはよく行く。
(2) よく物忘れをする。
(3) 彼の家では野菜をよく食べる。

③表示对难以实现的事情得以实现的感叹和赞赏。例如：
(1) こんな日によく来られたね。
(2) よく公務員になれたね。
(3) よくやったなあ。

2．アテンドする

外来语「アテンド」是行业用语，义同「付き添う」，表示陪同并照顾之意，该词还多指结婚典礼或婚宴上陪伴在新娘、新郎左右并进行服侍的人。

3．さっそく

副词「さっそく」也写作「早速」，表示"不耽搁，马上"之意。例如：
(1) さっそく返事を出した。
(2) さっそくたくさんのお祝いメッセージやお花などをいただき、本当にありがとうございます。
(3) さっそく食べてみよう。

第20課　週末は家で勉強しようと思っています

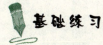

1. Vて来る

　　例　図書館に行く　➡　図書館に行って来ます。

　　(1) ジュースを買う　　　　　(2) 資料を調べる
　　(3) 先生に聞く　　　　　　　(4) 手続きをする

2. Vて来る

　　例　犬が走る　➡　犬が走って来ました。

　　(1) 山田さんが歩く　　　　　(2) 母が部屋に入る
　　(3) 弟が部屋から出る　　　　(4) 車が走る

3. Vてくる

　　例　日が長くなる　➡　日が長くなってきました。

　　(1) 体が弱くなる　　　　　　(2) 外が暗くなる
　　(3) 髪の毛が伸びる　　　　　(4) 一人で子どもを育てる

4. Vて行く

　　例　鳥・飛ぶ　➡　鳥が飛んで行きました。

　　(1) 子ども・走る　　　　　　(2) 泥棒・出口から逃げる
　　(3) 弟・部屋から出る　　　　(4) 船・遠くなる

5. Vていく

　　例　これから寒くなる　➡　これから寒くなっていきます。

　　(1) 大気汚染がひどくなる　　(2) 緑が深くなる
　　(3) これから人口が減る　　　(4) 結婚しない人が増える

たんご

弱い ② 虚弱的，软弱的　　毛 ⓪ 毛发　　伸びる ② 伸长，延长　　育てる ③ 养育，培育
泥棒 ⓪ 小偷　　逃げる ② 逃跑　　大気 ① 大气，空气　　汚染 ⓪ 污染　　減る ⓪ 减少

6．V（よ）う
　　例　彼に電話しましょう　➡　彼に電話しよう。
　　（1）友達に聞いてみましょう　　（2）これを食べましょう
　　（3）みんなで行きましょう　　　（4）両親に相談しましょう

7．V（よ）うと思う
　　例　桜・見に行く　➡　桜を見に行こうと思います。
　　（1）日本料理・食べる　　　　　（2）彼女と写真・撮る
　　（3）日本語で作文・書く　　　　（4）車で迎えに行く

8．Vつもりだ
　　例　来月、引越しする　➡　来月、引越しするつもりです。
　　（1）冬休み、この小説を読む　　（2）卒業後、就職する
　　（3）もうタバコは吸わない　　　（4）結婚式はしない

9．V予定だ
　　例　来週、上海へ出張する　➡　来週、上海へ出張する予定です。
　　（1）金曜日にコンサートを開く　（2）飛行機は8時に到着する
　　（3）この仕事は今週末に終わる　（4）来月家族で海外旅行する

10．Nの予定だ
　　例　午後・会議　➡　午後は会議の予定です。
　　（1）あさって・運動会　　　　　（2）来週・旅行
　　（3）明日・出張　　　　　　　　（4）今晩・パーティー

11．Vかどうか
　　例　彼は行ってくれますか
　　➡　彼が行ってくれるかどうか分かりません。
　　（1）李さんは刺身を食べますか
　　（2）会議はもう始まっていますか
　　（3）昨日教室の掃除をしましたか
　　（4）あの店はカーテンを売っていますか

> 前面有疑问词时，只用「か」，而没有疑问词的要用「かどうか」。
> 例如：
> 王さんはいつ来るか、分からない。
> 王さんが来るかどうか、分からない。

たんご

開く②打开，开始，开　　到着⓪到达　　運動会③运动会　　カーテン①窗帘　　売る⓪卖

第20課　週末は家で勉強しようと思っています

12. A_Iかどうか

    例　明日・寒い　➡　明日は寒いかどうか知りたいのですが。

    (1) 今晩・涼しい　　　　　　　(2) あの大学・広い
    (3) あの店・おいしい　　　　　(4) 会場・暑い

13. A_{II}かどうか

    例　試験は大丈夫ですか・心配　➡　試験は大丈夫かどうか心配です。

    (1) このやり方は適当ですか・自信がない
    (2) この資料は必要ですか・知りたい
    (3) この言い方は丁寧ですか・分からない
    (4) 新しいキャンパスは便利ですか・聞いてみる

14. Nかどうか

    例　午後・雨だ　➡　午後は雨かどうか分かりません。

    (1) あの人・日本人だ　　　　　(2) 王さん・一人っ子だ
    (3) あれ・図書館だ　　　　　　(4) 出張先・香港だ

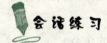 会话练习

1. 例　①晴れる　　②暖かい　　③花がどんどん咲く

   > A：①晴れていますね。
   > B：②暖かくなってきましたね。
   > A：そうですね。これから③花がどんどん咲いていきますね。

   (1) ①曇る　　　　②涼しい　　③雨が多くなる
   (2) ①風が強い　　②肌寒い　　③木の葉が落ちる
   (3) ①曇る　　　　②寒い　　　③川の水が凍る
   (4) ①いい天気　　②緑が深い　③だんだん暖かくなる

たんご

会場⓪会场　適当⓪适当的，合适的，随意　自信⓪自信　～先……地点
香港①香港　曇る②阴天，多云　肌寒い④有凉意，凉飕飕　木の葉①树叶
凍る⓪冰冻，结冰

2．例　①今週末　　②家で勉強する

> A：①今週末どこかへ出かけますか。
> B：特に予定はありません。②家で勉強しようと思います。
> A：そうですか。

(1) ①土曜日　　　②寮で小説を読む
(2) ①日曜日　　　②家で洗濯する
(3) ①午後　　　　②図書館で新聞を読む
(4) ①今度の休日　②家でテレビを見る

3．例　①日本に留学する　　②わたしの日本語レベルで大丈夫だ

> A：①日本に留学したいと思っているんですが。
> B：いいですね。
> A：②わたしの日本語レベルで大丈夫かどうか分かりませんが。
> B：きっと大丈夫です。

(1) ①日本語能力試験1級を受ける　　②わたしの日本語レベルで合格できる
(2) ①出版社に作品を応募する　　　　②こんな作品でいい
(3) ①新しいパソコンを買う　　　　　②わたしの収入で足りる
(4) ①モデルの仕事をする　　　　　　②仕事が見つかる

4．日本から友達が来て、北京を案内する

> A：明日どこかに出かけますか。
> B：日本から友達が来て、北京を案内する予定ですが、Aさんは？
> A：公園へ桜を見に行こうと思っています。

(1) 日本人の友達と相撲を見に行く　　(2) 娘と公園へ行く
(3) 同僚と食事をする　　　　　　　　(4) 先輩と大使館へ行く

たんご

作品 ⓪ 作品　　**応募** ⓪① 应征　　**収入** ⓪ 收入　　**足りる** ⓪ 足够　　**相撲** ⓪ 相扑
同僚 ⓪ 同事，同僚　　**大使館** ③ 大使馆

1．用日语回答下列问题。

（1）日本へ留学する予定はありますか。

（2）桜を見たことがありますか。

（3）北京のお花見スポットはどこですか。どんなところですか。

（4）日本語能力試験はどんな試験か知っていますか。

（5）なぜ日本語能力試験を受けようと思っていますか。

（6）あなたが日本語を勉強する理由は何ですか。

（7）日本語を専門に勉強してよかったと思いますか。

（8）日本語を勉強して自分が変わったところがありますか。どんなところですか。

2．这是旅游行程，请你调动起自己能用的语言知识试着说明一下，其实你已经能说很多了！

第一天	大阪—北京　飞机 CA161　16:35起飞　14：00首都机场集合	餐：晚 宿：关西机场酒店
第二天	大阪—京都　观光车 游览项目：大阪城公园、最繁华的商业中心—心斋桥商业街、清水寺	餐：早中晚 宿：京都
第三天	京都—箱根　新干线 游览项目：富士山箱根国立公园、富士山	餐：早中晚 宿：箱根温泉酒店
第四天	箱根—东京　观光车 游览项目：皇居、银座、秋叶原东京电器街、浅草寺、新宿	餐：早中晚 宿：东京的酒店
第五天	东京　上午自由活动 东京—北京　飞机 CA926　15:00起飞　17:30到达北京	餐：早 宿：成田机场酒店

▶ 地　名

なりたくうこう　かんさいくうこう　ぺきんくうこう　おおさかじょうこうえん　しんさいばし　きよみずでら
成田空港　関西空港　北京空港　大阪城公園　心斎橋　清水寺
はこね　こうきょ　ぎんざ　あきはばら　せんそうじ　しんじゅく
箱根　皇居　銀座　秋葉原　浅草寺　新宿

3．这是李想的人生计划，用日语说一说。也谈一谈你的人生计划，说一说你的理想。

18歳	大学に入学
22歳	大学卒業、大学院(だいがくいん)に入学(にゅうがく)
25歳	大学院修了、就職
27歳	海外勤務
30歳	結婚
35歳	自分の会社を作る

1．写出下列划线部分汉字的假名。
(1) 绿の花ですか。珍しいですね。
(2) 明日お花見にでも行ってみようかな。
(3) 公園には平日に行ったほうがいいよ。
(4) 今日はよく晴れていますね。
(5) この公園は桜の名所です。
(6) 秋はいい季節です。
(7) 日本語能力試験1級に合格しています。
(8) これから留学の準備を始めるつもりです。
(9) インターネットで大学の募集要項を調べてください。
(10) 来年留学する予定です。

2．写出下列划线部分假名的汉字。
(1) 時間、まだだいじょうぶですか。
(2) 何かしつもんがありますか。
(3) 最近、あたたかいですね。
(4) 留学のしりょうを集めましたか。
(5) しゅうまつはすごい人だから、平日に行ったほうがいい。

(6) この大学の<u>ぶんがくぶ</u>はどうですか。
(7) わたしは<u>とく</u>に北京の秋が好きだ。
(8) まず、計画を<u>た</u>ててみましょう。
(9) 試験の結果が<u>しんぱい</u>です。
(10) この湖はここがいちばん<u>ふか</u>いです。

3．在下列（　）中填入适当的助词。每个（　）填一个假名。
(1) インターネット（　）資料（　）調べます。
(2) わあ、花（　）きれい！
(3) せっかくいいお天気だから、植物園（　）（　）（　）行ってみようかな。
(4) では、講演会（　）始めたいと思います。
(5) わたしは法学部（　）入りたいです。
(6) わたしの中国語のレベル（　）中国で生活できますか。
(7) 試験（　）合格できるかどうか心配です。
(8) 留学の準備は何（　）（　）始めたらいいか分からないのですが。

4．正确排列句子的顺序，把序号填写在_____上。
(1) 劉先生は_____ _____ _____ _____教えてきた。
　　①を　　　　②ロシア語　　③で　　　　④あの中学校
(2) 最近_____ _____ _____ _____多くなってきました。
　　①外国人　　②中国で　　　③が　　　　④働く
(3) わたしは_____ _____ _____ _____。
　　①続けていきたい　②結婚しても　③を　　　　④仕事
(4) これから_____ _____ _____ _____でしょう。
　　①が　　　　②人口　　　　③減って　　④いく
(5) 来月_____ _____ _____ _____。
　　①天津　　　②と思います　③行こう　　④へ
(6) _____ _____ _____ _____。
　　①と思います　②しよう　　　③結婚　　　④早く
(7) あそこに_____ _____ _____ _____分かりません。
　　①かどうか　②が　　　　　③駐車場　　④ある
(8) _____ _____ _____ _____、食べてみましょう。
　　①おいしい　②かどうか　　③この料理は　④分かりませんが
(9) _____ _____ _____ _____かどうか心配です。
　　①に　　　　②あの試験　　③できる　　④合格

(10) _____ _____ _____ _____予定です。
　　①と　　　　②日曜日に　　③友達　　　　④食事をする

5．完成下列对话。
(1) A：よく晴れていますね。
　　B：そうですね。_____。
(2) A：_____。
　　B：特に予定はありません。
(3) A：北京のお花見スポットを知っていますか。
　　B：_____。
(4) A：_____。
　　B：実家に帰るつもりです。
(5) A：_____。
　　B：家で勉強しようと思っています。
(6) A：_____。
　　B：午後は会議の予定です。
(7) A：1級試験に合格できるかどうか心配です。
　　B：_____。
(8) A：旅行の準備は何から始めたらいいか分からないんですが。
　　B：_____。
(9) A：_____ほうがいいですよ。
　　B：そうですか。じゃ、調べます。
(10) A：_____なりましたね。
　　 B：電気をつけましょうか。

6．从a-d中选择符合例句内容的句子。
(1) A：休日に何をしますか？
　　B：そうですね。どこかへ出かけようと思っていますが。
　　　　a．Bさんはどこへも行きません。
　　　　b．Bさんはどこへ行くか決めていません。
　　　　c．Bさんは出かけません。
(2) A：のどが痛くて、来週のカラオケ大会に参加できるかどうか心配です。
　　　　a．Aさんはカラオケ大会に参加できないかもしれません。
　　　　b．Aさんはカラオケ大会に参加したいです。
　　　　c．Aさんはカラオケ大会に参加したくないです。

(3) A：Bさん、あのう、今度の日本語のスピーチコンテストのことなんですけど、どんな話がいいでしょうか。
　　B：家族のことはどうかな？
　　A：うーん、でも、みんなはわたしの家族のことを知りませんから。
　　　　a．Aさんは家族の話をする。
　　　　b．Aさんは家族の話をしない。
　　　　c．Aさんの家族の話はみんな知っている。
(4) A：これは、わたしの若い時の写真です。若い時は痩せていたんですよ。目もよかったから、メガネもかけていませんでした。
　　　　a．Aさんは太っていた。
　　　　b．Aさんは痩せてきた。
　　　　c．Aさんはメガネをかけていなかった。
(5) A：日本へ留学したいと思っている。
　　　　a．Aさんは日本にいる。
　　　　b．Aさんは日本にいた。
　　　　c．Aさんは日本にいない。

7．从a-d中选择正确答案。
(1) （部屋の外で話しています）先生が教室に＿＿＿＿。
　　　a．出ていきました　　b．入っていきました
　　　c．出てきました　　　d．入ってきました
(2) （部屋の中で話しています）鈴木さんが部屋を＿＿＿＿。
　　　a．出ていきました　　b．入っていきました
　　　c．出てきました　　　d．入ってきました
(3) ゴールデンウィークは＿＿＿＿つもりだ。
　　　a．旅行　　b．旅行に　　c．旅行する　　d．旅行し
(4) これから、美術館へ＿＿＿＿つもりだ。
　　　a．の　　b．行くの　　c．行き　　d．行く
(5) 明日は＿＿＿＿予定です。
　　　a．運動会　　b．運動会の　　c．運動会した　　d．運動会に
(6) 来週、日本へ＿＿＿＿予定です。
　　　a．出張　　b．出張する　　c．出張した　　d．出張している
(7) 期末試験は＿＿＿＿かどうか心配です。
　　　a．難しい　　b．難しいの　　c．難しかった　　d．難しくなかった
(8) この箱は＿＿＿＿かどうか分かりません。
　　　a．丈夫だ　　b．丈夫　　c．丈夫で　　d．丈夫な

8．把（　　）中的单词改成适当的形式填在＿＿＿＿＿＿上。
(1) わたしも（参加する）＿＿＿＿＿＿つもりだった。
(2) このごろ外国へ留学する人が（増える）＿＿＿＿＿＿。これからも（増える）＿＿＿＿＿＿だろう。
(3) 朝から曇っていますが、雨が（降る）＿＿＿＿＿＿かどうか分かりません。
(4) 新しいプロジェクトに（応募する）＿＿＿＿＿＿と思います。
(5) この料理は（簡単）＿＿＿＿＿＿かどうか分かりません。
(6) 午後から（休む）＿＿＿＿＿＿予定です。
(7) 来週はみんなで（お花見）＿＿＿＿＿＿予定です。
(8) 将来日本へ（留学する）＿＿＿＿＿＿と思います。

9．把下列句子翻译成日语。
(1) 我本来打算昨天洗衣服的，但是因为天气不好，就没洗。

(2) 小狗跑进屋里来了。

(3) 飞机飞走了。

(4) 已经4月了，以后会越来越暖和的。

(5) 不知道明天他上课会不会迟到。

(6) 今晚要和父母一起去看电影。

(7) 你看一看这个招生简章，制定一下留学计划吧。

(8) 我担心自己日语能力测试1级能不能合格。

(9) 不知道他是什么时候学的日语。

(10) 晚上就在家吃饭吧。

10．阅读文章，回答问题。
(1) ①到③的天气预报是什么地方的？从下图中选择正确的地名。
　　①今週の天気予報です。だんだん暖かくなってきましたが、今週末は北か

ら寒気が降りてくるので、また寒くなって、雨も降るでしょう。明日の天気は晴れで、最低気温は5度、最高気温は20度です。

②今週の天気予報です。雨が多い1週間でしょう。後半、雨の量は少なくなっていきますが、気温は低いでしょう。明日の天気は曇りのち雨で、最低気温は3度、最高気温は11度です。

③今週の天気予報です。暖かい日が続くでしょう。しかし、大気が不安定で、時々雨が降ったり雷が鳴ったりするでしょう。明日の天気は曇りで、最低気温は12度、最高気温は22度です。

上海

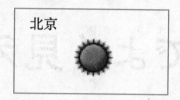
北京

広州

(2) 阅读文章，回答后面的问题。

電子辞書の使い方

ON／OFFボタンを押すと電源が入ります。文字を入力して「決定」ボタンを押すと、その言葉の意味が出てきます。発音が知りたい時は、「発音」ボタンを押してください。ネイティブの声で音が流れます。また、💡ボタンを押すと画面の明るさが変わります。また、この電子辞書は音楽を聞くこともできます。♪ボタンを押して、好きな曲を選んでください。もう一度♪ボタンを押すと音楽が止まります。

質問：
次のボタンで何ができますか。
①ON　②OFF　③決定　④発音　⑤💡　⑥♪

听力训练

1．听录音，选择正确答案。
　　(1) _____　(2) _____　(3) _____　(4) _____

2．从a–c中选择适当的应答，完成对话。
　　(1) _____　(2) _____　(3) _____　(4) _____

第21課

遠くまでよく見えますね

学习目标
★ 表达能力、可能。
★ 发出邀请、接受邀请、拒绝邀请。

学习项目
- 动词的可能态＜能力、可能＞
- ～が聞こえる／見える＜能力＞
- なら＜条件、假设＞
- ～とは言えない＜否定性的判断＞
- 一的＜性质＞

単　词　表

家庭(かてい)⓪	【名】家庭
理想(りそう)⓪	【名】理想
ピクニック(picnic)①③	【名】郊游，野游
頂上(ちょうじょう)③	【名】山顶
眺め(ながめ)③	【名】眺望；景色，风景
遠く(とおく)③	【名】远方，远处
周り(まわり)⓪	【名】周围
山菜(さんさい)⓪	【名】野菜，山菜
鳥(とり)⓪	【名】鸟；鸡
小鳥(ことり)⓪	【名】鸟，小鸟
スーツ(suit)①	【名】西服
鳴き声(なきごえ)③⓪	【名】鸣叫声
猿(さる)①	【名】猴子
姿(すがた)①	【名】样子，姿态
空気(くうき)①	【名】空气
動物園(どうぶつえん)④	【名】动物园
水族館(すいぞくかん)③④	【名】水族馆
幼稚園(ようちえん)③	【名】幼儿园
向こう岸(むこうぎし)⓪	【名】对岸
人出(ひとで)⓪	【名】外出的人群
方法(ほうほう)⓪	【名】方法
相手(あいて)③	【名】对方，对象
個人(こじん)①	【名】个人
間違い(まちがい)③	【名】错误
科学者(かがくしゃ)②	【名】科学家
アイディア(idea)①③	【名】想法；主意
プロ(professional的缩略语)①	【名】专业的，职业的
プロ級(professionalきゅう)⓪	【名】专业级别
可能性(かのうせい)⓪	【名】可能性
例(れい)①	【名】例子
危ない(あぶない)⓪③	【形Ⅰ】危险的
最高(さいこう)⓪	【名・形Ⅱ】很棒的；最高，至高无上
本格的(ほんかくてき)⓪	【形Ⅱ】正式的；真正的
具体的(ぐたいてき)⓪	【形Ⅱ】具体的

積極的(せっきょくてき)⓪	【形Ⅱ】积极的
個人的(こじんてき)⓪	【形Ⅱ】个人的，私人的
成功(せいこう)⓪	【名・自Ⅲ】成功
遠慮(えんりょ)⓪	【名・自他Ⅲ】谢绝，推辞，客气
予約(よやく)⓪	【名・他Ⅲ】预约
試着(しちゃく)⓪	【名・他Ⅲ】试穿
見物(けんぶつ)⓪	【名・他Ⅲ】参观，游览
ドライブ(drive)②	【名・自Ⅲ】兜风
見える(みえる)②	【自Ⅱ】看得见，能看见
聞こえる(きこえる)⓪	【自Ⅱ】听得见，能听见
申し込む(もうしこむ)④⓪	【他Ⅰ】申请
写る(うつる)②	【自Ⅰ】映照，显像
騒ぐ(さわぐ)②	【自Ⅰ】吵闹，吵嚷
喜ぶ(よろこぶ)③	【自Ⅰ】高兴，欢喜
渡る(わたる)⓪	【自Ⅰ】过，渡
挙げる(あげる)⓪	【他Ⅱ】举，使……向上，托举
拾う(ひろう)⓪	【他Ⅰ】捡，拾；打（车）
のんびり③	【副・自Ⅲ】悠闲自在，悠然自得
ついでに⓪	【副】顺便
-的(-てき)	……的

なら（表示条件、假设）如果……，……的话
～とは言えない 不能说……，并非是……

　　日本人非常重视集团性。这种集团主义的形成与弥生时代的稻作文化有着很深的联系，稻作文化崇尚相互协作，共同完成。
　　与集团主义相对的是个人主义。日本人的集体观念要高于个人观念，比如在做自我介绍的时候，通常是先报自己的公司名和部门、职务，最后才是自己的姓名。日本人必须明确自己所处的组织和在组织中的位置、担当的责任，并据此展开行动，否则他们会感到无所适从。
　　集团意识有利有弊，在二次世界大战以后经济高度发展时期，正是因为日本民族的这种对集团无私奉献的精神才使得全民上下齐心协力、共同协作。不过，当今社会多元化、个性化趋势不断增强，人们在重视集团意识的同时，也越来越重视个性的发展。

语法学习

1. 动词的可能态

◆ I 类动词

$$V[う段假名] → V[え段假名] + る$$

言う→言える　　書く→書ける　　話す→話せる
持つ→持てる　　死ぬ→死ねる　　運ぶ→運べる
読む→読める　　帰る→帰れる

う	く	す	つ	ぬ	ぶ	む	る
え	け	せ	て	ね	べ	め	れ

＋る

◆ II 类动词

$$V[る] → V[\cancel{る}] + られる$$

食べる→食べられる　　起きる→起きられる

◆ III 类动词

$$来る→来られる　　する→できる$$

(1) 佐藤さんは英語が**話せます**。

(2) 張さんは車の運転が**できません**。

(3) このプロジェクトには、外国人でも**参加できます**。

(4) 明日テストがあるから、今晩テレビが**見られません**。

★ 动词按照左侧列出的规则发生活用变化，构成可能态。动词的可能态可以表示人或动物具有某种能力（如例1、2），也可以表示在某一条件下的可能性（如例3、4）。相当于汉语的"会……；能……；可以……"。

☆ 动词可能态的构成形式按照Ⅱ类动词的规则进行活用变化。

☆ 他动词变为可能态后，原来表示动作客体的「を」一般变为「が」。

2．～が聞こえる／見える

(1) 隣の部屋からピアノの音が聞こえます。
(2) 周りがうるさいから、相手の声が聞こえない。
(3) 2階の窓から、幼稚園の子どもたちが遊んでいるのが見える。
(4) よく晴れているので、遠くの山がよく見えます。
(5) 字が小さくて、はっきり見えません。

★「聞こえる」「見える」为自动词，意为"听见"、"看见"，本身含有可能之意。听见或看见的对象要用「が」表示。

3．なら

(1) 風邪なら早く帰って寝たほうがいいですよ。
(2) 水曜日の午前中は都合が悪いのですが、午後なら大丈夫です。
(3) 嫌なら無理に食べなくてもいいですよ。
(4) 参加するのなら早く申し込んでください。
(5) いい方法を知っているなら、ぜひ教えてもらえませんか。

★「なら」接在名词、II类形容词词干或动词、I类形容词的连体形后面，表示假定条件，后续说话人的意见、建议、判断等。相当于汉语的"如果……的话，那就……"。

☆ 有时也用「のなら」、「のならば」或「ならば」的形式。

4．～とは言えない

(1) あの人はまだプロ級とは言えない。
(2) これではダイエットが成功したとは言えないでしょう。
(3) 難しいかもしれないが、可能性がないとは言えない。
(4) 日本人なら日本語が教えられるとは言えない。

★「とは言えない」接在名词、II类形容词词干或简体的句子后面，表示否定性判断，意为"不能说……"。

たんご

聞こえる⓪ 听得见，能听见　　見える② 看得见，能看见　　周り⓪ 周围　　相手③ 对象
幼稚園③ 幼儿园　　遠く③ 远方，远处　　申し込む④⓪ 申请　　方法⓪ 方法
プロ級⓪ 专业级别　　成功⓪ 成功　　可能性⓪ 可能性

5．-的

(1) これはわたしの個人的な意見です。
(2) 具体的な例を挙げて説明してください。
(3) 積極的に日本語を使って会話をしましょう。
(4) プロジェクトはやっと本格的に始まった。

> ★ 「的」接在名词后面构成Ⅱ类形容词，表示具有某种性质、状态等。相当于汉语的"在……方面的；具有……性质的"。
>
> ☆ 常用的此类形容词还有「一般的、基本的、客観的、社会的、心理的、全体的」等。

たんご

-的……的　個人的⓪个人的　具体的⓪具体的　例①例子　挙げる⓪举，使……向上，托举
積極的⓪积极的　本格的⓪正式的，真正的

ユニット1

（櫻花盛开的季节，上田和小张一起来到公园看樱花）

上田：わあ、すごい人！

張　：そうですね。平日なのに、人出が多いですね。

上田：ねえ、あの桜のきれいなところで写真を撮りませんか。

　　　（在樱花树下照相）はい、チーズ。

張　：（看着照好的照片）あ、きれいに写っています。

（两人边走边聊）

上田：やっぱり日本のお花見と違いますね。

張　：え、そうですか。

上田：ええ、桜の木の下に座って、お酒を飲んで騒ぐのが、日本のお花見なんですけど。

張　：へえ、そうなんですか。

（两人悠闲地在公园内散步）

上田：あ～、いい1日だった。桜が見られて、のんびりできて。

張　：今度は山へピクニックに行きませんか。空気もいいし、山菜も食べられるし。

上田：いいですね。でも、どうやって行くんですか。

張　：わたしの彼氏は車の運転ができるから、車を借りて彼に運転してもらいましょう。

上田：それはちょっと…。遠慮します。お2人でどうぞ。

張　：じゃ、李さんを誘って4人で行くのはどうですか。

上田：それなら…。

たんご

人出 ⓪ 外出的人群　**写る** ② 映照，显像　**騒ぐ** ② 吵闹，吵嚷　**ピクニック** ①③ 郊游，野游
のんびり ③ 悠闲自在，悠然自得　**空気** ① 空气　**山菜** ⓪ 野菜，山菜　**遠慮** ⓪ 谢绝，推辞，客气

ユニット２

（4个人一起郊游，终于到达了目的地）

徐（小张的男友）：到了！

張　　：ああ、空気がおいしい！

李　　：あ、鳥の声も聞こえますよ。

上田　：本当だ。鳥の声がします。この山は上まで行けるんですか。

張　　：ええ、頂上まで登れますよ。行ってみましょうか。

（登上山顶）

李　　：わー、すばらしい眺めだ。遠くまでよく見えますね。

上田　：最高！来てよかった。

張　　：喜んでもらえてよかった。

李　　：さあ、ここで写真を撮りましょう。（小李拿出相机）

上田　：わあ、本格的なカメラですね。

張　　：李さんは写真のほうもプロ級なんですよ。

李　　：いえ、プロ級とは言えないですけど。

上田　：李さん、すごい！

たんご

鳥 ⓪ 鸟；鸡　頂上 ③ 山顶　眺め ③ 眺望；景色，风景　最高 ⓪ 太棒了，最高，至高无上
喜ぶ ③ 高兴，欢喜

表达解说

1. はい、チーズ

拍照时为了使对方微笑而发出的口令,相当于汉语的"茄子"。

2. それはちょっと…

表示委婉的拒绝。日本人一般认为直接拒绝会使对方感到尴尬,因此经常会用这种委婉方式拒绝,对方听到这句话时,一般都不会再加以勉强。

3. 遠慮します

表示拒绝。会话1中当小张邀请上田一同去玩儿时,上田认为自己会打扰小张与其男友,所以表示拒绝。意思是"我就不去了"、"我就不打扰了"。

4. 本当だ

表示说话人确认后发现事实确实如对方所说的那样,意思是"真的是那样"。这里简体的「だ」生动地表达说话人当时的心情,如果这个时候使用「本当です」就成了冷静客观的描述,而无法传达当事人的心情。

5. 最高

表示事物达到了最好的状态,意思是"太棒了"。本课会话2中上田是在说从山顶远眺的景色是最美的。

词汇解说

1. 遠慮する

「遠慮する」表示"有所顾忌（而不做某件事）"之意,有时也用于委婉的禁止,此时一般使用「ご遠慮ください」的形式。例如:

(1) 遠慮して少ししか食べなかった。
(2) せっかくのお誘いですが、今回は遠慮します。
(3) タバコはご遠慮ください。

2. 見られる／見える

「見られる」和「見える」译成汉语时似乎意思很相似，但二者还是有差异的。「見られる」表示主观上想看（经过努力）就看见、看到了，也表示客观上的条件；「見える」则表示（在一定的条件下）某事物自然而然地进入人的视线，也可以表示主体生理上具有该能力。例如：

(1) 夏になると、このあたりでは蛍（ほたる）が見られる。
(2) お風呂の中でもテレビが見られるといいね。
(3) コウモリは夜でも物がはっきり見える。
(4) 家から向こうの山が見える。

「聞ける」和「聞こえる」的差异与「見られる」和「見える」的差异相同。

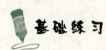

1. 动词的可能态

例　書く　➡　書ける

(1) 来る　　(2) する　　(3) 会う　　(4) 泳ぐ　　(5) 立つ
(6) 運ぶ　　(7) 飲む　　(8) 走る　　(9) 見る　　(6) 食べる

2. 动词的可能态

例　わたしは日本語を話すことができる　➡　わたしは日本語が話せます。

(1) このパソコンは使うことができる
(2) ここでタクシーを拾（ひろ）うことができる
(3) 次の駅で乗り換えることができる
(4) わたしはさしみを食べることができない

たんご

拾う ⓪ 捡，拾；打（车）

3．できる

例　車を運転する　➡　車が運転できます。
(1) 日本語を中国語に翻訳する　　(2) 大学の図書館を利用する
(3) ネットでホテルを予約する　　(4) ここにあるスーツを試着する

4．聞こえる／見える

例　富士山・見える　➡　富士山が見えます。
(1) 小鳥の鳴き声・聞こえる　　(2) 音楽・聞こえる
(3) 川・見える　　(4) 山・見える

5．Vなら

例　時間がある・桜を見に行こう
➡　時間があるなら、桜を見に行きましょう。
(1) 郵便局へ行く・ついでにこれを出してください
(2) 京都へ行く機会がある・ぜひ神社やお寺を見物したほうがいいと思う
(3) 彼女がやめなさいと言う・やめる
(4) 安くしてくれる・2つ買う

6．Nなら

例　学生・安く買える　➡　学生なら安く買えます。
(1) 来週・大丈夫だ　　(2) 中国人・誰でも知っているだろう
(3) 王さん・分かってくれるだろう　(4) 風邪・ゆっくり休んだほうがいい

7．AⅠ／AⅡなら

例　交通が便利だ・そこに住みたい
➡　交通が便利ならそこに住みたいです。
(1) 危ない・やめたほうがいい　　(2) 苦い・飲みたくない
(3) 好き・あげる　　(4) 暇・遊びに来てください

たんご

予約⓪预约　スーツ①西服　試着⓪试穿　小鳥⓪鸟，小鸟　鳴き声③⓪鸣叫声
ついでに⓪顺便　見物⓪参观，游览　危ない⓪③危险的

第21課 遠くまでよく見えますね

8. ～とは言えない

例　あの人・科学者　→　あの人は科学者とは言えない。

(1) このレベル・プロ　　　　　(2) この店のラーメン・おいしい
(3) この言い方・間違い　　　　(4) そのアイディア・新しい

9. ―的

例　本格・カメラ　→　本格的なカメラ

(1) 日本・考え方　　　　　　　(2) 個人・問題
(3) 家庭・雰囲気　　　　　　　(4) 理想・人

会話練習

1. 例　①この山は上まで行ける　②頂上まで登れる

> A：ああ、空気がおいしい！
> B：本当ですね。①この山は上まで行けるんですか。
> A：ええ、②頂上まで登れますよ。

(1) ①この川、渡る　　　　　　　②向こう岸まで行く
(2) ①朝、鳥の声が聞こえる　　　②聞こえる
(3) ①このあたり、猿の姿が見える　②よく出てくるんだ
(4) ①ここで山菜がとれる　　　　②いっぱいとれる

2. 例　①桜を見る　　②山

> A：あ～、いい1日だった。①桜が見られて、のんびりできました。
> B：今度は②山へ行きませんか。
> A：いいですね。

(1) ①いろいろな鳥を見る　②動物園　(2) ①魚を見る　②水族館
(3) ①山菜を食べる　②郊外　　　　　(4) ①川で泳ぐ　②海

たんご

科学者②科学家　プロ①专业的，职业的　間違い③错误　アイディア①想法　個人①个人
家庭⓪家庭　理想⓪理想　渡る⓪过，渡　向こう岸⓪对岸　猿①猴子　姿①样子，姿态
動物園④动物园　水族館③④水族馆

3．例　①日曜日に山へピクニックに行く　②日曜日

> A：①日曜日に山へピクニックに行きませんか。
> B：すみません、②日曜日はちょっと…。また誘ってください。
> A：じゃ、また今度。

(1) ①週末ドライブに行く　　　　　　　　　②週末
(2) ①21日に映画を見に行く　　　　　　　　②21日
(3) ①あさってゴルフをする　　　　　　　　②あさって
(4) ①来週の金曜日、うちのパーティーに来る　②来週の金曜日

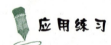

1．回答下列问题。
(1) 車の運転ができますか。
(2) よく写真を撮りますか。
(3) あなたの部屋の窓から何が見えますか。
(4) あなたの住んでいるところは鳥の声が聞こえますか。
(5) 中国のお花見は日本のと同じですか。
(6) 日本のお花見はどんな感じですか。
(7) ピクニックならどんなところがいいと思いますか。どうしてですか。

2．用日语描述下面这段话。
　　小王是个公司职员，是个很优秀的青年。小王有很多爱好，喜欢唱歌，喜欢打网球。小王还很喜欢游泳，能在大海里游2公里。上星期天，小王和同事一起去香山春游。小王会开车，大家一起坐小王的车去了香山。因为是周末，香山人很多。但那里空气很好，景色很美。大家一起爬到了山顶，在山顶照了很多照片，玩得很开心。

3．用日语讲讲自己有哪些特长或喜好。

たんご

ドライブ ②兜风

1．写出下列划线部分汉字的假名。
(1) 平日なのに人出が多いですね。
(2) 桜のきれいなところで写真を撮りましょう。
(3) 中国のお花見と日本のお花見は違います。
(4) 木の下に座る。
(5) 彼氏は車の運転ができる。
(6) 山の頂上はすばらしい眺めでした。
(7) 李さんのカメラは本格的だ。
(8) 両親は喜んでいます。
(9) 山の頂上で遠くまでよく見えます。
(10) 空気もいいし、山菜も食べられる。

2．写出下列划线部分假名的汉字。
(1) 頂上までのぼれます。
(2) さいこう！来てよかった。
(3) とりのこえが聞こえます。
(4) かれしは運転ができます。
(5) ふたりでピクニックに行った。
(6) 李さんをさそって海へ行こう。
(7) こんどの日曜日桜を見に行きませんか。
(8) 4人でこうがいの山へピクニックに行った。
(9) 楽しいいちにちでした。
(10) それはちょっと。えんりょします。

3．在下列（　）中填入适当的助词。每个（　）填一个假名。
(1) あの人は専門家（　）（　）言えないよ。
(2) 今日は頂上（　）（　）登れますよ。
(3) 隣の部屋から男性の声（　）聞こえた。
(4) あ～、空気（　）おいしい。
(5) 王さんは運転ができるから、王さん（　）運転してもらいましょう。

(6) 友達はピクニック（　　）誘ってくれたが、忙しくて行けなかった。
(7) 花のきれいなところ（　　）写真（　　）撮ろうか。
(8) ここ（　　）座って、お酒（　　）（　　）飲もうか。
(9) お酒を飲んで騒ぐ（　　）（　　）、日本のお花見なんです。
(10) 頂上では遠く（　　）（　　）よく見える。
(11) 大連は海もきれいだ（　　）、魚もおいしいです。

4．正确排列句子的顺序，把序号填写在_____上。
(1) 田中さんは_____ _____ _____ _____話せます。
　　①流暢　　②中国語　　③に　　④が
(2) 母_____ _____ _____ _____5キロ痩せました。
　　①半年前　　②に　　③は　　④比べて
(3) 外_____ _____ _____ _____。
　　①から　　②が　　③音楽　　④聞こえます
(4) _____ _____ _____ _____見えます。
　　①遠く　　②が　　③に　　④山
(5) 1人_____ _____ _____ _____ますか。
　　①で　　②へ　　③外国　　④行け
(6) _____ _____ _____ _____使えます。
　　①パソコン　②は　　③が　　④祖母
(7) _____ _____ _____ _____多いですね。
　　①なのに　②人　　③が　　④木曜日
(8) 料理も_____ _____ _____ _____です。
　　①景色も　②おいしい　③し　　④きれい
(9) これ_____ _____ _____ _____です。
　　①問題　　②個人的　　③は　　④な
(10) 李さん_____ _____ _____ _____。
　　①が　　②できます　③この仕事　④なら

5．完成下列对话。
(1) A：わあ、すごい人。
　　B：_____。
(2) A：李さんは写真を撮るのもプロですね。
　　B：_____。
(3) A：_____。

　　　　　B：いえ、上手とは言えませんよ。
(4) A：＿＿＿＿＿＿＿＿＿＿＿＿＿＿＿＿＿＿＿＿。
　　　　　B：それはちょっと…。
(5) A：＿＿＿＿＿＿＿＿＿＿＿＿＿＿＿＿＿＿＿＿。
　　　　　B：すみません、明日はちょっと。
(6) A：午後、映画でも見に行こうか。
　　　　　B：＿＿＿＿＿＿＿＿＿＿＿＿＿＿＿＿＿＿＿＿。
(7) A：一緒に写真を撮ってもいいですか。
　　　　　B：＿＿＿＿＿＿＿＿＿＿＿＿＿＿＿＿＿＿＿＿。
(8) A：劉さん、水泳がお上手ですね。
　　　　　B：＿＿＿＿＿＿＿＿＿＿＿＿＿＿＿＿＿＿＿＿。
(9) A：＿＿＿＿＿＿＿＿＿＿＿＿＿＿＿＿＿＿＿＿。
　　　　　B：今日は寒いとは言えないよ。

6．从a-d中选择符合例句内容的句子。
(1) A：わ、遠くまでよく見えますよ。
　　　　a．遠くへ行ってみる。
　　　　b．遠くでよく見える。
　　　　c．遠くの景色も見える。
(2) A：Bさんは写真のほうもプロ級なんですよ。
　　　　a．Bさんは写真を撮るのが上手です。
　　　　b．Bさんは写真を撮るのが上手ではありません。
　　　　c．Bさんは写真のほうはよくないです。
(3) A：わあ、本格的なカメラですね。
　　　　a．いいカメラです。
　　　　b．珍しいカメラです。
　　　　c．本当のカメラです。
(4) A：車を借りてわたしの彼氏に運転してもらいましょう。
　　　　a．Aさんの彼氏は運転ができます。
　　　　b．Aさんは彼氏に車を借りる。
　　　　c．Aさんは彼氏の車を借りる。
(5) A：じゃ、李さんを誘って4人で行きましょう。
　　　　a．3人で行きます。
　　　　b．4人で行きます。
　　　　c．5人で行きます。

7．仿照例子完成下列动词的变化。

書く	書ける	書けない
読む		
遊ぶ		
立つ		
貸す		
食べる		
走る		
起きる		
来る		
する		

8．把（　）中的单词改成适当的形式填在_____上。

(1) 川の向こうまでは（泳ぐ）＿＿＿＿ないでしょう。

(2) 海でも（泳ぐ）＿＿＿＿ますよ。

(3) これは（本格的だ）＿＿＿＿料理ですね。

(4) ここの生活は（便利）＿＿＿＿とは言えないよ。

(5) 空気もよかったし、イチゴも（食べる）＿＿＿＿し、大満足です。

9．把下列句子翻译成日语。

(1) 她很喜欢唱歌，会唱很多歌。

(2) 天气好的时候，从这里可以看到富士山。

(3) 每天这个时候都能听到隔壁弹钢琴的声音。

(4) 要是有时间的话还是去看看这个电影吧。

(5) 他一顿能吃10个包子。

(6) 我们老师会说英语、日语、韩国语还有德语。

(7) 我这点技术称不上专家。

(8) 我们坐在那边的椅子上照相吧。

(9) 这可真是地道的中国菜啊。

(10) 周日叫上山田君，大家一起去爬山吧。

10. 阅读文章，判断后面问题的对错。

上田さんは納豆が大好きです。昔は、北京には日本産の納豆しかありませんでしたが、今は北京で作った納豆も売っています。納豆は大豆で作った食べ物で、独特の匂いがします。

上田さんは、納豆を使った料理を、李さんと張さんにごちそうしました。李さんは北京の日本料理屋で食べたことがあり、納豆が食べられましたが、張さんは初めて食べたので食べられませんでした。

日本でも、昔は大阪など関西では納豆は食べていませんでした。それで、関西の人は納豆が食べられない人が多かったですが、今は関西でも食べる人が増えました。

納豆を毎日食べるのは体にいいです。日本ではスーパーで100円ぐらいで売っています。納豆は日本人の食卓に欠かせない、すばらしい食品です。

問題：
① 北京には昔から日本産の納豆がありました。　　（　）
② 納豆はいい匂いがします。　　　　　　　　　　（　）
③ 張さんは納豆が好きです。　　　　　　　　　　（　）
④ 今も関西の人は納豆を食べません。　　　　　　（　）
⑤ 納豆は高いです。　　　　　　　　　　　　　　（　）

 听力训练

1．听录音，选择正确答案。
(1) _____　(2) _____　(3) _____　(4) _____

2．从a-c中选择适当的应答，完成对话。
(1) _____　(2) _____　(3) _____　(4) _____

第22課

楽しそうに話していました

学习目标
- ★ 赠送和接受礼物。
- ★ 根据观察做出判断、预测。
- ★ 通过比喻描述对某个事物的印象。
- ★ 描述自己的体验。

学习项目
- V／Aそうだ＜征兆、推测＞
- 〜だろう（と思う）＜推测＞
- （まるで）〜ようだ＜比喻＞
- 〜はずだ＜推测＞
- -がる＜形容词的动词化＞
- とても〜ない＜否定可能性＞
- Nに＜原因＞

人々(ひとびと)②	【名】人们
親(おや)②	【名】父母，家长
中学生(ちゅうがくせい)③④	【名】初中生
仲間(なかま)③	【名】伙伴，朋友
農民画(のうみんが)⓪	【名】农民画
色彩(しきさい)⓪	【名】色彩
精進料理(しょうじんりょうり)⑤	【名】素菜，素餐
夕飯(ゆうはん)⓪	【名】晚饭
餅(もち)⓪	【名】年糕
飴(あめ)⓪	【名】糖果
氷(こおり)⓪	【名】冰
器(うつわ)⓪	【名】器皿，容器
本物(ほんもの)⓪	【名】真品，真货
道具(どうぐ)⓪	【名】道具，工具
おもちゃ②	【名】玩具
ぬいぐるみ⓪	【名】毛绒玩具
デジカメ(digital camera的缩略语)⓪	【名】数码相机
枝(えだ)⓪	【名】树枝，花枝
湖(みずうみ)③	【名】湖
棚(たな)⓪	【名】架子
途中(とちゅう)⓪	【名】中途，路上
石(いし)②	【名】石头，石块
夢(ゆめ)②	【名】梦，梦想
勇気(ゆうき)①	【名】勇气
はず⓪	【名】应该，理应
ニュース(news)①	【名】新闻
知らせ(しらせ)⓪	【名】通知，告知
今ごろ(いまごろ)⓪	【名】现在，此时
苦しい(くるしい)③	【形Ⅰ】痛苦的，难受的
おかしい③	【形Ⅰ】奇怪的，可笑的
悔しい(くやしい)③	【形Ⅰ】遗憾的，令人懊悔的
大切(たいせつ)⓪	【形Ⅱ】重要的，贵重的
独創的(どくそうてき)⓪	【形Ⅱ】独创性的
退屈(たいくつ)⓪	【形Ⅱ】无聊的，无趣的

満足(まんぞく)①	【形Ⅱ・自Ⅲ】满足，满意
関係(かんけい)⓪	【名・自Ⅲ】关系，关联
失敗(しっぱい)⓪	【名・自Ⅲ】失败
倒れる(たおれる)③	【自Ⅱ】倒，倒塌；病倒
落ちる(おちる)②	【自Ⅰ】掉落，跌落
役立つ(やくだつ)③	【自Ⅰ】起作用，有效力，有帮助
積もる(つもる)②⓪	【自Ⅰ】堆积
滑る(すべる)②	【自Ⅰ】滑行，打滑
暮らす(くらす)⓪	【自他Ⅰ】生活
流す(ながす)②	【他Ⅰ】使……流动，流出
困る(こまる)②	【自Ⅰ】为难，困难
折れる(おれる)②	【自Ⅱ】折断，断裂
変わる(かわる)⓪	【自Ⅰ】改变，变化
悩む(なやむ)②	【自Ⅰ】烦恼
みな②⓪	【名・副】大家；都
びっくり③	【副・自Ⅲ】吃惊
まるで⓪	【副】就像……，宛如……
非常に(ひじょうに)⓪	【副】非常，特别
全然(ぜんぜん)⓪	【副】完全（不）……
少々(しょうしょう)①	【副】稍稍
確か(たしか)①	【副】确实，确切
-がる	感觉，觉得

～そうだ（表示征兆或推测）好像……的样子
～だろう（表示推测或委婉的判断）大概……吧
～ようだ（比喻）好像，仿佛

▶ 地 名

パリ(paris)① 巴黎

语法学习

1. V／Aそうだ

(1) 雨が降りそうですね。
(2) 木が倒れそうだ。
(3) 棚の荷物が落ちそうだ。
(4) この靴は丈夫そうです。
(5) 李さんは風邪で苦しそうです。
(6) この本屋には、わたしがほしい本はなさそうです。
(7) 張さんは難しそうな本を読んでいます。
(8) 子どもは庭で楽しそうに遊んでいます。

★「そうだ」接在动词接「ーます」的形式后时，意为"马上要……了；就要……了"。
☆「そうだ」接在形容词词干后时，表示"看上去……；好像……"的意思。
☆「よい／ない」接「そうだ」时要变成「よさそうだ／なさそうだ」。
☆「そうだ」本身可以按照Ⅱ类形容词进行词形变化，用「～そうな」的形式后接名词，「～そうに」的形式后接动词。

2. ～だろう（と思う）

(1) もう7時か。お父さんはもうすぐ帰ってくるだろう。
(2) 鈴木さんは佐藤さんより若いだろう。
(3) このことはあの人にも関係があるだろう。
(4) あの人は大学生だろう。
(5) この辞書は日本語の勉強に役立つだろうと思って、買いました。
(6) 駅に近いから、交通が便利だろうと思います。

★「だろう」是「でしょう」的简体形式，与「でしょう」的接续方式相同：接在动词、Ⅰ类形容词的简体形式或Ⅱ类形容词的词干、名词后面。用于表示推测。相当于"大概……吧；……吧"。
☆句尾为「だろう」的简体句，还可后续「と思う」，表示说话人不太肯定的判断，即"我想大概是……"的意思。

たんご

倒れる ③ 倒，倒塌　　棚 ⓪ 架子　　落ちる ② 掉落　　苦しい ③ 痛苦的，难受的
もうすぐ ③ 立刻，马上　　関係 ⓪ 关系，关联　　役立つ ③ 起作用，有效力，有帮助

3．（まるで）～ようだ

(1) 彼女は髪が短くて、まるで男の子のようです。

(2) 大好きな歌手に会えて、まるで夢のようでした。

(3) 彼は顔が赤くてまるでお酒でも飲んだようだ。

(4) 豆腐料理ですが、肉のような味がします。

(5) 最近、天気がおかしいね。もう春なのに、まだ冬のように寒い。

★此句式表示比喻。「ようだ」前接"名词＋の"或动词连体形。相当于汉语的"好像……；就像……一样"等。
☆副词「まるで」与「ようだ」呼应，可以省略。
☆「ようだ」本身可以按照Ⅱ类形容词进行词形变化，可以用「～ような」的形式后接名词，「～ように」的形式后接动词。

4．～はずだ

(1) 会社を1時間前に出たなら、李さんはもう帰っているはずです。

(2) 上田さんは授業を休むと言っていたから、今日は来ないはずだ。

(3) A：雪が積もっている。道が滑りますから、気をつけてください。

　　B：大丈夫です。この車は滑らないはずです。

(4) A：彼女は中学まで日本にいたんですよ。

　　B：そうですか。それなら、日本語が上手なはずですね。

(5) 会議は明日のはずです。

★「はず」是名词，接在动词、形容词的连体形以及"名词＋の"的后面，表示说话人根据某种依据进行推断，相当于汉语的"应该……；理应……"等。

たんご

まるで ⓪ 就像……，宛如……　　夢 ② 梦，梦想　　おかしい ③ 奇怪的，可笑的

はず ⓪ 应该，理应　　積もる ②⓪ 堆积　　滑る ② 滑行，打滑

5．-がる

(1) 弟は入学試験に失敗して、悔しがっている。
(2) 人々は幸せそうに暮らしている２人のことを羨ましがっている。
(3) 子どもが海外に留学している親はきっと寂しがっているだろう。
(4) 妹は前からデジカメをほしがっていました。
(5) 李さんの話を聞いた上田さんは天津へ行きたがっている。

★ 表达感情、感觉的形容词（包括「ほしい」「Vたい」）的基本形做谓语时，一般只用于第一人称。描述他人的感觉、感情时，一般使用「Aがる」的形式。

☆ 形容词词干后续「－がる」后，变为动词。表示对象的名词后续的格助词也有所变化，即从「NがA」变为「NをAがる」。

6．とても～ない

(1) このマンションは非常に高くて、普通の人々はとても買えません。
(2) １日30ページはとても翻訳できません。
(3) この小説は、中学生の作品だとはとても思えません。
(4) あの先生はいつも元気そうで、とても50歳には見えないね。

★ 「とても」和表示可能意义的动词的否定形式呼应，加强否定的语气，意为"根本不可能……；无论如何也不能……"。

7．Nに

(1) みんなはそのことに驚きました。
(2) 彼女は悲しいニュースに涙を流した。
(3) 学生たちの一生懸命に頑張っている姿に深く感動しました。
(4) ご両親もあなたの合格の知らせに喜んでいるでしょう。
(5) フランス語が全然分からないから、パリでの生活に困っています。

★ 「に」可以用于提示原因，其后一般是表示"吃惊、感动、高兴、为难"等与人的反应有关的动词。

たんご

失敗 ⓪ 失败　悔しい ③ 令人懊悔的,遗憾的　-がる 感觉,觉得　人々 ② 人们　暮らす ⓪ 生活
親 ② 父母,家长　デジカメ ⓪ 数码相机　非常 ⓪ 非常,特别　中学生 ③④ 初中生
ニュース ① 新闻　流す ② 使……流动,流出　知らせ ⓪ 通知,告知　全然 ⓪ 完全（不）……
パリ ① 巴黎　困る ② 为难,困难

ユニット1

（郊游归来，小李打车送上田回家）

上田：今日は本当に楽しかったです。送ってもらって、すみません。

李　：いいえ。あのう、上田さん、これ、本当はホワイトデーに渡したかったんですが。

上田：え、すみません。何ですか。食べ物じゃなさそうですけど。

李　：どうぞ、よかったら、開けてみてください。

上田：（打开）わあ、すてき！

李　：中国の農民画です。お菓子よりこのほうが喜んでもらえるだろうと思って。

上田：うれしい！　わたし、こういうのがずっとほしかったんです。

李　：張さんが教えてくれたんですよ。上田さんがとてもほしがっていたから、きっと気に入ってくれるはずだっと言っていました。

上田：ありがとうございます。大切にします。

たんご

農民画 ⓪ 农画　　大切 ⓪ 重要的，贵重的

ユニット2

張さんの日記

4月18日

　今日、ピクニックに行った。天気もよく、ドライブも楽しめた。登るのは少々大変だったが、頂上からの眺めはすばらしかった。山は緑が美しく、景色はまるで絵のようだった。
　途中、お寺に寄った。上田さんは、日本のお寺と色彩が違うと言って珍しがっていた。お寺の中にある精進料理の店で食事をした。独創的な料理と器の美しさに、みな驚いた。まるで本物の肉や魚のようで、とてもお豆腐料理とは思えなかった。みなおいしそうに食べ、楽しそうに話していた。すてきな仲間と一緒に過ごした幸せな休日だった。

たんご

少々 ① 稍稍　**途中** ⓪ 中途, 路上　**色彩** ⓪ 色彩　**精進料理** ⑤ 素菜, 素餐　**独創的** ⓪ 独創性的
器 ⓪ 器皿, 容器　**みな** ②⓪ 大家; 都　**本物** ⓪ 真品, 真货　**仲間** ③ 伙伴, 朋友

表达解说

1. よかったら、開けてみてください

表示如果对方愿意的话可以打开，这是日本赠送礼物时的一种习惯，收受人可以当着赠送人的面把礼物打开。意思是"如果你愿意的话，打开看看吧"。

2. 大切にします

收到礼物时，除了感谢之外，还可以向对方表示自己会珍惜这份礼物，这样说是对送礼人的尊重和体贴，意思是"我会好好珍惜的"。

词汇解说

1. お菓子

「お菓子」是「菓子」的美化语，多为女性使用。后者本来表示「くだもの（果物）」（水果）之意，后来意义发生了变化，一般指用米粉、面粉、江米面做的加糖或馅的糕点，现在「お菓子」泛指零食类的休闲小食品。

2. 料理

「料理」一词表示"菜肴"，可以与许多名词搭配构成复合名词。

①与表示国家或地域的专有名词组合：
「中華料理／中国料理／日本料理／タイ料理／ベトナム料理／インド料理／西洋料理／フランス料理／イタリア料理／スペイン料理／メキシコ料理」

②与一般名词组合：
「家庭料理／田舎料理／手料理／一品(いっぴん)料理／精進料理」

③与表示食材的名词组合：
「豆腐料理／魚料理／肉料理／卵料理」

第22課 楽しそうに話していました

 練 習

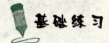 基礎練习

1. Vそうだ

    例　雨が降る ➡ 雨が降りそうです。

    (1) 授業が始まる　　　　　(2) もう少し時間がかかる
    (3) 木の枝が折れる　　　　(4) これならわたしもできる

2. A₁そうだ

    例　あのパソコン・高い ➡ あのパソコンは高そうです。

    (1) 李さん・寂しい　　　　(2) あの映画・おもしろい
    (3) あの人・怖い　　　　　(4) このお菓子・おいしい

3. A₂そうだ

    例　あの方・親切 ➡ あの方は親切そうです。

    (1) おばさん・元気だ　　　(2) この道具・便利だ
    (3) 彼女・幸せだ　　　　　(4) 陳さん・退屈だ

4. Nだろう

    例　明日はいい天気でしょう ➡ 明日はいい天気だろう。

    (1) あの人はまだ学生でしょう　　(2) 昔、ここは湖だったでしょう
    (3) 来週の火曜日は休みでしょう　(4) これは会議室の鍵ではないでしょう

たんご

枝 ⓪ 树枝，花枝　折れる ② 断裂　道具 ⓪ 道具　退屈 ⓪ 无聊的　湖 ③ 湖

5．Vだろう

例　王さんも行くでしょう　➡　王さんも行くだろう。
(1) 今日の夕飯、母は何を作ってくれるでしょう
(2) この気持ちはいつまでも変わらないでしょう
(3) 会議はもうすぐ終わるでしょう
(4) 先生のアドバイスがなかったら、わたしは試験に合格できなかったでしょう

6．A₁／A₎だろう
(1) 今年の夏は暑いでしょう　　(2) 今度の試験は難しくないでしょう
(3) 母は心配だったでしょう　　(4) 昔はにぎやかではなかったでしょう

7．まるで〜ようだ

例　今日・暖かい・春　➡　今日は暖かくて、まるで春のようだ。
(1) 彼女の手・冷たい・氷　　(2) この車・かわいい・おもちゃ
(3) この餅・かたい・石　　(4) 先生・やさしい・お母さん

8．〜はずだ

例　李さんはもう家に着いていると思います
➡　李さんはもう家に着いているはずです。
(1) あの人は確かプロだと思います
(2) 上田さんは家に帰ったと思います
(3) 2時に出発したら、6時には着くと思います
(4) この時間は、先生は研究室にいないと思います
(5) 今ごろ香港は暑いと思います
(6) いつもこの時間は暇だと思います

たんご

夕飯 ⓪ 晚饭　変わる ⓪ 改变　氷 ⓪ 冰　おもちゃ ② 玩具　餅 ⓪ 年糕　石 ② 石头，石块
確か ① 确实，确切　今ごろ ⓪ 现在，此时

第22課 楽しそうに話していました

9. -がる

例　子ども・飴が食べたい　→　子どもは飴を食べたがっています。
(1) 張さん・留学したい　　(2) 猫・魚が食べたい
(3) 鈴木さんは・寒い　　　(4) 妹・プレゼントがほしい

10. とても～ない

例　あのおじいさんは元気で90歳とは思えない
→　あのおじいさんは元気でとても90歳とは思えない。
(1) 駅まで遠くて歩いて行けない　(2) 料理が多くて一人では食べられない
(3) 高くて買えない　　　　　　　(4) あの絵はプロの作品とは考えられない

11. Nに

例　そのニュース・びっくり　→　そのニュースにびっくりしました。
(1) 彼女の勇気・感動した　　(2) 今の給料・満足している
(3) その知らせ・驚く　　　　(4) 最近、花粉症・悩んでいる

会話練習

1．例　雪が降る

> A：嫌な天気ですね。
> B：ええ、<u>雪が降りそう</u>ですね。

(1) 雨が降る　(2) 台風が来る　(3) 風が吹く　(4) 黄砂が降る

2．例　①趙さんは日本語が話せる　②話せる　③日本で2年間生活していた

> A：①<u>趙さんは日本語が話せる</u>でしょうか。
> B：②<u>話せる</u>はずですよ。③<u>日本で2年間生活していた</u>から。
> A：そうですか。

たんご

飴 ⓪ 糖果　**プロ** ① 专业的，职业的　**びっくり** ③ 吃惊，惊讶　**勇気** ① 勇气
満足 ① 满足，满意　**悩む** ② 烦恼

(1) ①上田さんはもう東京に着いている　②着いている　③9時の飛行機だった
(2) ①李さんは明日来る　　　②来ない　　③昨日から出張だ
(3) ①王さんの大学は遠い　　②遠い　　　③王さんは毎朝6時に出かけている
(4) ①あの店、おいしい　　　②おいしい　③毎日お客さんが並んでいる

3．例（看见一只猫）　①かわいい　　②ぬいぐるみ

（看见一只猫）
A：あ、①かわいい。
B：そうですね。②ぬいぐるみのようですね。
A：ええ。

(1) （拿着面包）①かたい　②石　(2) （摸着啤酒瓶）①冷たい　②氷
(3) （来到门外）①寒い　②冬　(4) （听到同事的歌声）①すごい　②プロ

1．回答下列问题。
(1) 今日の天気はどうですか。
(2) いちばん気に入った誕生日プレゼントは何ですか。
(3) 今、いちばんほしい物は何ですか。
(4) 今、いちばん行きたいところはどんなところですか。
(5) 何か悩んでいることがありますか。
(6) 10年後のあなたはどこで何をしていると思いますか。
(7) 小さいころどんな子どもでしたか。
(8) どんなデートをしたいですか。

2．模仿课文，用日语写一篇日记或周记。

たんご

ぬいぐるみ ⓪ 毛绒玩具

3．看图说话。（使用「はず」）

1．写出下列划线部分汉字的假名。
(1) 昨日山に登りました。
(2) 今の生活に満足しています。
(3) この本を李さんに渡してください。
(4) 今日の精進料理は、本当においしかった。
(5) 正月は仲間と一緒に過ごしました。
(6) これは珍しい魚だ。
(7) 少々お待ちください。
(8) 両親は大変、喜んでいます。
(9) 家に近くに有名なお寺があります。
(10) 料理のおいしさに驚いた。

2．写出下列划线部分假名的汉字。
(1) けしきはまるで絵のようです。
(2) 父は会社に行くとちゅう、病院によりました。
(3) あの店は安くておいしいので、とてもきにいりました。

(4) わたしのことを心配してくれる友達がいて、しあわせです。
(5) おかげさまで、楽しい一日をすごすことができました。
(6) あの器はとてもうつくしい。
(7) きゅうじつになると、公園がにぎやかになります。
(8) 彼女のことをたいせつにします。

3．在（　）中填入适当的助词，每个（　）填写一个假名。
(1) 上田さん（　）プレゼントを渡した。
(2) 李さんはお菓子（　）（　）、ゲームソフトのほうが喜ぶだろう。
(3) 彼女の言葉（　）びっくりした。
(4) 友達を大切（　）したいと思います。
(5) 山は緑（　）美しい。
(6) お肉（　）（　）、野菜を食べたほうがいいです。
(7) 家へ帰る途中、図書館（　）寄った。
(8) わたしはあの赤い靴下（　）します。

4．从□中选择词语改成适当的形式填在＿＿＿上。

便利・悲しい・降る・おいしい・難しい・ほしい

(1) あの店の料理は＿＿＿＿＿＿＿＿＿＿＿＿＿＿＿＿そうだ。
(2) 英語より、中国語の方が＿＿＿＿＿＿＿＿＿＿＿＿そうだ。
(3) 天気が悪くて、雨が＿＿＿＿＿＿＿＿＿＿＿＿＿＿そうだ。
(4) 彼はそのニュースを聞いてとても＿＿＿＿＿＿＿＿そうだ。
(5) 李さんは新しいパソコンを＿＿＿＿＿＿＿＿＿＿＿＿ている。
(6) 新しいパソコンは＿＿＿＿＿＿＿＿＿＿＿＿＿＿＿＿はずだ。

5．完成下列对话。
(1) A：送ってもらって、＿＿＿＿＿＿＿＿＿＿＿＿。
　　B：いいえ。では、また明日。
(2) A：誕生日おめでとう。はい、プレゼント。
　　B：あ、ありがとう。何ですか。
　　A：よかったら、＿＿＿＿＿＿＿＿＿＿＿＿＿＿＿。
(3) A：寒いですね。
　　B：ええ、まるで＿＿＿＿＿＿＿＿＿＿＿＿＿＿。
(4) A：はい、お土産です。
　　B：ありがとう。＿＿＿＿＿＿＿＿＿＿＿＿＿＿＿。

6．把下列句子翻译成日语。
(1) 这块蛋糕看上去很好吃。

(2) 他的汉语说得太好了，我没想到他是日本人。

(3) 小王听到自己考上大学的消息，非常高兴。

(4) 这个可能不是小李的电脑吧。

(5) 已经晚上10点了，妈妈一定回家了。

(6) 这种心情可能永远都不会变的吧。

(7) 这个面包真硬，简直像石头一样。

(8) 大家吃得很好，聊得很高兴。

7．阅读文章，回答问题。
　　日本にはバレンタインデーとホワイトデーがあります。2月14日のバレンタインデーは、日本では、1970年代後半に女性から男性に親愛の情をこめてチョコレートを贈るというスタイルで定着しました。そして、その1ヵ月後の3月14日のホワイトデーには、チョコレートをもらった男性がお返しに、女性にビスケットやキャンデー（飴）などを贈るという習慣ができました。でも、最近では、お返しはお菓子より、ポーチなどの小物のほうが人気があります。
　　バレンタインの時期、特にデパートには世界各国からの有名店のチョコレートを買う女性が大勢集まり、チョコレート1つ買うのも大変です。まるでバーゲン売り場のようです。チョコレートを選んでいる女性はみんな楽しそうです。
　　最近は「本命チョコ」「義理チョコ」以外にも、友達同士でチョコレートを贈る「友チョコ」や、自分のために買う「マイチョコ」、そして男性から女性に愛の告白をする「逆チョコ」などもあります。
　　中年になっても夫にチョコレートをあげる女性は少なくありません。多くの日本女性にとり、バレンタインデーは気になる一日のようです。もちろん、チョコレート会社にとっても。
　　バレンタインデーもホワイトデーも気持ちを形に、という楽しいイベントです。

質問：
①日本のバレンタインデーはどんなことをしますか。
②今のバレンタインデーはいつ頃定着しましたか。
③この時期チョコレート売り場はまるで何のようですか。
④最近はお菓子よりどんなものをほしがる女性が多いですか。
⑤最近は「本命チョコ」「義理チョコ」以外にどんなものがありますか。

 听力训练

1. 听录音，回答下列问题。
   (1) _____
   (2) _____
   (3) _____

2. 听录音，选择正确答案。
   (1) _____   (2) _____   (3) _____

3. 从a-c中选择适当的应答，完成对话。
   (1) _____   (2) _____   (3) _____

歌舞伎——日本的国剧

　　歌舞伎是日本具有代表性的传统表演艺术之一。歌舞伎的出现是以1603年出云大社的巫女阿国在京都跳"念佛舞"为开端，它曾在1629年和1652年分别以破环风俗为由被禁止。但是今天，歌舞伎作为日本传统的表演艺术在世界各地巡演。

　　歌舞伎中的"歌"指的是"音乐"、"舞"指的是"舞蹈"、"伎"指的是"演技"，可以说歌舞伎是作为这三大要素的集大成者发展起来的综合艺术。正因为如此，歌舞伎在日本国内被列为重要无形文化财产，并在2005年被联合国教科文组织列为非物质文化遗产。现代歌舞伎的特征是布景精致、舞台机关复杂，演员服装与化妆华丽，演员清一色的为男性。今天，歌舞伎仍然吸引着不少爱好者。

第23課

準備しておきます

学习目标
- ★ 给予指示，接受指示。
- ★ 确认事情。
- ★ 谈论准备情况。
- ★ 祝贺生日。

学习项目
- Vておく＜准备＞
- Vてある＜状态的存续＞
- Vようになる＜变化＞
- Vようにする＜目标＞
- Nの／Vとおり＜标准＞
- ちょうだい／Vてちょうだい＜请求＞
- やる／Vてやる＜授受＞

单 词 表

パパ (papa) ①	【名】爹地，爸爸
ママ (mamma／mama) ①	【名】妈咪，妈妈
孫 (まご) ②	【名】孙子；孙女
秘書 (ひしょ) ①	【名】秘书
お年玉 (おとしだま) ⓪	【名】压岁钱，红包
スプーン (spoon) ②	【名】汤匙，调羹
食料品 (しょくりょうひん) ⓪③	【名】食品
鏡 (かがみ) ③	【名】镜子
タオル (towel) ①	【名】毛巾
茶碗 (ちゃわん) ⓪	【名】饭碗，茶碗
小遣い (こづかい) ①	【名】零花钱
紙コップ (かみ荷兰语kop) ③	【名】纸杯
ペンキ (荷兰语pek) ⓪	【名】油漆
えさ ⓪②	【名】饵食，诱饵
東北 (とうほく) ⓪	【名】东北
天気予報 (てんきよほう) ④	【名】天气预报
直前 (ちょくぜん) ⓪	【名】即将……之前
薄手 (うすで) ⓪	【名】比较薄的
情報収集 (じょうほうしゅうしゅう) ⑤	【名】收集信息
参考書 (さんこうしょ) ⓪⑤	【名】参考书
招待状 (しょうたいじょう) ③⓪	【名】请柬，邀请函
結果 (けっか) ⓪	【名】结果
次 (つぎ) ②	【名】下一个
壁 (かべ) ⓪	【名】墙壁；隔阂
ヒアリング (hearing) ⓪①	【名】听力
説明書 (せつめいしょ) ⓪	【名】说明书
時間内 (じかんない) ②	【名】时间范围内
確認 (かくにん) ⓪	【名・他Ⅲ】确认
操作 (そうさ) ①	【名・他Ⅲ】操作
ちょうだい ③	【名・他Ⅲ】得到，领受
わが ①	【連体】我的，我们的
答える (こたえる) ②③	【自Ⅱ】回答
頼む (たのむ) ②	【他Ⅰ】拜托，请求
貼る (はる) ⓪	【他Ⅰ】张贴

第23課　準備しておきます

やる ⓪	【他Ⅰ】	给；做
乾く (かわく) ②	【自Ⅰ】	干，干燥
掛ける (かける) ②	【他Ⅱ】	挂
動かす (うごかす) ③	【他Ⅰ】	动，使……动，活动
片付ける (かたづける) ④	【他Ⅱ】	收拾，打扫，整理
比べる (くらべる) ⓪	【他Ⅱ】	比较，对比
包む (つつむ) ②	【他Ⅰ】	包，包装
沸かす (わかす) ⓪	【他Ⅰ】	烧开，使……沸腾
暮れる (くれる) ⓪	【自Ⅱ】	天黑，日暮；（季节，时间等）到了最后
触る (さわる) ⓪	【自Ⅰ】	触摸，碰
進む (すすむ) ⓪	【自Ⅰ】	进展，发展
できるだけ ⓪	【副】	尽可能地
ちゃんと ⓪	【副】	规规矩矩，按部就班
なるべく ⓪	【副】	尽量，尽可能
ーとおり		同样，照样
ー個 (こ)		个
ハッピーバースデートゥーユー (happy birthday to you)		生日快乐

~ておく（表示提前做好准备）预先……
~てある（表示状态的存续）……着

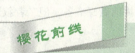

樱花作为一种风景，一种象征，甚至一种精神，已成为日本特有的文化。日本人赏樱的习俗由来已久。据记载，从江户时代开始，赏樱就已成为春季的民间活动。由于日本是狭长岛国，南北气温差异较大，樱花也由列岛南端向北方依次开放。一般是每年的3月下旬从九州南部、四国南部依次向九州北部、四国北部、濑户内海沿岸、关东地方、北陆地方、东北地方北上，直至5月上旬到达北海道，由此形成了一条由南往北推进的"樱花前线"。

每当樱花盛开之时，大家都会聚集于各地景点赏樱。赏樱，日语写作「花見」（はなみ）。樱花的生命很短暂，在日本有一民谚说"樱花7日"，就是一朵樱花从开放到凋谢大约7天，整棵樱树从开花到全谢大约16天左右，形成樱花边开边落的特点。樱花被尊为日本的国花，不仅是因为它的妩媚娇艳，更重要的是它经历短暂的灿烂后随即凋谢的"壮烈"。

语法学习

1. Vておく

(1) お客さんが来るので、部屋を掃除しておきました。

(2) すぐ使わないけど、この値段なら買っておこうかな。

(3) 後から行きますので、先に料理を頼（たの）んでおいてください。

(4) 上田：窓を閉めましょうか。

　　張　：暑いから開けておいてください。

★「Vておく」有两种用法。
①表示为了某一目的，事前做某事，如例（1-3）。
②表示为了某一目的，保持目前的状态，如例（4）。

2. Vてある

(1) 窓が開けてありますね。誰が開けたんですか。

(2) 黒板にお知らせが書いてあります。

(3) 壁（かべ）に地図が貼（は）ってあります。

(4) ホテルはもう予約してあります。

★「Vてある」中的动词为他动词。表示有意识地进行某一动作、行为后，其结果状态一直持续。动作的客体一般用「が」表示，即构成「～がVてある」的句式。

「Vておく」、「Vてある」与「Vている」

　　「Vておく」与「Vてある」都可以用于表示为了某一目的而提前做好准备，但二者叙述的着眼点不同。例如：

　　a. 資料はコピーしておく（おいた）。

　　b. 資料はコピーしてある。

　　使用a.「コピーしておいた」时，叙述的是动作主体对动作的执行情况，即"我"把这个动作做好了；而使用b.「コピーしてある」时则仅关心"资料"如何，并不涉及做这个动作的人。

　　「Vてある」和「Vている」都可以在表示动作的结果状态的持续，二者的区别比较明显。

　　（1）「Vてある」中的V是他动词，而「Vている」中的V是自动词。

　　（2）「Vてある」强调是人为的、有目的的动作的结果，而「Vている」只是客观地表示变化结果的状态。

　　c. 窓が開けてある。／窗户开着（强调是有人把窗户打开的）。

　　d. 窓が開いている。／窗户开着（不一定是人为的动作，也可能是"被风吹开了"等等）。

たんご

頼む ② 拜托，请求　　壁 ⓪ 墙壁　　貼る ⓪ 张贴

3．Vようになる

(1) 日本語が話せるようになりました。
(2) 図書館の本がネットで予約できるようになって、便利です。
(3) 最近日本の歌を聞くようになりました。
(4) 日本に留学したいと思うようになったのは、大学に入ってからのことです。
(5) 11月に入ると、日が早く暮れるようになる。

★「ようになる」接在动词词典形或可能态的后面，表示状态的变化，即由原来的不可能变为可能、由原先的状态变为现在的状态，相当于汉语的"能够……了；变得……了"等。

4．Vようにする

(1) これからはできるだけ夜11時前に寝るようにする。
(2) ヒアリングの練習のため、毎日日本語のニュースを30分ぐらい聞くようにしている。
(3) 仕事は決めた時間内に終わるようにしましょう。
(4) 出発時間に遅れないようにしてください。

★「ようにする」接在动词词典形后面，表示努力、设法做到某事或达到某一目标，经常与「できるだけ」「必ず」等副词搭配使用。相当于汉语的"力求……；尽量做到……"。

5．Nの／Vとおり

(1) 結果は次のとおりです。
(2) 教科書のとおり（教科書どおり）に教えています。
(3) 自分の思うとおりにしなさい。
(4) お医者さんが言ったとおりに、毎日この薬を飲んでいます。

★「とおり」写成汉字是「通り」，「Nのとおり」或「Vとおり」表示按照N或V的标准、要求或者样子如实地、原封不动地把它表现出来。相当于汉语的"按照……；正如……"等。
☆「Nのとおり」常常说成「Nどおり」。
☆后接动词时，一般使用「とおりに」的形式。

たんご

暮れる ⓪ 天黑，日暮　　ヒアリング ⓪① 听力　　時間内 ② 时间范围内
－とおり 同样，照样　　結果 ⓪ 结果　　次 ② 下一个

6．ちょうだい／Ｖてちょうだい

(1) りんごを2個ちょうだい。

(2) スプーンをもう一つちょうだい。

(3) ねえ、パパ、アイスクリームを買ってちょうだい。

(4) もう7時よ。早く起きてちょうだい。

(5) ペンキはまだ乾（かわ）いていないから、触（さわ）らないでちょうだい。

★「ちょうだい（頂戴）」用于请求对方给予某物，「Ｖてちょうだい」用于请求对方为自己做某事，意思相当于「ください」和「Ｖてください」。是关系亲密的人之间的表达方式，多为女性或儿童使用。

7．やる／Ｖてやる

(1) 猫にえさをやる。

(2) 日本ではお正月の時、子どもにお年玉（としだま）をやる習慣がある。

(3) 仕事が忙しくて、子どもの勉強を見てやる時間がない。

(4) 彼一人では大変だから、手伝ってやってください。

★「やる」是授受动词，同「あげる」一样表示将物品给予他人，但仅用于上对下、长对幼的关系之间，也可表示人为动植物喂食或浇水等。「Ｖてやる」表示为别人做某事，也仅用于上对下、长对幼或人对动植物的动作。

たんご

-個 个　ちょうだい ③得到，领受　スプーン ②汤匙，调羹　ペンキ ⓪油漆
乾く ②干，干燥　触る ⓪触摸，碰　えさ ⓪②饵食，诱饵　やる ⓪给，做
お年玉 ⓪压岁钱，红包

第23課　準備しておきます

ユニット1

（佐藤要去东北出差，向秘书确认准备情况）

佐藤：今度の出張のことで確認(かくにん)ですけど、ホテルはもう予約してくれましたか。

秘書：はい。ご希望どおり空港に近いホテルを予約しておきました。ホテルの住所と電話番号は…こちらです。（拿出记录的相关信息给佐藤看）

佐藤：あ、必要な連絡先が全部書いてありますね。**さすが わが秘書(ひしょ)**だね。

秘書：いいえ、ネットで簡単に情報収集(じょうほうしゅうしゅう)ができるようになりましたから。それから、資料も先日会議で決(き)まったとおりに準備しておきますが、ほかに必要なものはありませんか。

佐藤：そうだね…。あと、地図を準備しておいてくれますか。

秘書：はい、分かりました。東北(とうほく)はまだ寒いかもしれません。

佐藤：そう。じゃ、風邪をひかないように薄手(うすで)のコートを持って行こうかな。

秘書：直前(ちょくぜん)に天気予報(てんきよほう)を確認(かくにん)するようにします。

佐藤：じゃ、よろしく。

たんご

確認⓪ 确认　　**秘書**① 秘书　　**わが**① 我的，我们的　　**情報収集**⑤ 信息收集　　**東北**⓪ 东北
薄手⓪ 比较薄的　　**直前**⓪ 即将……之前　　**天気予報**④ 天气预报

ユニット2

（今天是咲的生日。佐藤一家人准备晚上一起庆祝）

久美：ね、今日は咲の誕生日だから、早く帰って来てちょうだい。

翼　：ああ、できるだけ早く帰ってくるようにするよ。プレゼントはもう買ってあるね。ケーキは？

久美：ケーキはまだ。

翼　：じゃ、帰りに買って来るよ。

（晚上，一家人围坐在餐桌旁，生日蛋糕上的蜡烛已经点燃）

翼・久美：ハッピーバースデートゥーユー、ハッピーバースデートゥーユー。ハッピーバースデーディア さきちゃーん、ハッピーバースデートゥーユー！

（咲吹灭蜡烛，拍手）

翼・久美：咲、お誕生日おめでとう！

咲　：ありがとう！

翼　：もう6歳か。何でも自分でできるようになったね。

咲　：うん。一人でなんでもできるようになったよ。

久美：すぐに「やって、やって」って言わなくなったわね。

咲　：えへへ。

翼　：はい、プレゼント。開けてごらん。（递过一个装着礼物的大大的盒子）

咲　：わあい、大きな箱、なんだろう。

久美：パパ、ちょっと開けてやって。

咲　：咲、自分でやる。　（打开盒子）あ、パンダのぬいぐるみ！パパ、ママ、ありがとう。

たんご

できるだけ⓪ 尽可能地　**ハッピーバースデートゥーユー** 生日快乐　**パパ**① 爹地，爸爸
ママ① 妈咪，妈妈

第23課　準備しておきます

表达解说

1. さすが、わが秘書

「さすが」用于称赞对方果然名副其实。一般不对长辈和上级使用。这句话的意思是"不愧是我们的秘书"。这里佐藤是在半开玩笑。

词汇解说

1. ―先

「先（さき）」本来是名词，但它还可以与动词的连用形或动作性的汉语词组合构成派生词，表示与进行该动作有关的地点、单位、对方、方面等意。例如：「売り先／売れ先／送り先／使い先／勤め先／嫁ぎ先／届け先／行先／宛先／得意先／取引先／就職先／入院先」。

2. わが

「わ」是日语文言的第一人称代词，可写作「我」或「吾」；「が」是连体助词，相当于现代日语的「の」。「わが」表示「わたしの」「自分の」「わたしたちの」之意，它在句中只能做连体修饰语，与之共现的名词也非常有限，例如：「わが国／わが家／わが校／わが社／わが輩／わが子／わが愛読書」。

(1) わが道を行く。
(2) わが中国の将来

基础练习

1. Vておく

例　来週旅行に行く・ホテルを予約する

→　来週旅行に行くので、ホテルを予約しておきます。

(1) 会議がある・ドアを開ける
(2) 母がもうすぐ帰ってくる・野菜を洗う

（3）友達が来る・料理を作る
（4）パーティーをする・食料品を買う

2．Vてある
　　　例　荷物を置く　➡　荷物が置いてあります。
　　（1）窓を開ける　（2）本を並べる　（3）写真を飾る　（4）鏡を掛ける

3．Vようになる
　　　例　中国語・話す　➡　中国語が話せるようになりました。
　　（1）ひらがな・書く　　　　　（2）ピアノ・弾く
　　（3）自分の意見・日本語で言う　（4）難しい文章・読む

4．Vようになる
　　　例　前は部屋掃除をしなかった。今、毎日部屋を掃除します
　　➡　毎日部屋を掃除するようになりました。
　　（1）前は日本語が話せませんでした。今、少し話せます
　　（2）前は運動しません。今、運動します
　　（3）前は母の気持ちが分かりせんでした。今は少し分かります
　　（4）前は朝ご飯を食べないで会社へ行きました。今はちゃんと朝ご飯を食べます

5．Vようにする
　　　例　毎日体を動かす　➡　毎日体を動かすようにしています。
　　（1）毎日部屋を片付ける　　　（2）時間をかけてゆっくりと食事をとる
　　（3）嫌なことを考えない　　　（4）夕食はなるべく8時までに食べ終わる

6．Nのとおり
　　　例　地図・歩いた　➡　地図のとおりに歩いた。
　　（1）次・連絡する　　　　　　（2）計画・進んでいる
　　（3）説明書・操作する　　　　（4）CD・発音する

たんご

食料品⓪③食品　　**鏡**③镜子　　**掛ける**②挂　　**ちゃんと**⓪规规矩矩，按部就班
動かす③活动　　**片付ける**④收拾，打扫，整理　　**なるべく**⓪尽量，尽可能
進む⓪进展，发展　　**説明書**⓪说明书　　**操作**①操作

7. Vとおり

　　例　ブログで見た・お菓子を作ってみた
　　➡　ブログで見たとおりにお菓子を作ってみました。
　　(1) 先生が言った・書いた　　　(2) 思う・話す
　　(3) 聞いた・伝える　　　　　　(4) 知っている・答えてください

8. ちょうだい

　　例　タオル　➡　タオルをちょうだい。
　　(1) 水　　(2) お金　　(3) ご飯　　(4) お茶

9. Vてちょうだい

　　例　食べてください　➡　食べてちょうだい。
　　(1) 比べてみてください　　　　(2) この紙で包んでください
　　(3) 何も言わないでください　　(4) テレビの音を小さくしてください

10. やる

　　例　魚・えさ　➡　魚にえさをやります。
　　(1) 花・水　　　　　　　　　　(2) 孫・本
　　(3) 子ども・お小遣い　　　　　(4) 弟・お土産

11. Vてやる

　　例　子どもたちと遊ぶ　➡　子どもたちと遊んでやりました。
　　(1) 子どもに歌を教える　　　　(2) 後輩に北京を案内する
　　(3) 弟の服を洗濯する　　　　　(4) 息子にご飯を作る

たんご

答える③回答　**タオル**①毛巾　**比べる**⓪比较，对比　**包む**②包，包装　**孫**②孙子，孙女
小遣い①零花钱

 会话练习

1．例　パソコンを用意する

> A：Bさん、手伝いましょうか。
> B：お願いします。
> A：何をしたらいいですか。
> B：そうですね。パソコンを用意しておいてください。
> A：分かりました。

(1) 机を出す　(2) お湯を沸かす　(3) 窓を開ける　(4) 茶碗を洗う

2．例　①部屋を掃除する　②紙コップも出す

> A：Bさん、準備はもうできましたか。
> B：はい。①部屋を掃除しておきました。
> A：あ、②紙コップも出してありますね。ありがとう。

(1) ①椅子と机を並べる　②資料をコピーする
(2) ①資料を調べる　②参考書を準備する
(3) ①飲み物を買う　②果物を買う
(4) ①みんなに連絡する　②招待状を用意する

 应用练习

1．回答下列问题。

(1) 旅行の前にどんな準備をしておきますか。
(2) 友達が家へ遊びに来る時、どんな準備をしておきますか。
(3) この１年間自分には何か変化がありましたか。
(4) 以前はやらなかったことで、今はするようになったことがありますか。
(5) 以前はできなかったのに、今はできるようになったことがありますか。
(6) 前は嫌いで、今は好きになったことがありますか。

たんご

沸かす ⓪ 烧开，使沸腾　　**茶碗** ⓪ 饭碗，茶碗　　**紙コップ** ③ 纸杯　　**参考書** ⓪⑤ 参考书
招待状 ③⓪ 请柬，邀请函

第23課　準備しておきます

2．下面的表格是你的日程安排，请把事先需要做的事情写在后面。

例	発表する	資料を調べておく。練習しておく。
1	会議を開く	
2	美術館を見学する	
3	李さんの送別会を開く	
4	実家へ帰る	
5	彼女（彼氏）が遊びに来る	

3．用日语描述一下「ユニット2」的场景。

1．写出下列划线部分假名的汉字。
（1）王さんの家は北京空港の近くです。
（2）わたしは来週、東京へ出張します。
（3）会議の時間を確認してください。
（4）何かあったら、連絡してください。
（5）地図の準備をお願いします。
（6）風邪を引かないように気をつけてください。
（7）空港へ友だちを迎えに行きました。
（8）ホテルの予約をしました。
（9）李さんの住所を知っていますか。
（10）あの箱に何がありますか。

2．写出下列划线部分汉字的假名。
（1）何かひつようなものがありますか。
（2）ひしょの鈴木です。よろしくお願いします。
（3）しりょうをいただきました。
（4）じょうほうしゅうしゅうをしておいてください。
（5）この箱をあけてください。
（6）母は、毎日てんきよほうを見ます。
（7）父はとうほく出身です。
（8）でんわばんごうを書いてください。

(9) <u>じぶん</u>で考えてください。
(10) 李さんの<u>おたんじょうび</u>はいつですか。

3．在（　）中填入适当的助词，每个（　）填写一个假名。

(1) 今度の会議のこと（　）確認ですが。
(2) 会議の資料（　）準備しておきました。
(3) コップ（　）洗いました。
(4) 母は今コップ（　）洗っています。
(5) あ、コップ（　）洗ってありますね。
(6) 友達が来るので、コップ（　）洗っておきました。
(7) 自分（　）料理ができるようになりました。
(8) ビール（　）ちょうだい。
(9) 体（　）気をつけてください。
(10) 準備はこちら（　）しておきます。

4．正确排列句子的顺序，把序号填写在_____上。

(1) 旅行の前に_____ _____ _____ _____。
　　①買って　　②地図　　③おきます　　④を
(2) _____ _____ _____ _____ください。
　　①洗って　　②おいて　　③を　　④リンゴ
(3) 健康のために、_____ _____ _____ _____しました。
　　①ように　　②タバコ　　③吸わない　　④を
(4) _____ _____ _____ _____。
　　①払って　　②お金　　③を　　④ちょうだい
(5) これから毎日_____ _____ _____ _____します。
　　①を　　②日記　　③書く　　④ように
(6) 咲ちゃんは_____ _____ _____ _____なりました。
　　①乗れる　　②に　　③ように　　④自転車に
(7) _____ _____ _____ _____を予約したい。
　　①に　　②海　　③ホテル　　④近い
(8) _____ _____ _____ _____します。
　　①早く　　②できるだけ　　③ように　　④帰る
(9) _____ _____ _____ _____。
　　①プレゼント　　②買って　　③あります　　④は
(10) _____ _____ _____ _____ようになりました。
　　①自分　　②何でも　　③できる　　④で

5．完成下列对话。
(1) A：お誕生日、＿＿＿＿＿＿＿＿＿＿＿＿＿＿＿。
    B：ありがとうございます。
(2) A：辞書はどこですか。
    B：本棚において＿＿＿＿＿＿＿＿＿＿＿＿＿＿＿。
(3) A：電気を消しましょうか。
    B：まだ使いますから、つけて＿＿＿＿＿＿＿＿＿＿＿＿＿＿＿。
(4) A：もうすぐ、テストでしょう。
    B：うん。
    A：じゃ、よく復習して＿＿＿＿＿＿＿＿＿＿＿＿＿＿＿。
(5) A：聞こえないよ。
    B：すみません。
    A：よく聞こえる＿＿＿＿＿＿＿＿＿＿＿＿＿＿＿、大きい声で話してください。
(6) A：上田さん、飛行機はもう予約して＿＿＿＿＿＿＿＿＿＿＿＿＿＿＿。
    B：はい。

6．把下列句子翻译成日语。
(1) 我每天给我的小狗做饭。

(2) 今天有客人来，你早点回来。

(3) 上田现在每天早上都吃早饭了。

(4) 小王能看懂日文报纸了。

(5) 为了感冒尽快痊愈，佐藤吃完药就睡觉了。

7．阅读文章，回答问题。
　　日本は3月の下旬からだんだんと暖かくなってきます。そして、南の方から桜が咲き始め、北上していきます。この時期になると、桜前線と言って、日本各地の桜の開花予想日が、テレビや新聞などで発表されます。
　　桜が咲き始めると、大勢の人々が集まり、お花見をします。十分お花見を楽しむために、場所を取っておく人もいます。みんな桜の木の下でお酒を飲んだり、おいしいものを食べたりします。コンビニやスーパーでは、お花見用のお弁当なども売っています。
　　学校には桜の木が植えてあり、入学式の時には桜の花が新入生を迎えます。
　　桜が咲くと、日本人は春が来たな、と思います。日本人にとって桜は春を感じるとても重要な花です。

質問：
（1）桜の開花予想日を表した線を何と言いますか。
（2）お花見はどんな事をしますか。
（3）日本の学校には何が植えてありますか。
（4）日本人にとって、桜はどんな花ですか。

听力训练

1．听录音，从a.b中选择正确答案。
　　（1）＿＿＿＿＿＿＿＿＿＿＿＿＿＿＿＿＿＿＿＿＿＿＿＿＿＿＿
　　（2）＿＿＿＿＿＿＿＿＿＿＿＿＿＿＿＿＿＿＿＿＿＿＿＿＿＿＿
　　（3）＿＿＿＿＿＿＿＿＿＿＿＿＿＿＿＿＿＿＿＿＿＿＿＿＿＿＿

2．听录音，选择正确答案。
　　（1）＿＿＿＿＿＿　　（2）＿＿＿＿＿＿

3．从a-c中选择适当的应答，完成对话。
　　（1）＿＿＿＿＿＿　　（2）＿＿＿＿＿＿　　（3）＿＿＿＿＿＿

第24課

あそこに登れば、故宮が見渡せるんです

学习目标
★ 为朋友做向导。
★ 简单介绍物品的使用方法。
★ 简单介绍北京的茶馆。

学习项目
- V／A₁ば＜条件、假设＞
- Nなら＜话题＞
- Vと、～た＜契机—发现＞
- Vばいい＜建议＞
- ～ば～ほど＜程度递进＞
- だけでいい＜充分条件＞
- みたいだ＜比喻＞
- Nによって＜基准＞

建築（けんちく）⓪	【名】建筑
洋風（ようふう）⓪	【名】西式，洋式
スケール(scale)②	【名】规模；卷尺
広場（ひろば）①	【名】广场
国（くに）⓪	【名】国家；故乡
民族（みんぞく）①	【名】民族
伝統（でんとう）⓪	【名】传统
茶館（ちゃかん）⓪	【名】茶馆
舞台（ぶたい）①	【名】舞台
出し物（だしもの）②③	【名】节目，表演
京劇（きょうげき）⓪	【名】京剧
茶芸（ちゃげい）⓪	【名】茶艺
ウーロン茶（ウーロンちゃ）③	【名】乌龙茶
緑茶（りょくちゃ）⓪	【名】绿茶
香り（かおり）⓪	【名】香气，香味
色（いろ）②	【名】颜色
味わい（あじわい）⓪③	【名】味道，口感，趣味
塩（しお）②	【名】盐
メニュー(menu)①	【名】菜单
恋人（こいびと）⓪	【名】恋人
指輪（ゆびわ）⓪	【名】戒指
ダイヤモンド(diamond)④	【名】钻石
天候（てんこう）⓪	【名】天气
漫画（まんが）⓪	【名】漫画
冷凍食品（れいとうしょくひん）⑤	【名】冷冻食品
電子レンジ（でんしrange）④	【名】微波炉
髪型（かみがた）⓪	【名】发型
耳（みみ）②	【名】耳朵
考え方（かんがえかた）⑤	【名】想法
規則（きそく）②①	【名】规则
丘（おか）⓪	【名】土坡，山丘
イヤホン(earphone)②③	【名】耳机
一度（いちど）③	【名】一次，一回
お勧め（おすすめ）⓪	【名】推荐
学食（がくしょく）⓪	【名】学生食堂
ネットショップ(net shop)⓪–①	【名】网店
電子辞書（でんしじしょ）④	【名】电子词典
カシオ(CASIO)①	【名】卡西欧

漬物（つけもの）⓪	【名】咸菜，酱菜
実（じつ）②	【名】真实，实质
アイドル（idol）①	【名】偶像
蓋（ふた）⓪	【名】盖子
はずかしい④	【形Ⅰ】害羞，难为情
面倒（めんどう）③	【名・形Ⅱ】麻烦，费事；照顾
バイト（アルバイト＜德语arbeit＞的缩略语）⓪	【名・自Ⅲ】打工
ガイド（guide）①	【名・他Ⅲ】导游；指南
上達（じょうたつ）⓪	【名・自Ⅲ】进步，长进
登録（とうろく）⓪	【名・他Ⅲ】登录；注册
入力（にゅうりょく）⓪	【名・他Ⅲ】（电脑）输入
恋（こい）①	【名・自他Ⅲ】爱恋，恋爱，恋情
温める（あたためる）④	【他Ⅱ】加热
当てる（あてる）⓪	【他Ⅱ】靠近，接触
見渡す（みわたす）⓪③	【他Ⅰ】眺望，张望
つぎたす③	【他Ⅰ】添加
効く（きく）⓪	【自Ⅰ】有效果，奏效
流れる（ながれる）③	【自Ⅱ】流动，流淌；传来（声音）
汚れる（よごれる）⓪	【自Ⅱ】脏，变脏
回る（まわる）⓪	【自Ⅰ】转动；周游
輝く（かがやく）③	【自Ⅰ】发光，闪耀
かなり①	【副】相当，颇

なら（表示话题）要说……，说起……
～ば（表示条件、假设）如果，……的话
～ばいい（表示建议）……就好，……就行
～ば～ほど（表示程度的递进）越……（就）越……
みたいだ（表示比喻）好像，仿佛
によって（表示标准）因……而（异）

地　名

故宮（こきゅう）①　　景山公園（けいざんこうえん）⑤

　　日本是一个多火山国家，由此也形成了很多天然温泉。一边欣赏大自然的风光，一边与亲朋好友畅谈，可以说泡温泉自古以来就是最受欢迎的休闲方式。
　　日本著名的温泉有：大分县的别府温泉、静冈县的热海温泉、群马县的草津温泉等。根据温泉水质分类，世界上温泉共有11种，而别府就有10种之多，是世界上温泉种类最集中的地区。因此，别府成为日本人首选的温泉旅游观光城市。

语法学习

1. V／A₁ば

Vば

◆ I类动词

$$V[う段假名] → V[え段假名] + ば$$

言う→言えば　　書く→書けば　　話す→話せば
持つ→持てば　　死ぬ→死ねば　　運ぶ→運べば
読む→読めば　　帰る→帰れば

う	く	す	つ	ぬ	ぶ	む	る
え	け	せ	て	ね	べ	め	れ

＋ば

◆ II类动词

$$V[る] → V[\cancel{る}] + れば$$

食べる→食べれば　　見る→見れば

◆ III类动词

来る→来れば　　する→すれば

A₁ば

$$A_I[い] → A_I[\cancel{い}] + ければ$$

(1) もし時間があれば、一度行ったほうがいいですよ。
(2) 毎日よく練習すれば、きっと上手になります。
(3) 明日雨が降らなければ、出かけるつもりです。
(4) 安ければ買いたいと思います。
(5) 天気がよければ、公園へ行きます。

★ 动词和I类形容词后续「ば」可以构成条件形，表示如果该条件成立，就会出现后面的结果。相当于汉语的"如果……就……；要是……"。

☆「もし」可以和「ば」呼应，加强假定的语气。

☆ II类形容词的条件形就是21课中学的「A₁なら」的形式。

たんご

一度 ③ 一次，一回

2．Nなら

(1) 李　：どんなお茶がいいでしょう。
　　 客　：お茶なら何でもいいですよ。
(2) 妻　：温泉に行きたいね。
　　 夫　：温泉なら、伊豆に行こう。景色もきれいだし。
(3) 陳　：李さんはどこですか。
　　 佐藤：李さんなら、図書館にいると思います。
(4) 上田：お寿司を食べたいんですが…。
　　 佐藤：お寿司なら、いい店を知っているよ。

★「なら」接在名词后面表示话题，用于就对方提出的话题做出回答或进一步加以解释说明，相当于汉语的"就……来说；要说……"。

3．Vと、～た

(1) 外に出ると、雨が降っていた。
(2) 窓を開けると、鳥が目の前を飛んで行った。
(3) 上田さんにメールを送ると、すぐ返事が来ました。
(4) レストランに入ると、昔の恋人がいた。

★「Vと、～た」句式可表示进行了V这个动作后，紧接着就发生、发现了后句所述的动作。与16课中的「Vたら、～た」句式用法相近。

4．Vばいい

(1) 分からないことがあったら、寮の友達に聞けばいいです。
(2) 風邪なら、この薬を飲めばいいです。よく効きますよ。
(3) 明日何時ごろそちらに行けばいいですか。
(4) 会社まで、どう行けばいいですか。
(5) すみません、このカメラはどうやって使えばいいですか。

★ 此句式用于向对方建议适宜采取的方法和手段。相当于汉语的"可以……；……就行"。

☆ 可以用"疑问词+Vばいいですか"的形式进行询问，征求对方的建议。

5．～ば～ほど

(1) この小説は、読めば読むほどおもしろいです。
(2) 日本語は勉強すればするほど難しくなります。
(3) この果物は、大きければ大きいほどおいしいです。
(4) 佐藤：明日、何時に出発すればいいですか。
　　 李　：遅くなると道が渋滞しそうですから、早ければ早いほどいいと思います。

★ 动词或形容词的条件形「-ば」与同一词语的连体形后接「ほど」的形式搭配，表示后句随着前句程度的递进而发生相应变化，相当于汉语的"越……越……"。

たんご

恋人 ⓪ 恋人　効く ⓪ 有效果，奏效

6. だけでいい

(1) ホテルはどこでもいいです。寝られるだけでいいです。

(2) 李　：砂糖も入れましょうか。

　　上田：いいえ、ミルクだけでいいです。

(3) 冷凍食品は、電子レンジで温めるだけでいいです。

(4) 向こうからの連絡を待つだけでいいんですか。

★「だけでいい」接在名词或动词后面，表示"只要有某物或只要做了某动作就足够了"的意思。

7. みたいだ

(1) まだ４月なのに、今日はまるで夏みたいです。

(2) あの人の考えることや、することはまるで子どもみたいです。

(3) 天津は洋風の建築がかなり多く、まるで外国に来ているみたいでした。

(4) 彼女は男の子みたいな髪型をしています。

(5) お姉さんはお母さんみたいに、わたしの面倒を見てくれた。

★「みたいだ」和22课学过的「ようだ」一样，可以表示比喻，不同之处在于「みたいだ」接名词时不加「の」而是直接接。

☆「みたいだ」本身可以按照Ⅱ类形容词进行词形变化，可以用「～みたいな」的形式后接名词，「～みたいに」的形式后接动词。

8. Nによって

(1) 人によって、考え方が違います。

(2) 生活習慣というのは、国や民族などによって違います。

(3) このレストランのメニューは日によって変わります。

(4) 天候によって、旅行のスケジュールが変わるかもしれません。

★「によって」接在名词后面，当后接「違う／変わる」等词语时，用来表示根据。相当于"根据……（而不同）；因……（而变化）"。

たんご

冷凍食品 ⑤冷冻食品　電子レンジ ④微波炉　温める ④加热　洋風 ⓪西式，洋式
建築 ⓪建筑　かなり ①相当，颇　髪型 ⓪发型　面倒 ③麻烦，费事；照顾
考え方 ⑤想法　国 ⓪国家；故乡　民族 ①民族　メニュー ①菜单　天候 ⓪天气

第24課　あそこに登れば、故宮が見渡せるんです

ユニット１

（小李带公司的日本客人游览故宫，客人30出头，男性）

客：わー、広いですね。本当にスケールが大きいですね。

李：ええ、世界でいちばん大きな広場（ひろば）ですから。

客：すごいなあ。人も多いですね。

李：今、連休なので特に混んでいるんです。
　　あちらが故宮（こきゅう）です。中に入りましょうか。

（来到故宫里）

李：あの、日本語で説明が聞けるイヤホンガイドがありますが。

客：あ、それは便利ですね。借りてみます。

（租来了讲解耳机）

客：これはどうやって使えばいいんですか。

李：耳（みみ）に当（あ）てるだけでいいんですよ。

客：あ、建物の前に来ると、説明が流（なが）れてくるんですね。

（游览完，离开故宫）

李：次は景山公園（けいざんこうえん）に行きましょう。

客：はい。近いんですか。

李：ええ。あそこです。あの丘（おか）に登れば、故宮が見渡（みわた）せるんです。

客：じゃ、頑張って登ります。

たんご

スケール② 規模　広場① 广场　故宮① 故宫　イヤホン②③ 耳机　ガイド① 导游，指南
耳② 耳朵　当てる⓪ 靠近，接触　流れる③ 流动，流淌；传来（声音）　景山公園⑤ 景山公园
丘⓪ 土坡，山丘　見渡す⓪③ 瞭望，张望

ユニット２

（在茶馆休息）

李：ここは伝統のあるお茶館です。お茶を飲みながら、ゆっくり舞台を楽しみましょう。

客：いい雰囲気ですね。外国人のお客さんもけっこう多いですね。

李：ええ…あ、席はこちらです。どうぞ。
　　ええと、どんなお茶がいいでしょう。

客：お茶なら何でも。何かお勧めがありますか。

李：それなら、ウーロン茶はいかがですか。

客：じゃ、ウーロン茶にします。

（茶端上来了）

客：ああ、いい香り。緑茶みたいな色だけど、香りはぜんぜん違いますね。

李：飲めば飲むほど味わいが深くなりますよ。
　　お湯はつぎたしてくれますから、どんどん飲んでくださいね。

客：はい。あ、おいしい！

李：ここは日によって出し物が変わるんですが、茶芸や京劇などいろいろ見られるんですよ。

客：それは楽しみですね。

たんご

伝統⓪ 传统　　茶館⓪ 茶馆　　舞台① 舞台　　お勧め⓪ 推荐　　ウーロン茶③ 乌龙茶
香り⓪ 香气，香味　　緑茶⓪ 绿茶　　色② 颜色　　味わい⓪③ 味道；口感；趣味
つぎたす③ 添加　　出し物②③ 节目，表演　　茶芸⓪ 茶艺　　京劇⓪ 京剧

解　说

表达解说

1. それは楽しみですね

表示自己对某件事情或活动充满期待，意思是"很期待啊！"本课是对即将开始的表演充满期待的意思。汉语中我们不太习惯把这种心情用语言表达出来，但日语中通过这样的表达方式能够让对方觉得自己在享受这种快乐，这实际上也是向对方表示谢意的一种方式。

词汇解说

1. 舞台

「舞台」除了表示它的本意"舞台"之意以外，还表示引申义"演出，表演"之意，本课中就是这样的用法，「舞台写真」「独り舞台」所表示的就是引申义。

2. どんどん

「どんどん」表示该动作或变化不间断地进行或发生。例如：

(1) **どんどん**食べてください。
(2) 客が**どんどん**やってくる。
(3) 新製品は**どんどん**売れていく。

练　习

基础练习

1. Vば

例　お金がある・家を買う　➡　お金があれば家を買います。
(1) 先生に聞く・分かる　　(2) この薬を飲む・すぐ治る

(3) 時間がない・学食で食事をする　(4) 勉強する・上達する

2. Aば
　　例　寒い・窓を閉める　➡　寒ければ窓を閉めます。
　　(1) 遠い・行きたくない　　　　(2) おいしくない・食べなくてもいい
　　(3) 高くない・買う　　　　　　(4) はずかしい・やめたほうがいい

3. Nなら
　　例　お茶・何でもいい　➡　お茶なら何でもいいです。
　　(1) 李さん・会議室にいる　　　(2) 電子辞書・カシオがいい
　　(3) お酒・ビールが好きだ　　　(4) 日本語の本・ネットショップが安い

4. Vと、～た
　　例　窓を開ける・雪が降っている　➡　窓を開けると、雪が降っていた。
　　(1) 図書館に行く・休みだった
　　(2) メールを開く・彼から返事が来ていた
　　(3) 友達の家に行く・大きい犬が迎えてくれた
　　(4) 箱を開けてみる・指輪が入っていた

5. Vばいい
　　例　雨だ・バスで行く　➡　雨だったら、バスで行けばいいです。
　　(1) 頭が痛い・病院で見てもらう　(2) 暑い・エアコンをつける
　　(3) 汚れる・洗う　　　　　　　　(4) 詳しく知りたい・この本を読む

6. ～ば～ほど
　　例　このお酒・飲む・おいしい
　　➡　このお酒は飲めば飲むほどおいしいです。
　　(1) お金・多い・いい　　　　　(2) この本・読む・おもしろい
　　(3) この町・住む・好きになる　(4) 日本語・練習する・上手になる

たんご

学食 ⓪ 学生食堂　　上達 ⓪ 进步　　はずかしい ④ 害羞，难为情　　電子辞書 ④ 电子词典
カシオ ① 卡西欧　　ネットショップ ⓪—① 网购，网店　　指輪 ⓪ 戒指　　汚れる ⓪ 脏

第24課　あそこに登れば、故宮が見渡せるんです

7. だけでいい

　　例　夕飯・ご飯と漬物　→　夕飯はご飯と漬物だけでいい。
　　(1) 調味料・塩　　　　　　　　　(2) 飲み物・お茶
　　(3) 登録・名前を入力する　　　　(4) 会議の準備・資料をコピーする

8. みたいだ

　　例　このジュース・緑茶　→　このジュースは緑茶みたいです。
　　(1) 彼女・お母さん　　　　　　　(2) この子・大人
　　(3) 彼ら・実の兄弟　　　　　　　(4) この庭・公園

9. みたいな

　　例　恋をしたい・ドラマ　→　ドラマみたいな恋をしたい。
　　(1) 犬がほしい・ぬいぐるみ
　　(2) パンを作った・ケーキ
　　(3) 話をしている・夢
　　(4) 喫茶店でバイトしている・小さな美術館

10. みたいに

　　例　彼女は泣いている・子ども　→　彼女は子どもみたいに泣いている。
　　(1) 日本語を話したい・日本人
　　(2) 星が輝いている・ダイヤモンド
　　(3) 彼の心は冷たい・氷
　　(4) 彼女は踊りながら歌っている・アイドル

11. Nによって

　　例　国・習慣　→　国によって習慣が違う。
　　(1) 先生・授業のやり方　　　　　(2) 人・考え方
　　(3) 曜日・夜寝る時間　　　　　　(4) 会社・規則

たんご

漬物⓪咸菜，酱菜　塩②盐　登録⓪登录；注册　入力⓪输入　実②真实，实质
恋①爱恋，恋爱，恋情　バイト⓪打工　輝く③发光　ダイヤモンド④钻石
アイドル①偶像　規則②①规则

会話練習

1. 例 ①テレビがつかない ②このボタンを押す

> A：①テレビがつかないんですが。
> B：②このボタンを押せばいいですよ。
> A：あ、そうですか。

(1) ①お湯が出ない ②この赤いボタンを押す
(2) ①洗濯機が回らない ②蓋を閉める
(3) ①パソコンがつかない ②電源を入れる

2. 例 ①お寿司を食べる ②「桜屋」がおいしい

> A：①お寿司が食べたいです。
> B：②お寿司なら「桜屋」がおいしいですよ。

(1) ①温泉に入る ②伊豆がいちばん近い
(2) ①冷たいお茶を飲む ②冷蔵庫に入っている
(3) ①漫画を読む ②買っておいた

3. 例 絵

> A：きれいですね。
> B：本当だ。絵みたいですね。

(1) 本物 (2) 写真 (3) 花 (4) 星

たんご

回る ⓪ 转动；周游　　蓋 ⓪ 盖子　　漫画 ⓪ 漫画

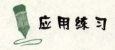 应用练习

1．回答下列问题。
(1) 故宮はどこにありますか。
(2) イヤホンガイドの使い方を教えてください。
(3) 日本人の友達が北京に来たら、どこを案内しますか。どうしてですか。
(4) どんなお茶が好きですか。
(5) お茶館はどんなところですか。

2．请你看图介绍一下这个小城镇。

3．选择你家乡的3个令你自豪的东西，试着用日语介绍它们。

1．写出下列划线部分汉字的假名。
(1) こちらは<u>天安門広場</u>です。
(2) 子どもの時、よく<u>故宮</u>に行きました。
(3) 今日から<u>三連休</u>です。
(4) これは昔からの<u>伝統</u>です。
(5) 家は<u>丘</u>の上です。

(6) 今日の電車はとても込んでいます。
(7) 耳が聞こえなくなった。
(8) 夏休みに富士山に登りました。

2．写出下列划线部分假名的汉字。
(1) 時間によってだしものが違います。
(2) 京子さんはきょうげきが好きです。
(3) このスープのかおりがいいですね。
(4) せきは２階です。
(5) では、がんばってください。
(6) このレストランはふんいきがいいです。
(7) 好きないろは白です。
(8) 家の前に小さな川がながれている。
(9) 景山に登れば、故宮がみわたせるんです。

3．在（　）中填入适当的助词，每个（　）填写一个假名。
(1) ホテルの部屋から海（　）見渡せる。
(2) 電車（　）忘れ物をしました。どうすればいいですか。
(3) お茶は新しければ新しい（　）（　）おいしいです。
(4) 冬になる（　）、雪が降ります。
(5) これは日本語の説明（　）聞けるイヤホンです。
(6) この貝を耳（　）当ててみてください。何か聞こえませんか。
(7) この仕事はわたし一人（　）（　）でいいです。
(8) この小説は読めば読む（　）（　）おもしろさが分かる。
(9) 住所（　）変わった。
(10) 人（　）よって性格が違う。

4．完成下列对话。
(1) A：桜を見たいです。
    B：桜なら＿＿＿＿＿＿＿＿＿＿＿＿＿＿＿。
(2) A：ここから故宮が見えますか。
    B：天気が＿＿＿＿＿＿＿＿＿＿、見えます。
(3) A：紅葉を見たいんですが、どこかいいところがありますか。
    B：＿＿＿＿＿＿＿＿＿＿＿＿＿＿＿香山がいいですよ。
(4) A：寒いですね。
    B：そうですね。＿＿＿＿＿＿みたいですね。
(5) A：住所も書かなければなりませんか。
    B：いいえ、お名前＿＿＿＿＿＿＿＿。

(6) A：分からないことがあったら、＿＿＿＿＿＿＿＿＿＿いいですか。
　　B：上田さんに聞けばいいですよ。

5．从a-d中选择正确答案。

(1) 秋に＿＿＿＿と、この山はとてもきれいになる。
　　a．なる　　　b．なり　　　c．なって　　　d．なった

(2) この本を＿＿＿ば、林さんが言っていることが分かると思います。
　　a．読ま　　　b．読み　　　c．読む　　　d．読め

(3) ＿＿＿＿、電気をつけましょう。
　　a．暗いければ　b．暗くければ　c．暗ければ　d．暗いれば

(4) 天気が＿＿＿ければ、出かけましょう。
　　a．い　　　b．いく　　　c．よ　　　d．よく

(5) この歌は聞けば＿＿＿ほど、好きになる。
　　a．聞く　　　b．聞いて　　　c．聞いた　　　d．聞き

(6) もう４月なのに、冬＿＿＿寒い。
　　a．みたいに　b．ように　　c．みたいな　　d．ような

6．从a-d中选择符合例句内容的句子。

(1) この野菜は太ければ太いほどおいしいです。
　　a．この野菜は太いほうがおいしいです。
　　b．この野菜は太いほうがおいしくないです。
　　c．この野菜は太くなりません。

(2) 今日はまるで夏みたいです。
　　a．今は夏です。
　　b．今は夏ではありません。
　　c．もうすぐ夏になります。

(3) このレストランのメニューは日によって変わります。
　　a．このレストランは毎日同じ料理を出している。
　　b．このレストランは毎日違う料理を出している。
　　c．このレストランで今日食べた料理は明日も必ず食べられます。

(4) 家を出ると、雨が降っていました。
　　a．雨が降っていることは家を出る前から知っていた。
　　b．家を出て、初めて雨が降っているのに気づいた。
　　c．家を出なければ、雨が降らなかったかもしれません。

(5) 来週ならいつでもいいです。
　　a．来週はだめです。
　　b．来週はいつがいいか分かりません。
　　c．来週は毎日いいです。

7．把下列句子翻译成日语。
(1) 昨天热得像夏天。

(2) 我今天不喝茶，喝咖啡。

(3) 这个花像真的一样。

(4) 你有时间的话，请来我办公室一趟。

(5) 根据考试成绩分班。

(6) 日语越学越有意思。

(7) 早晨，我打开窗户发现下雪了。

(8) 爸爸一喝酒就脸红。

8．阅读文章，回答问题。

張さんの日記

　先日、上田さんのうちでご飯をごちそうになった。初めて納豆を食べた。上田さんも、李さんも「おいしい」と言って食べていた。でもわたしは変わった味だと思った。上田さんは日本なら、いろいろな種類の納豆があると言っていた。日本で生活すれば、納豆を食べることも多いだろう。
　「郷に入れば郷に従え」と言うことわざがある。日本に行けば、日本の文化に慣れなければいけない。
　上田さんの家から帰る途中、スーパーで納豆を買ってきた。食べれば食べるほどおいしい、と思うようになるかもしれない。食べ物がおいしいと感じれば、日本での生活に慣れるのも早いだろう、と思う。
　質問：
　① 張さんは納豆は初めてですか。
　② 張さんも李さんも納豆はおいしいと思いましたか。
　③ 張さんはなぜ納豆を買いましたか。
　④ 張さんは納豆についてどう思いましたか。
　⑤ 張さんはどうしたら、日本の生活に慣れるのが早いと思っていますか。

第24課　あそこに登れば、故宮が見渡せるんです

听力训练

1．听录音，回答下列问题。
   (1) _____
   (2) _____
   (3) _____

2．听录音，选择正确答案。
   (1) _____　　(2) _____

3．从a-c中选择适当的应答，完成对话。
   (1) _____　　(2) _____　　(3) _____

第25課
これからは遅れないように気をつけなさい

学习目标
★ 命令、禁止、忠告。
★ 鼓励、安慰向你倾诉烦恼的朋友。

学习项目
- 动词的命令形
- Vな＜禁止＞
- Vなさい＜命令＞
- Vべきだ＜义务＞
- ～はずがない＜否定性的判断＞
- Vそうにない／～なさそうだ＜征兆，推测（否定）＞
- までに＜期限＞
- ～場合(は)＜假设＞

第25課　これからは遅れないように気をつけなさい

単　词　表

企画書（きかくしょ）⓪	【名】计划书
期限（きげん）①	【名】期限
場合（ばあい）⓪	【名】场合，情况
ルール（rule）①	【名】规则，规定
調子（ちょうし）⓪	【名】状况
上司（じょうし）①	【名】上司，上级，领导
お年寄り（おとしより）⓪	【名】老年人
国民（こくみん）⓪	【名】国民
税金（ぜいきん）⓪	【名】税金
ボール（ball）⓪①	【名】球
貴重品（きちょうひん）⓪	【名】贵重物品
基礎（きそ）①②	【名】基础
ビザ（visa）①	【名】签证
スピード（speed）⓪	【名】速度
うそ①	【名】谎言
生水（なまみず）②	【名】生水
田舎（いなか）⓪	【名】农村，乡下；老家
地震（じしん）⓪	【名】地震
何事（なにごと）⓪	【名】任何事情，什么事情
毎回（まいかい）⓪	【名】每次；每集
今日中（きょうじゅう）⓪	【名】今天之内
ページ（page）⓪	【名】页，页码
一軒（いっけん）①	【名】一家（店），一栋，一幢
お前（おまえ）⓪	【名】（上对下的说法）你
うまい②	【形Ⅰ】顺利的；好吃的；高明的
きつい②	【形Ⅰ】紧张的；厉害的；劳累的
易しい（やさしい）③	【形Ⅰ】容易的，简单的
いい加減（いいかげん）⓪	【名・形Ⅱ】适当，适度；马马虎虎
中止（ちゅうし）⓪	【名・自他Ⅲ】中止
遅刻（ちこく）⓪	【名・自Ⅲ】迟到
変更（へんこう）⓪	【名・自他Ⅲ】变更
提出（ていしゅつ）⓪	【名・他Ⅲ】提交
送信（そうしん）⓪	【名・他Ⅲ】发送（邮件），发报
使用（しよう）⓪	【名・他Ⅲ】使用
転勤（てんきん）⓪	【名・自Ⅲ】（本单位内部）调动工作地点
急ぐ（いそぐ）②	【自他Ⅰ】赶快，尽快，抓紧
投げる（なげる）②	【他Ⅱ】投掷，扔
おっしゃる③	【他Ⅰ】说（「言う」的尊他形式）
落とす（おとす）②	【他Ⅰ】弄掉，使坠落，丢失

怒る（おこる）②	【自Ⅰ】生气，发怒
合う（あう）①	【自Ⅰ】合适，适合
足し直す（たしなおす）③	【他Ⅰ】重新加上，重新添加
譲る（ゆずる）⓪	【他Ⅰ】让给，转让
過ぎる（すぎる）②	【自Ⅰ】经过，（时间）过去
辞める（やめる）⓪	【他Ⅱ】辞去，辞职
落ち込む（おちこむ）③⓪	【自Ⅰ】坠入；塌陷；郁闷
諦める（あきらめる）④	【他Ⅱ】断念，放弃
払う（はらう）②	【他Ⅰ】支付
売れる（うれる）⓪	【自Ⅱ】卖得好，畅销
しっかり③	【副・自Ⅲ】紧紧地，牢牢地，牢固
必ず（かならず）⓪	【副】一定
うそをつく①-①	说谎
相談に乗る（そうだんにのる）⓪-⓪	帮人出主意

～な（表示禁止）不许，不准

～なさい 表示命令

～べきだ（表示义务）应该……

～そうにない／-なさそうだ（表示否定性的征兆，推测）看上去不像是……

までに 到……之前

日本的大众传媒

报纸 1871年日本发行了第一份日报《横滨每日新闻》，今天大多数的日报都可以追溯到19世纪70年代。2009年平均每个日本家庭拥有0.95份报纸。现在日本有五大综合性日报，依照发行量大小依次为：《读卖新闻》、《朝日新闻》、《每日新闻》、《日本经济新闻》、《产经新闻》。除了报社外，日本还拥有共同通讯社和时事通讯社两家通讯社。

广播 日本的无线广播可以追溯到1926年，在电视普及之前广播是人们主要的娱乐方式之一，辉煌一时，但是随着大众传媒的多样化，广播受到极大的冲击，广告数量激减，很多广播公司无法经营纷纷停播，收音机生产品种和数量也急剧减少。近年来出现的网络广播也为广播带来了一线生机，仅存的一些广播公司正在努力争取听众。

电视 1953年2月1日下午2時NHK电视台正式开播，其后开始出现民营电视台。目前主要电视台有公共电视台「日本放送協会（NHK）」、民营电视台「日本テレビ」、「テレビ朝日」、「ＴＢＳテレビ」、「フジテレビ」等。日本于1992年开始使用模拟信号通信卫星播放，1996年数字通信卫星播放进行了首次播出。2000年年底，卫星数字播放系统已经拥有10个电视频道和无线、数据传输频道。2003年东京等地区开始实行地面数字电视广播，其覆盖率正在不断扩大。日本计划于2011年完成所有广播媒体从模拟到数字的转换。

互联网 日本于90年代开始互联网的商业化，到2008年日本的互联网用户达9091万人，手机上网业务更是走在世界前列，互联网正在改变着人们的生活方式。

第25課　これからは遅れないように気をつけなさい

语法学习

1. 动词的命令形

◆ Ⅰ类动词

V［う段假名］→V［え段假名］

言う→言え　　書く→書け　　話す→話せ
持つ→持て　　死ぬ→死ね　　運ぶ→運べ
読む→読め　　帰る→帰れ

う	く	す	つ	ぬ	ぶ	む	る
え	け	せ	て	ね	べ	め	れ

◆ Ⅱ类动词

V［る］→V［る］＋ろ／よ

食べる→食べろ／食べよ　　起きる→起きろ／起きよ

◆ Ⅲ类动词

来る→来い　　する→しろ／せよ

(1) もう遅いから、早く寝ろ。
(2) ボールを投げろ。
(3) 暇だったら遊びにこいよ。
(4) 先生は基礎をしっかり勉強しろといつもおっしゃっている。
(5) スピードを落とせ。
(6) 次の言葉の意味を簡単に説明せよ。

★ 动词的命令形用于发出命令（如上级对下级、警察对犯人等），一般为男性使用。日常会话中，仅限于与家庭成员或关系亲密的朋友间的谈话。

☆ 命令性也可用于间接引用（如例4）、交通标志（如例5）、试题的指示语（如例6）中。

☆ 对于命令形有两种形式的Ⅱ类动词及Ⅲ类动词「する」来说，「Vろ」「しろ」的形式多用于口语，「Vよ」「せよ」一般用于书面语。

たんご

ボール ⓪① 球　　投げる ② 投掷，扔　　基礎 ①② 基础　　しっかり ③ 紧紧地，牢牢地，牢固
おっしゃる ③ 说（「言う」的尊他形式）　　スピード ⓪ 速度　　落とす ② 弄掉，使坠落，丢失

2．Vな

(1) もう遅刻するな。
(2) そんなことで怒るなよ。
(3) 行くな。危ない！
(4) 大丈夫だから、心配するな。
(5) そんなに簡単にやめるなよ。もっと頑張れ。

★ 动词词典形后面接「な」表示禁止，即要求对方不做某事。它可以看作是动词命令形的否定形式。一般为男性使用。

3．Vなさい

(1) 咲ちゃん、ちょっとここに来なさい。
(2) おいしいものを食べて、元気を出しなさい。
(3) もう時間がないから、急ぎなさい。
(4) ○の中に適当な言葉を入れなさい。
(5) 結果が合わないよ。もう一度足し直しなさい。

★ 「なさい」接在动词第一连用形后面，表示命令，是命令形的敬体形式。常用于上对下的关系，如父母对孩子、老师对学生。

4．Vべきだ

(1) 日本語の授業では、積極的に日本語で話すべきだ。
(2) 学生はしっかり勉強するべきだ。
(3) バスや電車でお年寄りに席を譲るべきだ。
(4) そんなうそをつくべきではない。

★ 「べきだ」接在动词词典形后面（接Ⅲ类动词「～する」时，既可以接在「～する」后面，也可以接在「～す」后面），表示当然、应该、必须做某事。相当于汉语的"应该……；必须……"。其否定形式是「Vべきではない」。

5．～はずがない

(1) 何事も自分の思うとおりにいくはずがありません。
(2) その話は、本当のはずがありません。
(3) こんな気持ちで食べる料理が、おいしいはずがないよ。
(4) 「納豆を食べれば痩せる」などといううまい話があるはずがない。

★ 「はずがない」接在动词、形容词的连体形或"名词＋の"后面，表示根据一般道理或常识判断，不会存在某种可能性，是「はずだ」的否定形式。相当于汉语的"不可能……；不会……"。

たんご

遅刻 ⓪ 迟到　　怒る ② 生气，发怒　　急ぐ ② 赶紧，抓紧　　合う ① 合适，适合
足し直す ③ 重新加上，重新添加　　お年寄り ⓪ 老年人　　譲る ⓪ 让给，转让　　うそ ① 谎言
うそをつく ①-① 说谎　　何事 ⓪ 任何事情　　うまい ② 好的，好吃的，高明的

第25課　これからは遅れないように気をつけなさい

6．Vそうにない／〜なさそうだ

(1) もう約束の時間を30分も過ぎたが、彼女は来そうにもない／来そうもない／来そうにない。
(2) 雨は降りそうもないから、傘を持っていかなくてもいいでしょう。
(3) 今度のテストは難しくなさそうです。
(4) 鈴木さんのアパートは駅から遠くて、あまり便利ではなさそうです。

★ 此句式是「V／Aそうだ」的否定形式，表示"看起来不像是……（的样子）"。
☆ 「Vそうだ」的否定形式是「Vそうにもない」，「に」和「も」可以分别省略。
☆ 「Aそうだ」的否定形式是「A₁くなさそうだ／A₂ではなさそうだ」。

7．までに

(1) 金曜日までにレポートを出さなければならない。
(2) 5時までに出かけないと、間に合わない。
(3) 30歳までに結婚したいと思っています。
(4) 母が帰ってくるまでに、料理を作っておきました。

★ 「までに」接在表时间的名词或动词词典形的后面，表示在该时点之前或该动作完成之前做某事，相当于汉语的"（在）……之前"。

8．〜場合（は）

(1) 雨の場合は、予定を変更することがあります。
(2) パソコンの調子が悪い場合は、相談します。
(3) レポートを提出する場合は、期限を守るべきだ。
(4) 急に行けなくなった場合は、連絡してください。

★ 「場合は」前接"名词＋の"的形式或动词、形容词的连体形，用来表示假设条件。相当于汉语的"当……时；……的情况下"等。
☆ 「した場合は」表示在设定某事已发生的情况下，进行后句的动作。

谚语（「諺」）是流传于民间的固定词组，通过简单通俗的话语来反映来自生活的智慧和深刻的道理。以下是一些常见的采用了动词命令形的日语谚语，你能猜出它们的意思吗？别忘了查字典确认哦。

- 急がば回れ
- 善は急げ
- 鉄は熱いうちに打て
- 郷に入っては郷に従え
- 習うより慣れよ
- 我が身をつねって人の痛さを知れ
- 人のふり見てわがふり直せ

たんご

過ぎる② 经过，（时间）过去　　場合⓪ 场合　　変更⓪ 变更　　調子⓪ 状况　　提出⓪ 提交
期限① 期限

ユニット 1

（佐藤的学弟铃木，男，26岁。因为向部长提交计划书的事被科长叫过来）

課長：鈴木くん、ちょっと。

鈴木：はい。何でしょうか。

課長：企画書(きかくしょ)はできたのか。「8日までに出すように」と言ったはずだが。今日は10日だよ。

鈴木：あの、すみません。実は、まだできていません。

課長：期限に間に合わない場合は、必ず(かなら)相談や連絡をしろといつも言っているだろう。

鈴木：申し訳ありません。

課長：仕事が忙しいのは分かるけど、やるべきことはしっかりやらなくてはいけないよ。すぐにやって出してくれ。分かったね。

鈴木：はい、申し訳ありませんでした。急いで(いそ)やります。

（完成之后）

鈴木：課長、遅くなってすみませんでした。企画書、こちらでよろしいでしょうか。

課長：（看了一遍）うん。いいだろう。これからは遅れないように気をつけなさい。

鈴木：はい、これから気をつけます。本当に申し訳ありませんでした。

たんご

企画書⓪ 计划书　　必ず⓪ 一定　　急ぐ② 赶快，尽快

第25課　これからは遅れないように気をつけなさい

ユニット2

（佐藤和学弟鈴木一起喝酒）

佐藤：鈴木、今日はあまり元気じゃなさそうだな。

鈴木：先輩、俺、もう会社を辞めたいです。

佐藤：おい、どうしたんだい、急に。何かあったのかい。

鈴木：仕事もきついし、上司とはうまくいかないし、もう、やっていけそうにありません。

佐藤：そんなこと言うなよ。お前がやっていけないはずがないだろ。もう少し頑張ってみろよ。

鈴木：うーん、そうですね…。でも、もし会社を本当に辞めると決めたら、その時は相談に乗ってもらえますか。

佐藤：もちろんだよ。何かあったら、いつでも連絡しろよ。

鈴木：ありがとうございます。

佐藤：まあ、いろいろあるだろうけど、そんなに落ち込むなよ。

鈴木：はい。

たんご

辞める⓪ 辞去，辞职　　きつい② 紧张的；厉害的；劳累的　　上司① 上司
お前⓪（上对下的说法）你　　相談に乗る⓪-⓪ 帮人出主意　　落ち込む③⓪ 郁闷，坠入，塌陷

表达解说

1. ちょっと
本课中后面省略了「来てください」，是课长很不客气地叫铃木过来，意思是"你过来一下"。一般不对长辈或上级使用。

2. 申し訳ありません
道歉的表达方式，比「すみません」更加礼貌。意思是"非常抱歉"。

3. やっていけそうにありません
表示由于自己已经到了某种极限，再也无法坚持下去了。意思是"我做不下去了"，"我再也受不了了"。本课是铃木表示对自己已经失去了信心。

4. そんなこと言うなよ
用于劝说关系亲近或下级不要说消极、悲观的话，意思是"别那么说"。一般不对长辈和上级使用。

5. 何かあったら、いつでも連絡しろよ
表示让对方如果有什么事一定与自己联系。

词汇解说

1. 急いで
本课中出现的「急いで」本来是动词的连用形之一，但它是用来修饰动词的，所以说它实质上起的是副词的作用。下面中的「Vて」也属于类似的用法：

(1) 初めてパスポートを申請するときの手続きについて案内します。
(2) あの先生はいつも立って講義している。
(3) 黙ってその人の話を最後まで聞いた。

2．～だい／かい

「だい」和「かい」用于疑问句尾时读升调，它们比「だ」和「か」语气略为缓和，带有亲近感，多为男性使用。例如：

（1）いつまで寝ているんだい。
（2）あの人は誰だい。
（3）何をしているんだい。
（4）何か食べるものはないかい。
（5）ほんとに君にできるかい。
（6）帰って来たかい。

3．うまくいく

「うまくいく」表示事情进展顺利，也可以表示人际关系和谐，这时有关的对象要用助词「と」来表示。例如：

（1）大学に入ったばかりの時、友達とうまくいかなくて落ち込んでいた。
（2）今回のスピーチコンテストはとてもうまくいった。
（3）なぜ、あの人の仕事はうまくいくのだろうか。

4．相談に乗る

「相談に乗る」表示给遇到难题的人提出建议或忠告之意。例如：

（1）いつでも相談に乗るよ。
（2）よかったら相談に乗ってください。
（3）必ず誰かがまじめに相談に乗ってくれるだろう。

5．俺／お前

「俺」是第一人称代词，用于自称，「お前」是第二人称代词，用于对称。二者的使用条件是一致的（详见下表），即对某人可以自称「俺」时，那么就可以用「お前」称呼对方。日语人称代词比较发达，它们在使用时受到多种因素的制约，使用时一定要慎重（尤其要注意第二人称代词的使用）。现将常见的日语第一人称代词和第二人称代词及其使用条件归纳如下：

人称类别	称 呼	场 合	双方关系	使用者	含 义	客气程度
第一人称（自称）	わたくし（私）	正式	无限制	男性、女性		最高
	わたし（私）	正式	无限制	男性、女性		高
	あたし	非正式	基本无限制	女性	关系亲密、略微粗俗	中
	ぼく（僕）	非正式	同辈、上对下	（未成年）男性	略微粗俗	中
	おれ（俺）	非正式	同辈、上对下	男性	关系亲密、粗俗	低
第二人称（对称）	あなた（貴方）	正式（非正式）	对等、上对下（或用于对方姓名不明时）	男性、女性（多用于妻子称呼丈夫）	（略带敬意）	高
	きみ（君）	非正式	同辈、上对下	男性	关系亲密	中
	おまえ（お前）	非正式	同辈、上对下	男性	关系亲密、粗俗	低

 基础练习

1. **动词命令形**

    例 書く ➡ 書け
    (1) 見る　　(2) 食べる　　(3) 来る　　(4) する
    (5) 話す　　(6) 行く　　(7) 出る　　(8) 説明する

2. Vな

　　例　変なことを言わないでください　➡　変なことを言うな。
　　(1) 笑わないでください　　　　(2) 泣かないでください
　　(3) 動かないでください　　　　(4) 諦めないでください

3. Vなさい

　　例　早くする　➡　早くしなさい。
　　(1) 座る　　(2) いい加減にする　　(3) 出て行く　　(4) 答える

4. Vべきだ

　　例　学生はしっかり勉強する　➡　学生はしっかり勉強すべきだ。
　　(1) 留学のことは自分で決める　　(2) 学校のルールを守る
　　(3) 国民として税金を払う　　　　(4) メールをもらったらすぐ返事をする

5. ～よう（に）、～

　　例　生水を飲まない　➡　生水を飲まないようにしてください。
　　(1) 約束を忘れない　　　　　　(2) 送信する前に、必ず確認する
　　(3) 貴重品を無くさない　　　　(4) 必ずよく説明書を読んでから使用する

6. はずがない

　　例　1時間で単語を100個も覚えられる
　　➡　1時間で単語を100個も覚えられるはずがない。
　　(1) 父がこのドラマを毎回見る
　　(2) 飛行機は2時に東京を出たから、3時に
　　　　北京に着く
　　(3) 張さんはまじめだから、授業に遅れる
　　(4) 彼がわたしのことを覚えている

「はずがない」表示根据已知的情况、经验，断定"不可能……"；而「Vそうにない」则是根据眼前的状况，推测"可能不……"。

たんご

諦める④断念，放弃　　いい加減⓪适当，适度；马马虎虎　　ルール①规则，规定　　国民⓪国民
税金⓪税金　　払う②支付　　生水⓪生水　　送信⓪发送，发报　　貴重品⓪贵重物品
使用⓪使用　　毎回⓪每次；每集

7. Vそうにない

例　この仕事・今日中に終わる
→ この仕事は今日中に終わりそうにもない。
→ この仕事は今日中に終わりそうにない。
→ この仕事は今日中に終わりそうもない。

(1) この仕事・一人でできる　　(2) 今回・試験に合格する
(3) この雑誌・売れる　　　　　(4) あの人・転勤する

8. A_Iなさそうだ

例　明日・テスト・易しい　→　明日のテストは易しくなさそうだ。
(1) 彼女・大学生活・忙しい　　(2) 今年・就職・難しい
(3) このスーパー・果物・安い　(4) この店・料理・おいしい

9. A_{II}なさそうだ

例　田舎での生活・便利だ　→　田舎での生活は便利ではなさそうだ。
(1) この建物・丈夫だ　　　　　(2) 日本語の勉強・簡単だ
(3) 彼女・ピアノが好きだ　　　(4) 王さん・元気だ

10. までに

例　作文は月曜日より前に出してください
→ 作文は月曜日までに出してください。

(1) 夜11時より前に寮に帰らなければならない
(2) この仕事は12月末より前に終わらなければならない
(3) 6時半より前には、夕食の用意ができているだろう
(4) 午後4時より前に来てください

11. 場合(は)

例　雨・運動会を中止する　→　雨の場合、運動会を中止します。

(1) 海外へ行く・ビザが要る
(2) 行けなくなった・連絡する
(3) 雪が降りそうだ・地下鉄で会社へ行く
(4) 地震が起きた・階段から逃げる
(5) 漢字の読み方が分からない・辞書で調べる

たんご

今日中 ⓪ 今天之内　　売れる ⓪ 卖得好　　転勤 ⓪ 调动工作地点　　易しい ③ 容易的，简单的
田舎 ⓪ 农村，乡下　　中止 ⓪ 中止　　ビザ ① 签证　　地震 ⓪ 地震

第25課　これからは遅れないように気をつけなさい

会話練習

1．例　①明日は8時までに来る

> A：①明日は8時までに来るようにしてください。
> B：分かりました。

(1) 水曜日はお弁当を持って来る
(2) この問題について調べておく
(3) 27ページまで読んで来る

2．例　①カラオケに行く　　②今日は9時までに家に帰る

> A：①カラオケに行きませんか。
> B：あ、②今日は9時までに家に帰らなければならないんです。すみません。

(1) ①映画を見に行く　　②6時までにこのレポートを提出する
(2) ①食事に行く　　　　②2時までに会議の準備をする
(3) ①もう一軒行く　　　②10時までに家に帰る

応用練習

1．回答下列問題。
(1) 日本語の勉強はどうですか。楽しいですか。
(2) 仕事をしていますか。上司とはうまくいっていますか。
(3) 友達の相談に乗ったことがありますか。
(4) 学校に遅刻したことがありますか。
(5) お勧めのドラマを教えてください。
(6) 理想の彼女（彼氏）はどんな人ですか。
(7) どんな人が苦手ですか（どんな人とうまくいかないと思いますか）。

ページ ⓪ 頁，頁碼　　一軒 ① 一家（店）；一幢

2．用「～ようにしてください」「～ようにお願いします」提醒这些人注意（4～6请自己填写）。

例	友達	甘いものを食べないようにしてください。
1	友達	
2	家族	
3	同僚	
4		
5		
6		

1．写出下列划线部分汉字的假名。
(1) 李君、<u>企画書</u>はできたのか。
(2) 時間に<u>間</u>に<u>合</u>いそうにありません。
(3) <u>申</u>し<u>訳</u>ありません。
(4) 仕事は<u>急</u>いでやります
(5) <u>必</u>ず<u>連絡</u>をください。
(6) まあ、そんなに<u>落</u>ち<u>込</u>むなよ。
(7) 仕事が<u>忙</u>しいのは分かる。
(8) <u>遅</u>くなってすみません。
(9) 日本語は<u>易</u>しい。
(10) レポートは明日までに<u>提出</u>してください。

2．写出下列划线部分假名的汉字。
(1) 佐藤さんは<u>こうはい</u>と一緒に酒を飲んだ。
(2) <u>かちょう</u>、これでよろしいでしょうか。
(3) いつでも<u>そうだん</u>に乗るよ。
(4) 何かあったら<u>れんらく</u>しろよ。
(5) 仕事はきついし、<u>じょうし</u>とうまくいかないし。
(6) もう少し<u>がんばっ</u>てみろよ。
(7) もう会社を<u>やめ</u>たいです。
(8) 来月、<u>てんきん</u>することになりました。

(9) <u>いなか</u>での生活は不便です。
(10) 冗談ですから、そんなに<u>おこら</u>ないでください。

3．从a-d中选择正确答案。
(1) 最近、仕事がうまく＿＿＿＿、困っている。
　　a．みなくて　　　　　　　b．いかなくて
　　c．こなくて　　　　　　　d．しなくて
(2) 遅れそうだから、＿＿＿＿ください。
　　a．歩いて　b．遅刻しないで　c．慌てて　d．急いで
(3) 仕事は＿＿＿＿ですが、給料が高いので、続けたいです。
　　a．苦い　　b．太い　　　　　c．痛い　　d．きつい
(4) 外国語を勉強する時、まず単語を＿＿＿＿覚えなければならない。
　　a．ちょうど　　　　　　　b．なかなか
　　c．もうすぐ　　　　　　　d．しっかり
(5) 早めに出かけたから、＿＿＿＿。
　　a．間にした　　　　　　　b．間にきた
　　c．間にいった　　　　　　d．間に合った
(6) 困った時、先輩がいつも相談に＿＿＿＿くれます。
　　a．寄って　b．合って　　　　c．かけて　d．乗って

4．在下列（　）中填入适当的助词。每个（　）填一个假名。
(1) 宿題は明日（　）（　）（　）出してください。
(2) やるべきこと（　）しっかりやらなくてはいけないよ。
(3) 俺、もう会社（　）やめたいです。
(4) 期限（　）間に合わない。
(5) 仕事が忙しい（　）（　）分かるけど。
(6) 相談（　）乗ってもらえますか。

5．正确排列句子的顺序，把序号填写在＿＿＿上。
(1) 次の＿＿＿＿ ＿＿＿＿ ＿＿＿＿ ＿＿＿＿。
　　①せよ　　②説明　　③簡単に　　④言葉を
(2) ＿＿＿＿ ＿＿＿＿ ＿＿＿＿ ＿＿＿＿。
　　①な　　②に　　③諦める　　④簡単
(3) ＿＿＿＿ ＿＿＿＿ ＿＿＿＿ ＿＿＿＿。
　　①し　　②なさい　　③に　　④静か
(4) 学生は＿＿＿＿ ＿＿＿＿ ＿＿＿＿ ＿＿＿＿。
　　①勉強　　②だ　　③しっかり　　④すべき

(5) ＿＿ ＿＿ ＿＿ ＿＿。
　　①忘れない　②ね　　　③ように　　　④荷物を

(6) この＿＿ ＿＿ ＿＿ ＿＿出してください。
　　①手紙　　　②5時　　③を　　　　　④までに

(7) この＿＿ ＿＿ ＿＿ ＿＿完成するつもりだ。
　　①までに　　②を　　③夏休み　　　④原稿

(8) あの2人は＿＿ ＿＿ ＿＿ ＿＿。
　　①はず　　　②が　　③離婚する　　 ④ない

(9) ＿＿ ＿＿ ＿＿ ＿＿。
　　①来られ　　②ない　③そうに　　　④3時までに

(10) ＿＿ ＿＿ ＿＿ ＿＿、入場できない。
　　①場合　　②持っていない　③学生証　　 ④を

6．把下列句子翻译成日语。

(1) 山田君，翻译的资料整理好了吗？

(2) 不是跟你说了11点之前要交报告吗！

(3) 来不及的话一定要事先联系，说明理由。

(4) 我知道你工作很忙，但应该做的事一定要做好才行。

(5) 我赶紧做。

(6) 我真想辞职不干了。

(7) 有什么事的话随时联系啊。

(8) 我工作很辛苦，和上司关系也不好。

(9) 如果你想换工作的话可以找我商量。

(10) 学生必须努力学习。

7．阅读文章，回答问题。

交通標識はわたしたちにいろいろな情報を与えてくれるものです。例えば、一時停止しなければならない場所には「止まれ」、横断歩道の近くには「横断歩道あ

り。注意しろ」などの標識があります。

　また、日本には交通標識以外にも車に貼る「若葉マーク」などがあります。

　若葉マークとは初心者マークのことで、免許を取って1年はこのマークを貼らなくてはなりません。

　社会人として、交通標識を正しく理解し、きちんと守るようにすべきです。

質問：
（1）「一時停止しなければならない」ところにはどんな交通標識がありますか。
（2）「若葉マーク」の意味は何ですか。
（3）下の標識またはマークはどんな意味ですか。

 听力训练

　听录音，选择正确答案。
　　（1）＿＿＿＿＿　（2）＿＿＿＿＿　（3）＿＿＿＿＿

第26課

電源をオフのままにしてしまいました

学习目标
★ 谈论自己的失败。
★ 道歉，请求原谅。
★ 叙述理由。
★ 责备、催促的邮件；道歉的邮件。

学习项目
- Vてしまう＜不良后果＞
- Nの／Vた／Vないまま＜保持原状＞
- N₁をN₂にする＜使然＞
- ため（に）＜原因＞
- Vようだ＜推测＞
- Nのような／ように；Nみたいな／みたいに＜示例＞
- Vず（に）＜否定的状态＞
- A／Vすぎる＜程度＞
- お-／ご-＜表示尊敬的前缀＞

第26課　電源をオフのままにしてしまいました

単　词　表

私（わたくし）⓪	【名】（自谦）我
原稿（げんこう）⓪	【名】原稿，稿件
締め切り（しめきり）⓪	【名】截止日期
添付ファイル（てんぷfile）④	【名】附件
取り急ぎ（とりいそぎ）⓪	【名】急速，匆匆
お詫び（おわび）⓪	【名】歉意
資料室（しりょうしつ）②	【名】资料室
今後（こんご）⓪①	【名】今后
前回（ぜんかい）①	【名】上次，前回
大都市（だいとし）③	【名】大城市
きゅうり①	【名】黄瓜
皮（かわ）②	【名】皮
生（なま）①	【名】生的，未经加工的，地道的
パジャマ（pajamas）①	【名】上下两件的睡衣
水着（みずぎ）⓪	【名】游泳衣
布団（ふとん）⓪	【名】被子
クーラー（cooler）①	【名】冷气设备
オフ（OFF）①	【名】OFF，关掉
ストレス（stress）②	【名】精神压力
城（しろ）⓪	【名】城堡
かっこう⓪	【名】样子，打扮
選手（せんしゅ）①	【名】运动员，选手
大都会（だいとかい）③	【名】大城市
座席（ざせき）⓪	【名】座位
美容院（びよういん）②	【名】美容院
パーマ（permanent wave的缩略语）①	【名】烫发
ピンク（pink）①	【名】粉红色
ブルー（blue）②	【名】蓝色
茶色（ちゃいろ）⓪	【名】茶色
バレーボール（valley ball）④	【名】排球
バイオリン（violin）⓪	【名】小提琴
胃（い）⓪	【名】胃
目薬（めぐすり）②	【名】眼药
教材（きょうざい）⓪	【名】教材
テニス教室（tennisきょうしつ）④	【名】网球培训班
気持ち悪い（きもちわるい）④	【形Ⅰ】心情不好；恶心
不注意（ふちゅうい）②	【名・形Ⅱ】不注意，不小心

191

迷惑(めいわく)①	【名・形Ⅱ・自Ⅲ】麻烦；打搅
送付(そうふ)①⓪	【名・他Ⅲ】发送，送出
添付(てんぷ)①⓪	【名・他Ⅲ】添加，附上
依頼(いらい)⓪	【名・他Ⅲ】委托，托付
査収(さしゅう)⓪	【名・他Ⅲ】查收
告白(こくはく)⓪	【名・他Ⅲ】表白，坦白
朗読(ろうどく)⓪	【名・他Ⅲ】朗读
訪ねる(たずねる)③	【他Ⅱ】访问，来访
引く(ひく)⓪	【他Ⅰ】查（辞典）
しゃべる②	【他Ⅰ】说话；能说会道
壊す(こわす)②	【他Ⅰ】弄坏
やむ⓪	【自Ⅰ】停止，终结
詫びる(わびる)②⓪	【自Ⅱ】道歉
続く(つづく)⓪	【自Ⅰ】继续，持续
つながる⓪	【自Ⅰ】连接，相连，接通
謝る(あやまる)③	【自Ⅰ】道歉
受け取る(うけとる)③⓪	【他Ⅰ】接受
申し上げる(もうしあげる)④	【他Ⅱ】说，讲（「言う」的自谦形式）
転ぶ(ころぶ)⓪	【自Ⅰ】翻转，摔跤
たまる⓪	【自Ⅰ】积攒；堆积
通う(かよう)⓪	【自Ⅰ】通勤，上下（班，学）；往返于某处
詰まる(つまる)②	【自Ⅰ】堵塞，挤满
ごろごろ①	【副・自Ⅲ】无所事事的样子
うっかり②	【副・自Ⅲ】不留神，不注意
至急(しきゅう)⓪	【名・副】火急，火速
実際(じっさい)⓪	【名・副】实际；实际上
やっと⓪③	【副】终于，好不容易
ずいぶん①	【副】相当，很
-かたがた	顺便，借机
-様(さま)	（尊敬语）先生，女士
-号室(-ごうしつ)	～号房间

～てしまう 表示不良的后果
～ため（に）（表示原因）因为
～ようだ（表示推测）好像
～まま 保持……状态
～すぎる 过于
～ず（に）（表示否定的状态）不……
お／ご 表示尊敬的前缀

▶ 人　名

松本(まつもと)⓪

语法学习

1. Vてしまう

(1) 朝寝坊したから、授業に遅刻してしまいました。
(2) 傘を地下鉄に忘れてしまいました。
(3) パソコンが壊れてしまったので、午後修理に行く予定だ。
(4) 風邪を引いてしまうよ。コートを着て行ったほうがいい。

★本课中「しまう」接在动词的"て形"后，此动作一般会导致不良的后果。此句表达了说话人遗憾、后悔的语气，多用「Vてしまった」的形式。

2. Nの／Vた／Vないまま

(1) 靴のままで部屋に入ってはいけません。
(2) きゅうりは生のまま食べたほうがおいしいです。
(3) 夕べ、エアコンをつけたまま寝てしまったから、風邪を引いた。
(4) 急いでいたので、電気も消さないまま出かけて行った。

★「まま」是名词，前接"名词＋の"以及动词的过去时或否定式，表示"保持着原样；任凭某种状态持续"的意思。

3. N₁をN₂にする

(1) この部屋を資料室にしましょう。
(2) 教科書に書いてあるものを自分の知識にしなければならない。
(3) うっかりして、電源をオフのままにしてしまった。
(4) このボタンを押すと、携帯をかけられない状態にすることができる。

★表示将N₁变成N₂，或使N₁成为N₂所示的状态。

たんご

-まま　保持……状态　　きゅうり ① 黄瓜　　生 ①生的，未经加工的　　資料室 ② 資料室
うっかり ② 不留神，不注意　　オフ ① OFF，关掉

4．ため（に）

(1) 病気の**ために**、今日は一日休みました。
(2) 雪の**ため**、新幹線が止まりました。
(3) 友達が突然訪ねてきた**ために**、約束の時間に遅れてしまった。
(4) 昨日徹夜した**ため**、あまり元気がないです。

5．Vようだ

(1) 雨がやんだ**ようだ**よ。
(2) 今年は就職が厳しい**ようです**。
(3) あの人は李さんの妹さんの**ようです**。
(4) 簡単な**ようだ**が、実際にやってみるとなかなかうまくいかない。

6．Nのような／ように；Nみたいな／みたいに

(1) **北京や上海のような**大都市は人が多いです。
(2) **李さんみたいなやさしい**人になりたいですね。
(3) しっかり勉強しなさい。**今のように**、毎日ごろごろしていてはいけないよ。
(4) 日本語能力試験を受けるなら、**張さんみたいに**今から準備しておいたほうがいいでしょう。

7．Vず（に）

(1) 朝ご飯も**食べずに**学校に行きました。
(2) 辞書を**引かずに**日本語の新聞を読めるようになりました。
(3) 彼は１日も**休まずに**、まじめに働いています。
(4) 週末はどこへも**行かずに**寮で勉強をするつもりです。
(5) お金はすぐには**もらえず**、来月まで待たなければならない。

★「ために」接在动词的简体形式或"名词＋の"的后面，表示是后句所述内容的原因。相当于汉语的"因为……；由于……"等。
☆「ために」的「に」可省略。

★「ようだ」接在"名词＋の"或用词连体形后面，表示说话人根据自己的观察、感觉、印象等作出的主观推测。相当于汉语的"好像……；大概……"。

★「Nのようだ／Nみたいだ」除了此前学过的表示比喻的用法外，还可以用于举例。意为"像……那样的……"。
☆用于举例时，通常不用「～だ」的形式，而采用「～な」的形式接名词或「～に」的形式接动词。

★「Vずに」是「Vないで」的书面语形式，动词接「ず」与接「ない」的形式相同，例外是「する」要变成「せず」。「に」可以省略。
☆「Vずに」的意义用法与「Vないで」基本相同，可以表示"不做前项动作的情况下做后项动作"，如例（1-3）；也可表示"不做（不是）前项，而做（而是）后项"，如例（4、5）。

たんご

訪ねる ③ 访问，来访　　**やむ** ⓪ 停止，终结　　**実際** ⓪ 实际　　**大都市** ③ 大城市
ごろごろ ① 无所事事的样子　　**引く** ⓪ 查（辞典）

第26課　電源をオフのままにしてしまいました

8．A／Vすぎる

(1) 字が小さすぎて、はっきり見えません。

(2) 高すぎて、とても買えません。

(3) わたしの家の周りは静かすぎて、ちょっと寂しいです。

(4) お酒を飲みすぎて、気持ち悪いです。

★「〜すぎる」接在动词接「-ます」的形式和形容词词干后面，用于表示动作、行为或状态超过了一般的程度或范围。相当于汉语的"过于……；太……"等。

9．お-／ご-

(1) 失礼ですが、お名前は？

(2) 心からお詫びします。

(3) 何かご意見はありませんか。

(4) ご連絡ありがとうございました。

★「お」「ご」用于名词前面，是表示尊敬的前缀。

☆「ご」一般后接汉语词（音读词），「お」后接和语词（训读词）。但也有例外，如：「お電話、お返事、ご返事」。

日语的词汇

　　按照词语的来源，日语的词汇可分为和语词（和語）、汉语词（漢語）、外来语（外来語）和混合词（混種語）。

　　和语词是日语的固有词汇，如「山、花、大きい、わたし」，虽然有些也用汉字表记，但其读音保留了日语固有的读音（这种汉字的读音叫训读）。和语词是日本人日常生活中使用频率最高、使用范围最广的词汇。

　　汉语词一般用汉字书写，主要指古代从中国传入日本的词汇以及日本人利用汉字自造的词汇，如「山岳、開花、大学、返事」，其读音模仿中国古代汉字的读音（这种汉字的读音叫音读）。与和语词相比，汉语词语感高雅、正式，书面语及正式场合常常使用汉语词。

　　外来语用来表示外来事物，一般用片假名书写，如「ビール、チョコレート、スマート」，语感较为时尚。

　　以上三类词汇相互融合的词语被称为混种词，比如「消しゴム、粗大ごみ、桜前線」等。

たんご

すぎる ②过于　気持ち悪い ④心情不好；恶心　詫びる ③⓪道歉

ユニット1

（上田忘记了与小张约定一起学习的事。小张给她打来电话）

張　：もしもし、上田さん。あ、やっとつながった。
　　　今日はどうしたんですか。

上田：え？　あ、そうだ、今日約束していましたね。ごめんなさい。
　　　うっかりしていました。

張　：ええっ!?　忘れていたんですか。携帯の電源も切ったままだし、どうかしたのかと思って心配してたんですよ。

上田：すみません。電源もオフのままにしてしまって。

張　：上田さん、大丈夫ですか。ずいぶん疲れているようですけど。

上田：原稿の締め切りが近いので最近あまり寝ていなくて。本当にすみません。

張　：そんなに謝らなくてもいいですよ。誰にでもあることだし。でも、無理しすぎないでくださいね。

上田：はい、本当にすみませんでした。

やっと ⓪③ 终于，好不容易　　つながる ⓪④ 连接，相连，接通　　ずいぶん ① 相当，很
原稿 ⓪ 原稿，草稿　　締め切り ⓪ 截止日期　　謝る ③ 道歉

第26課　電源をオフのままにしてしまいました

ユニット2

To:	ueda@boshitang.com
From:	matumoto@bjbsht.com
Subject:	写真ご送付のお願い（至急）

上田様

お世話になっております。
さて、先日、原稿を受け取りましたが、お願いした写真はまだのようです。締め切りを過ぎていますので、至急送っていただけますか。
よろしくお願いします。
取り急ぎ、ご連絡まで。

さくら出版　松本

To:	matumoto@bjbsht.com
From:	ueda@boshitang.com
Subject:	申し訳ございませんでした。Re:写真ご送付のお願い（至急）

さくら出版社　松本様

ご連絡ありがとうございました。
前回のメールで、写真の添付を確認せず、大変失礼しました。
ご依頼の写真を添付ファイルで送りますので、ご査収願います。私の不注意のため、ご迷惑をおかけし、申し訳ございませんでした。
今後、このようなことがないよう気をつけます。
まずは、ご送付かたがたお詫び申し上げます。

上田彩香

たんご

送付 ①⓪ 发送，送出　至急 ⓪ 火急，火速　-様（尊敬语）先生，女士　受け取る ③ 接受
取り急ぎ ⓪ 急速，匆匆　松本 ⓪ 松本　前回 ① 上次，前回　添付 ① 添加，附上
依頼 ⓪ 委托，托付　添付ファイル ④ 附件　査収 ⓪ 查收　私 ⓪ 我　不注意 ② 不注意，不小心
迷惑 ① 麻烦，打搅　今後 ⓪① 今后　かたがた ②⓪ 顺便，借机　お詫び ⓪ 歉意
申し上げる ④ 说（「言う」的自谦形式）

表达解说

1. 取り急ぎ、ご連絡まで

书信或邮件的结束方式之一，意思是"即此回复"。

2. ご連絡、ありがとうございました

名词＋「ありがとうございました」。表示因为某事而向对方表示感谢。在这里的意思是"谢谢您的联系"。

3. ご迷惑をおかけし、申し訳ございませんでした

用于给别人添了麻烦表示抱歉时，意思是"给您添了许多麻烦，非常抱歉"。

4. 今後、このようなことがないよう気をつけます

向对方表示自己今后一定不会再犯同样的错误。

5. ご送付かたがたお詫び申し上げます

表示一方面发送附件的资料，同时向对方表示歉意。在道歉的邮件中需要多次表示歉意，这是最后结束邮件时再次说明本次邮件的主旨。

词汇解说

1. ずいぶん

程度副词「ずいぶん（随分）」表示程度非同一般，大多带有出人意料的含义，有时用作「ずいぶんと」。例如：

(1) 今日はずいぶん早く来たね。
(2) ずいぶんきれいになった。
(3) 今日はずいぶんと寒い。

2. 至急

「至急（しきゅう）」表示非常紧急之意，它构成的常见的合成词有：「至急電

話」（紧急电话）「大至急」（十万火急）。「至急」多用作副词，例如：
(1) ご自宅へ至急お帰りください。
(2) 至急来てほしい。
(3) 至急の手紙

3．かたがた

后缀「かたがた（旁）」接在动作性名词或动词连用形后面，表示做一件事的同时兼顾另一件事。例如：
(1) 散歩かたがた買い物をする。
(2) お礼かたがたご挨拶申し上げます。
(3) ご挨拶かたがたお願いまで。

1．Vてしまう

例　会社に遅れる　➡　会社に遅れてしまいました。

(1) 風邪を引く　　　　　(2) 財布を落とす
(3) パソコンを壊す　　　(4) 宿題を忘れる

2．Nのままだ

例　生・食べる　➡　生のまま食べました。

(1) 靴・部屋に入る　　　(2) パジャマ・外へ出る
(3) 水着・温泉に入る　　(4) 皮・食べる

たんご

壊す②弄坏　　パジャマ①上下两件的睡衣　　水着⓪游泳衣　　皮②皮

3．Vた／ないままだ

例　靴を履く・部屋に入る　➡　靴を履いたまま部屋に入らないでください。
(1) クーラーをつける・寝る　　　　(2) 電気をつける・家を出る
(3) 告白(こくはく)しない・卒業する　　　(4) テレビを消さない・寝る

4．N₁をN₂にする

例　この部屋・子ども部屋　➡　この部屋を子ども部屋にしましょう。
(1) スイッチ・オフ　　　　　　　(2) ここ・会議室
(3) この映画・教材(きょうざい)　　　　(4) これ・みんなの仕事

5．Nのため（に）

例　風邪・会社を休んだ　➡　風邪のために会社を休みました。
(1) 渋滞・遅刻する　　　　　　　(2) 不注意・転(ころ)ぶ
(3) 台風・電車が遅れる　　　　　(4) 仕事・ストレスがたまっている

6．Vため（に）

例　風邪を引いた・会社を休んだ
➡　風邪を引いたために会社を休みました。
(1) パソコンを買った・お金がなくなった
(2) 花粉症の薬を飲んでいる・眠くなった
(3) 友達が来た・勉強できなかった
(4) パソコンを持っていない・メールが使用できない

7．Vようだ

例　雨が降っている　➡　雨が降っているようだ。
(1) 張さんは試験に合格した　　　(2) 風邪をひいた
(3) 李さんはもうすべてを知っている　(4) このパソコンはまだ使える

たんご

クーラー ①冷气设备　　告白 ⓪表白，坦白　　教材 ⓪教材　　転ぶ ⓪翻转，摔跤
ストレス ②压力　　たまる ⓪积攒；堆积

第26課　電源をオフのままにしてしまいました

8. Nのような
　　例　北京・大都市に就職したい　➡　北京のような大都市に就職したい。
　　(1) 春・天気が続いている　　　　(2) お城・家に住みたい
　　(3) 男の子・かっこうをしている　(4) 8月・暑さだ

9. Nのように
　　例　この町は夏になるとにぎやかだ・大都会
　➡　この町は夏になると大都会のようににぎやかです。
　　(1) 弟はテニスが上手だ・プロの選手　(2) 先生はやさしい・母
　　(3) 飛びたい・鳥　　　　　　　　　　(4) 彼女は笑った・子ども

10. Nみたいな
　　例　わたしの故郷は古い町です・西安
　　　　わたしの故郷は西安みたいな古い町です。
　　(1) 今日はいい一日でした・夢　　　(2) おかしい考え方です・子ども
　　(3) 寒さが続いている・冬　　　　　(4) 家には広い庭がある・公園

11. Nみたいに
　　例　張さん・頑張る　➡　張さんみたいに頑張ります。
　　(1) 父・立派になりたい　　　(2) 李さん・うまく写真を撮りたい
　　(3) 12月・寒い　　　　　　　(4) 高校・大学も宿題が多い

12. Vず（に）
　　例　傘をさす・歩く　➡　傘をささずに歩きます。
　　(1) 休む・働いている　　　　　　(2) 塩を使う・料理を作った
　　(3) 諦める・頑張ろう　　　　　　(4) 窓を閉める・出かけた
　　(5) カードを持つ・買い物に出かけた　(6) 確認する・送ってしまった

13. Aすぎる
　　例　この荷物・重い　➡　この荷物は重すぎます。
　　(1) このケーキ・甘い　　(2) あの子・細い
　　(3) この布団・かたい　　(4) この部屋・狭い

たんご

城⓪城堡　かっこう⓪様子，打扮　大都会③大城市　選手①运动员，选手
続く⓪继续，持续　布団⓪被子

14. Ⅴすぎる

例　久しぶりに友達と会う・お酒を飲んだ
→　久しぶりに友達と会って、お酒を飲みすぎました。

(1) 料理がおいしい・食べた　　　(2) お土産をたくさん買う・お金を使った
(3) 今週は仕事が忙しい・働いた　(4) あの人は口が軽い・何でもしゃべる

15. お／ごN

例　礼　→　お礼

(1) 花　　(2) 弁当　(3) 返事　(4) 電話
(5) 案内　(6) 都合　(7) 説明　(8) 相談

会話練習

1．例　①7時5分の電車にかばんを忘れる　②かばん　③大きくて黒い色

> A：すみません。①7時5分の電車にかばんを忘れてしまったんですが…。
> B：②かばんですか。
> A：はい、③大きくて黒い色のですが。
> B：これですか。
> A：はい、それです。よかった。どうもありがとうございました。

(1) ①203号室（ごうしつ）に携帯電話を忘れる　②携帯電話　③赤い色
(2) ①会議室に傘を置いてくる　　　　　　　　②傘　　　　③ブルー
(3) ①テーブルに財布を忘れる　　　　　　　　②財布　　　③茶色（ちゃいろ）
(4) ①座席（ざせき）に帽子を忘れる　　　　　②帽子・　　③ピンク色

たんご

しゃべる ② 说话，能说会道　　－号室 ~号房间　　ブルー ② 蓝色　　茶色 ⓪ 茶色　　座席 ⓪ 座位
ピンク ① 粉红色

2．例 ①田中先輩のように中国語が上手になりたい
　　　②よく中国人留学生と話す　　③上手になる

> A：①田中先輩のように中国語が上手になりたいですね。
> B：じゃ、②よく中国人留学生と話したらどうですか。きっと③上手になる
> 　　と思います。
> A：そうですね。

(1) ①Bさんのようにテニスが上手になりたい
　　②テニス教室に通う　　　　　③上手になる
(2) ①先生のように日本語の発音がきれいになりたい
　　②よく朗読の練習をする　　　③発音がきれいになる
(3) ①孫さんのように痩せたい
　　②よく運動をする　　　　　　③痩せる
(4) ①あの歌手のような髪型をしたい
　　②美容院でパーマをかける　　③そうなる

3．レポートの締め切りが近い

> 上田：王さん元気がないみたいですね。最近疲れているんじゃありませんか。
> 王　：レポートの締め切りが近いので、最近あまり寝ていなくて。

(1) 仕事が詰まっている　　　　(2) 宿題が多い
(3) アルバイトが忙しい　　　　(4) 日本語能力試験が近い

4．例　ピアノ

> A：Bさんはピアノがお上手ですね。
> B：そんなことないけど。妹のほうが上手よ。
> A：え、すごいなあ。お姉さんもピアノがお上手なんですか？
> B：ううん、姉はピアノに興味ないみたいね。

(1) バレーボール　(2) テニス　(3) バイオリン　(4) 絵

たんご

テニス教室 ④ 网球班　　通う ⓪ 通勤，上下（班，学）　　朗読 ⓪ 朗读　　美容院 ② 美容院
パーマ ① 烫发　　詰まる ② 堵塞，挤满　　バレーボール ④ 排球　　バイオリン ⓪ 小提琴

5．例　①食べすぎて胃が痛い　②薬を飲む

> A：どうしたんですか。
> B：①食べすぎて、胃が痛いんです。
> A：それはいけませんね。②薬を飲んだほうがいいですよ。

（1）①飲みすぎて、頭が痛い　　　②少し休む
（2）①テレビを見すぎて、目が痛い　②目薬をさす
（3）①働きすぎて、疲れた　　　　②無理しない

1．回答下列问题。
（1）友達との約束を忘れた場合、どうすればいいですか。
（2）授業中、携帯の電源をどうしていますか。
（3）試験前、徹夜をして勉強しますか。
（4）どんな時にメールをしますか。
（5）誰かと連絡する時、よくメールを使いますか。それとも電話をしますか。どうしてですか。
（6）約束の時間を間違えた場合はどうしたらいいでしょうか。
（7）メールを間違った相手に送ってしまった場合どうすればいいと思いますか。
（8）今、日本語で何ができるようになりましたか。

2．试用日语续写下面的故事。
　　王さんは彼女と今日の12時にお昼ご飯の約束をしました。しかし、王さんはその約束を忘れてしまいました。12時5分に彼女から電話があって……

3．假设你发给部长的邮件忘记加附件了，现在，用日语给部长写封邮件表示道歉。

たんご

胃⓪胃　　目薬②眼药

1．写出下列划线部分汉字的假名。
(1) 携帯の電源が入っていない。
(2) 約束があります。
(3) 原稿をメールで送ります。
(4) そんなに謝らなくてもいいですよ。
(5) 日本語で記事を書いた。
(6) 最近あまり寝ていなくて、疲れています。
(7) メールを至急お送りします。
(8) ご連絡、ありがとうございました。
(9) 論文の締め切りはいつですか。
(10) 電源を切ってください。

2．写出下列划线部分假名的汉字。
(1) メールをごさしゅう願います。
(2) 今後、このようなことがないよう、ちゅういします。
(3) きかくしょはできたのか。
(4) ごめいわくおかけして申し訳ありません。
(5) いつでもそうだんに乗りますよ。
(6) 仕事が忙しくてねていない。
(7) もうしわけありません。
(8) おわび申し上げます。
(9) てんぷファイルをご覧ください。
(10) 内容をごかくにんお願いします。

3．在下列（　）中填入适当的助词。每个（　）填一个假名。
(1) 上田さんは張さん（　）（　）約束（　）忘れました。
(2) 上司（　）うまくいかなくて困っています。
(3) 電源をオフ（　）しました。
(4) 原稿の締め切り（　）いつですか。
(5) 写真（　）添付ファイルで送ります。
(6) 本当（　）すみませんでした。
(7) 携帯（　）つながらなくて、どうしたの（　）と思って心配した。

4．正确排列句子的顺序，把序号填写在_____上。
(1) _____ _____ _____遅れてしまいました。
　　①に　　　　②授業　　　　③で　　　　④渋滞
(2) _____ _____ _____ _____しまった。
　　①寝坊して　　②を　　　　③引いて　　　④風邪
(3) トマトは_____ _____ _____ _____てもいい。
　　①生　　　　②の　　　　③まま　　　　④食べ
(4) 彼女は_____ _____ _____ _____ない。
　　①そう　　　②来　　　　③も　　　　④に
(5) _____ _____ _____ _____まま家を出た。
　　①ない　　　②消さ　　　③電気　　　　④を
(6) 雨_____ _____ _____ _____遅れた。
　　①の　　　　②ため　　　③に　　　　④約束
(7) _____ _____ _____ _____いる。
　　①ささず　　②歩いて　　③に　　　　④傘を
(8) この荷物は_____ _____、_____ _____。
　　①すぎて　　②持てない　③一人では　　④重
(9) わたしの故郷は_____ _____ _____ _____です。
　　①古い町　　②西安　　　③な　　　　④みたい
(10) 今日は、_____ _____ _____ _____です。
　　①寒い　　　②みたい　　③冬　　　　④に

5．完成下列句子。
(1) A：Bさん_____ようですね。
　　B：友達が遊びに来て、あまり寝られなかったようです。
(2) A：大学に合格できますように。
　　B：_____。
(3) A：風邪を引かないように_____。
　　B：はい、分かりました。

6．从a-d中选择符合例句内容的句子。
(1) 今度の遠足は日曜日ではなさそうです。
　　a．遠足は日曜日だ。
　　b．遠足は日曜日ではない。
　　c．遠足は日曜日だった。
(2) A：Bさん、携帯を壊してしまって、ごめんなさい。

a．AさんはBさんの携帯を壊した。
　　　b．BさんはAさんの携帯を壊した。
　　　c．Aさんの携帯が壊れた。
(3) テレビを消さないまま寝た。
　　　a．寝る前にテレビを消した。
　　　b．寝る前にテレビを消さなかった。
　　　c．寝た後でテレビを消した。
(4) クーラーをつけたまま家を出た。
　　　a．家を出る前にクーラーをつけた。
　　　b．家を出る前にクーラーを消した。
　　　c．家を出た後クーラーをつけた。
(5) 明日は寒くなさそうだ。
　　　a．明日は寒いようだ。
　　　b．明日は寒くないようだ。
　　　c．明日は暑いようだ。
(6) 今日は春のようだ。
　　　a．今は春だ。
　　　b．今は春ではない。
　　　c．今日は春になった。
(7) Aさんが子どものように笑っている。
　　　a．子どもが笑っている。
　　　b．子どもが楽しそうです。
　　　c．Aさんが笑っている。
(8) A：試合が近いから昨日も食事をせずに8時間も練習してたよ。
　　　a．昨日も今日も食事をしないで練習している。
　　　b．今日は食事しないで練習している。
　　　c．食事をしてから8時間練習した。

7．把（　）中的单词改成适当的形式填在_____上。
(1) また（連絡）_____いただけませんか。
(2) 子どもたちの（天使のようだ）_____笑顔が大好きだ。
(3) 姉も母（みたいだ）_____料理が上手だ。
(4) 傘を電車に（忘れる）_____しまったようだ。
(5) 山田先生は家に（いらっしゃる）_____そうだ。
(6) （セーターを着る）_____まま寝た。
(7) 午後から忙しくて（出かける）_____そうにない。

(8) （あきらめない）＿＿＿＿＿＿に、頑張っていきたい。

(9) 言うべきではないことを（言う）＿＿＿＿しまいました。

8．把下列句子翻译成日语。

(1) 喂，我是田中。电话总算打通了。

(2) 今天约好了在百货商店门口见面，你怎么没来？

(3) 早晨我睡懒觉结果上课迟到了。

(4) 手机没开机。

(5) 不能穿着鞋就进房间。

(6) 我最近没怎么睡觉，很疲劳。

(7) 由于我不小心给您添了麻烦，非常抱歉。

(8) 现用附件形式把照片发给您，请查收。

(9) 我一定注意今后不再犯同样的错误。

(10) 你的手机一直关机，我以为你怎么了呢。

9．阅读文章，回答问题。

日本人の謝り方　〜アルバイトの体験から〜

　　留学していた時、レストランでアルバイトをしていた。ある時、「この肉、中まで火が通っていないようだけど」とお客が言った。牛肉なので、少し生焼けでも大丈夫だと思ったし、他にもお客がたくさんいて忙しかったので、「はい、大丈夫です」と応じた。すると、その方が「大丈夫じゃないから言ってるんだ！」と怒ってしまった。

　　後で、店長にこうした時のお客への対応の仕方を教えてもらった。まず、お客が不満や不安に思っていたら、「すみません」「申し訳ありません」と言わなくてはいけない。それからお客の話をよく聞いて確認をすること。「大丈夫です」という言い方もよくないとわかった。

> 　そういえば、「ごめんなさい」「すみません」「失礼いたしました」「ご迷惑をかけ、申し訳ございませんでした」など日本人はよく謝る。まず、謝って、相手の話を聞いてそれから事情を話す。そして、また謝る。二度も三度も謝るのだ。

質問：
①お客に「はい、大丈夫です」と応じたのはなぜですか。
②お客は怒ってしまいましたが、では、どう対応したらよかったのでしょう。
③日本人が謝る時の言葉を書いてください。
④日本人の謝り方について考えてみましょう。
⑤あなたはよく謝りますか。どんな時に謝りますか。

 听力训练

1．听录音，选择正确答案。
(1) ＿＿＿＿＿＿＿＿＿＿　　(2) ＿＿＿＿＿＿＿＿＿＿
(3) ＿＿＿＿＿＿＿＿＿＿　　(4) ＿＿＿＿＿＿＿＿＿＿

　　绿茶传入日本是在奈良时代。镰仓时代，曾留学中国的禅师荣西亲自种植并潜心研究中国唐代陆羽的《茶经》，写出了日本第一部饮茶专著《吃茶养生记》。现在日本茶道中的"抹茶"也是在镰仓时代出现的。到室町时代被称为日本茶道创始人的村田珠在继承以往饮茶礼仪的同时创造出了更为典雅的品茶形式。而现在日本所流行的茶道是由千利休创立的。
　　千利休在继承前人的茶道精神后提出了新的茶道精神即"和、敬、清、寂"。"和"就是和谐、和悦、和平，"敬"就是心灵诚实、茶客之间相互敬爱，"清"就是茶室、茶具清净、清洁。"寂"是日本茶道的最高境界，指的是优雅、宁静。茶道的最终目的就是让茶客通过复杂的程序和仪式，达到追求宁静、陶冶情操的境界。茶人与茶客之间很少交流，只用眼睛和心灵去体会茶道的精神所在。
　　品茶前一般先吃小茶点以解茶的苦味。接着就是献茶。茶人跪着轻轻将茶碗转两下，将碗上的花纹对着茶客，茶客接过茶碗，轻轻转上两圈，将碗上花纹对着茶人，并将茶碗举至额头以示谢意。饮茶时要发出响声，表示对茶味的赞扬。饮毕茶客要对茶具和主人的盛情款待表示感谢。

第27課

スピーチコンテストが開かれました

学习目标

★ 失意、抱怨的说法。
★ 鼓励的说法。
★ 描述动作的时间。
★ 叙述被动的行为。

学习项目

- V（ら）れる＜被动＞
- Vてばかりいる＜动作的持续＞
- Vたばかりだ＜动作刚刚结束＞
- Vことはない＜建议＞
- Vことがある＜频率低＞
- Vところだ／Vているところだ／Vたところだ
  ＜动作的开始、进行和结束＞
- V（よ）うとする＜意图＞
- Nの／Vたびに＜反复＞
- くらい＜最低限度＞
- 口语中的缩略形式

第27課 スピーチコンテストが開かれました

単　词　表

若者（わかもの）⓪	【名】年轻人
主婦（しゅふ）①	【名】家庭主妇
駅員（えきいん）②⓪	【名】车站工作人员
他人（たにん）⓪	【名】别人，他人；外人
満員（まんいん）⓪	【名】满员，名额已满
仲（なか）①	【名】关系，交情
取引先（とりひきさき）⓪	【名】客户
冗談（じょうだん）③	【名】玩笑，戏言
香水（こうすい）⓪	【名】香水
大雨（おおあめ）③	【名】大雨
世界中（せかいじゅう）⓪	【名】全世界
オリンピック（Olympics）④	【名】奥林匹克
万博（ばんぱく）⓪	【名】世博会
スピーチコンテスト（speech contest）⑤	【名】演讲比赛
ミス（miss）①	【名】错误，失败
カレー（curry）⓪	【名】咖喱
材料（ざいりょう）③	【名】材料
一風呂（ひとふろ）②	【名】（洗）一个澡
お皿（おさら）⓪	【名】盘子
芝生（しばふ）⓪	【名】草地，草坪
文句（もんく）①	【名】牢骚，语句
たび②	【名】每当……的时候
このところ⓪	【名】最近
なにもかも④	【名】所有的，一切
ねずみ⓪	【名】老鼠
ポイント（point）⓪	【名】点；点数；要点
メートル（meter）①	【名】（单位）米
ドジ①	【名・形Ⅱ】失败，糟糕
不愉快（ふゆかい）②	【形Ⅱ】不愉快，不痛快
有能（ゆうのう）⓪	【形Ⅱ】有能力，有才能
招待（しょうたい）①	【名・他Ⅲ】邀请；款待
影響（えいきょう）⓪	【名・自Ⅲ】影响
評価（ひょうか）①	【名・他Ⅲ】评价；肯定
挨拶（あいさつ）①	【名・自Ⅲ】打招呼，寒暄

愛(あい)①	【名・自Ⅲ】爱
緊張(きんちょう)⓪	【名・自Ⅲ】紧张
提案(ていあん)⓪	【名・他Ⅲ】提案，建议
送り迎え(おくりむかえ)⓪④	【名・他Ⅲ】接送，迎送
注目(ちゅうもく)⓪	【名・自Ⅲ】注目，注视；关注
叱る(しかる)⓪②	【他Ⅰ】批评，指责
褒める(ほめる)②	【他Ⅱ】表扬，夸奖
間違える(まちがえる)③	【他Ⅱ】弄错，搞错
行う(おこなう)⓪	【他Ⅰ】举行；举办；进行
通る(とおる)①	【自Ⅰ】通过
踏む(ふむ)⓪	【他Ⅰ】踩，踏
盗む(ぬすむ)②	【他Ⅰ】偷盗，盗窃
愚痴る(ぐちる)②	【自Ⅰ】发牢骚
気づく(きづく)②	【自Ⅰ】注意到；意识到
届く(とどく)②	【自Ⅰ】送到；寄到
捕まえる(つかまえる)⓪	【他Ⅱ】抓住
訪れる(おとずれる)④	【自他Ⅱ】拜访
呼び出す(よびだす)③	【他Ⅰ】叫出来，唤出来
呼び止める(よびとめる)④	【他Ⅱ】叫住
汚す(よごす)⓪	【他Ⅰ】弄脏
任す(まかす)②	【他Ⅰ】托付，交给
写す(うつす)②	【他Ⅰ】抄写；拍摄
昇る(のぼる)⓪	【自Ⅰ】升起
慌てる(あわてる)⓪	【自Ⅱ】慌慌张张
見つかる(みつかる)⓪	【自Ⅰ】被看见，被发现；找到
割る(わる)⓪	【他Ⅰ】弄裂，弄破；除以；分裂
離れる(はなれる)③	【自Ⅱ】离开
受け入れる(うけいれる)⓪④	【他Ⅱ】接受
怖がる(こわがる)③	【自他Ⅰ】感到害怕
とにかく①	【副】总之
その上(そのうえ)⓪	【接続】而且
気にする(きにする)⓪-⓪	在意，放在心上
気になる(きになる)⓪-①	在意
疲れを取る(つかれをとる)⓪-①	消除疲劳
ノートを取る①-①	记笔记
ついていない①-②	不走运

～られる（表示被动）被……
～てばかりいる（表示动作的持续）净……，光……
～たばかりだ（表示动作刚刚结束）刚刚……
～ことはない（表示建议）不必……，无需……
～ことがある（表示动作的频度）有时
～(よ)うとする（表示意图）打算……，想要……

语法学习

1. V（ら）れる

◆ I 类动词

$$V[う段假名] \to V[あ段假名] + れる$$

言う→言われる　書く→書かれる　写す→写される
持つ→持たれる　死ぬ→死なれる　運ぶ→運ばれる
噛む→噛まれる　触る→触られる

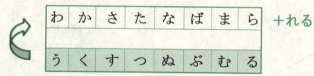

◆ II 类动词

$$V[る] \to V[\cancel{る}] + られる$$

食べる→食べられる　見る→見られる

◆ III 类动词

来る→来られる　する→される

A：直接被动句

主动句：先生が　太郎を　叱った。
被动句：太郎が　先生に　しかられた。

主动句：先生が　学生に　質問をした。
被动句：学生が　先生に　質問をされた。

★ 动词后接「（ら）れる」构成动词的被动态，表达被动的含义。「V（ら）れる」还可以按照 II 类动词的活用规则进行活用。

☆ 以动词的被动态作谓语的句子称为被动句，被动句是表达句中主语所示的人或物受到某种作用或影响的句子。

☆ 日语的被动句分为直接被动句、间接被动句和物主被动句。

たんご

写す ② 抄写，拍摄　噛む ① 嚼　叱る ⓪ 批评，指责

(1) 上田さんはクラスメートに笑われてしまった。

(2) 先生に褒められてうれしかった。

(3) 李さんは佐藤さんに食事に招待された。

(4) 同僚に誘われて、ピクニックに行った。

(5) 張さんは森山先生にコピーを頼まれた。

(6) 町を歩いたら、外国人に道を聞かれた。

(7) この本は当時の若者に広く読まれていた。

(8) 日本語は英語より難しいと言われている。

(9) 日本では入学式は4月に行なわれる。

(10) 2008年のオリンピックは北京で開かれた。

☆ 例（1-10）为直接被动句的例子。在例（1-6）中，主语均为指人名词（有时可省略）。除此之外，如例（7-10）所示，事物名词也可以充当被动句的主语。这样的被动句多用于客观叙述某一现象，动作的主体往往不明或非特定，所以在句中经常不出现。

B：间接被动句

主动句：帰りに　雨が　降った。

被动句：わたしは　帰りに　雨に　降られた。

(11) 電車で香水の強い人に隣に座られて、苦しかった。

(12) こんなところで寝られたら困るよ。

(13) 遅刻してしまって先生に怒られた。

(14) あの社長は有能な社員に辞められて困っている。

☆ 间接被动句表示某一事态的发生间接地对主语所指的人造成了不良的影响或损害。用「は／が」表示的主语是原主动句中无法出现的名词，原主动句中的动作主体在被动句中变为补足语，用「に」表示。与其它类型的被动句不同，这类被动句的谓语动词可以是自动词。

C：物主被动句

主动句：男の人が　わたしの　足を　踏んだ。

被动句：わたしは　男の人に　足を　踏まれた。

(1) 弟は兄にリンゴを食べられて泣き出した。

(2) 昨日友達にパソコンを壊されてしまいました。

(3) 電車で財布を盗まれたのに気付かなかった。

(4) 子どものころ、親に日記を読まれて非常に不愉快だった。

☆ 物主被动句表示物主遭受了不良影响或损失。主语是原主动句中动作客体的所有者（物主），用「は／が」表示，原主动句中动作的客体不变，仍用「を」表示，原主动句中的动作主体变为补足语，用「に」表示。

たんご

褒める② 表扬　招待① 邀请，款待　若者⓪ 年轻人　行う⓪ 举行　オリンピック④ 奥林匹克
香水⓪ 香水　有能⓪ 有能力　踏む⓪ 踩，踏　盗む② 偷盗，盗窃　気づく② 注意；在意
不愉快② 不愉快，不友好

2．Vてばかりいる

(1) あの子は遊んでばかりいて、全然勉強しない。

(2) パソコンを見てばかりいると、目が疲れてしまう。

(3) あのころは何もしないで、毎日寝てばかりいた。

(4) 最近は上司に怒られてばかりいる。

3．Vたばかりだ

(1) 日本語を習い始めたばかりだから、日本語の新聞はまだ読めません。

(2) 昼ご飯を食べたばかりだから、何も食べたくないです。

(3) 北京に来たばかりで、まだこちらの生活に慣れていない。

(4) 買ったばかりの車を盗まれてしまった。

4．Vことはない

(1) そんなことで悩むことはないよ。

(2) まだ時間があるから、急ぐことはない。

(3) 他人の目や評価を気にすることはない。

(4) 日本語が分からなくても、中国語の説明があるので心配することはない。

5．Vことがある

(1) 朝寝坊して授業に遅れることがあります。

(2) 仕事が忙しい時は、徹夜することがある。

(3) 台風などの影響で新幹線が止まることがある。

(4) メールを送っても届かないことがあります。

★ 助詞「ばかり」表示限定，相当于"只……；净……，"可以直接接在名词后使用，也可构成一些特定的句式。

☆「Vてばかりいる」表示某一状态一直持续或某一动作不断反复，含有说话人不满、批评、责备的语气。相当于汉语的"光……；老是……"。

★ 动词「Vた」的形式后接「ばかり」，表示V这一动作刚刚发生或完成，相当于"刚……；刚……不久"。

☆ 后接名词时，用「VたばかりのN」的形式。

★「ことはない」接在动词词典形后面，表示没有必要做某事。相当于汉语的"不必……；不用……"。

★「ことがある」接在动词的词典形或否定形后面，表示有时或偶尔会发生某事，相当于汉语的"有时……；偶尔……"。要注意这个句式与表示经历的「Vたことがある」形式上有区别。

たんご

他人⓪ 别人，他人　評価① 评价，好评　気にする⓪-⓪ 在意，放在心上　影響⓪ 影响
届く② 送到，寄到

6. Vところだ／Vているところだ／Vたところだ

A：Vところだ

(1) これから出かけるところです。
(2) もうすぐ会議が始まるところだ。
(3) 夕食はカレーにしようと思って材料(ざいりょう)を買いに行くところです。

B：Vているところだ

(1) 今、会議の準備をしているところです。
(2) 今、餃子を作っているところだけど、食べに来ない？
(3) A：もしもし、今、何しているの？
　　B：今宿題をやっているところ。

C：Vたところだ

(1) 今、旅行から帰ってきたところです。
(2) 今、コンサートが終わって会場を出たところです。
(3) A：遅れてすみません。
　　B：いえ、わたしも今来たところです。

★ 「ところ」在这里表示动作所处的时间阶段。
A：「Vるところだ」表示说话时动作正要开始进行。

B：「Vているところだ」表示说话时动作正在进行之中。

C：「Vたところだ」表示说话时动作刚刚结束。

☆ 口语中「ところだ」的「だ」可以省略。

7. V（よ）うとする

(1) 王さんは日本語能力試験の2級を受けようとしている。
(2) 彼に本当のことを話そうとしたが、なかなか言えなかった。
(3) そのことを忘れようとしても忘れられない。
(4) 今、電話しようとしたところだ。
(5) 釣りに行こうとした時、雨が降り出した。

★ 「とする」接在自主动词的意志形后面，表示试图完成该动作。
☆ 经常以「V（よ）うとしたところ」「V（よ）うとした時」的形式，表示正要进行该动作的时间点。相当于汉语的"正要……的时候"。

8. Nの／Vたびに

(1) 北京出張のたびに、そのホテルに泊まる。
(2) アメリカへ行くたびにたくさん買い物をして来る。
(3) この歌を聞くたびに、涙が止まらない。
(4) 嫌なことがあるたびにお酒を飲んでしまう。

★ 「たびに」接在"名词+の"（名词一般为动作性名词）或动词词典形后面，表示每次进行该动作或发生该变化时，都发生同样的情况。相当于汉语的"每当……；每次……"。

たんご

カレー⓪咖喱　材料③材料　たび②每当……的时候

9. くらい

(1) そんなこと**くらい**できるでしょう。
(2) 忙しくても食事をする**ぐらい**の時間はあるでしょう。
(3) 風邪を引いた**ぐらい**で病院に行くことはない。
(4) 外国に行くなら、挨拶**くらい**はできるようにしたほうがいい。

★「くらい」接在名词或动词、形容词的连体形后面，表示最低的限度。也作「ぐらい」。

10. 口语中的缩略形式

(1) **じゃ**、飲み物を**用意しとく**ね。
(2) あ、早く**行かなくちゃ**。
(3) そこで**待ってて**。**入っちゃ**だめよ。
(4) ごめん。**忘れちゃった**。

★ 在日常口语中，有些形式使用其缩略形式表达。
では → じゃ
〜ている → 〜てる
〜ておく → 〜とく
〜ては → 〜ちゃ
〜しまう → 〜ちゃう

「Vたところだ」与「Vたばかりだ」

「Vたところだ」与「Vたばかりだ」都表示"刚刚"，二者的区别主要在于：「Vたところだ」表示的"刚刚"是比较客观的状态，即事情发生与说话时之间的间隔很短；而「Vたばかりだ」表示的"刚刚"则是说话人的主观感觉，也就是说，即使事情实际已经发生了一段时间，若说话人主观上认为"并不太长"，那么就可以使用「Vたばかりだ」。比如说，进公司工作了半年的"新"职员可以说：「会社に**入ったばかり**で、何も分かりません」，但不能说：「×会社に入ったところで、何も分かりません」。下面的句子也体现了这样的差别。

（去年結婚した友達に）
a. えっ？**結婚したばかり**なのに、もう離婚？
b. ×えっ？**結婚したところ**なのに、もう離婚？

有时候，虽然「Vたところです」与「Vたばかりです」都可以成立，但语感上有着微妙的差别。比如，你的朋友和你打招呼，问你吃过饭没有，你可以说「今食べたところです」，因为你表述的只是一个客观的状态；如果朋友邀请你去吃饭，可能你用「食べたばかりです」会比较合适。

——お昼を食べに行かない？
——お昼？今**食べたばかり**なの。ごめんね。また今度誘ってね。

用「食べたばかりなの」能更好地体现说话人"确实刚刚吃过，现在饱饱的"的状态，从而帮助传递出自己抱歉、遗憾的心情。

たんご

挨拶 ① 打招呼，寒暄

ユニット1

（小张和上田一起学习）

上田：張さん、この間は本当にすみませんでした。

張　：いえ。もう忘れてください。あれ、上田さん、なんだか元気がありませんね。

上田：実は、今日、学校でスピーチコンテストが開かれたんですけど、恥ずかしい間違いをして、みんなに笑われちゃったんです。

張　：え、上田さんが？　どうしたんですか。

上田：先生に質問をされた時に、緊張して、変なことを言ってしまったんです。

張　：え、そんなことくらい、全然気にすることはありませんよ。

上田：このところ仕事では失敗するし、ミスばかりしていて…。

張　：わたしもドジなことをやって叱られることがありますけど、あまり気にしませんよ。

上田：(叹一口气) はあ、なにもかも嫌になっちゃって。

張　：元気を出してくださいよ。失敗するたびに落ち込んでちゃだめですよ。

上田：そうですよね。すみません。こんな話をして。

張　：でも、ちょっと気になるんですが…、変なことって、**いったい…**？

たんご

スピーチコンテスト ⑤ 演讲比赛　**緊張** ⓪ 紧张　**このところ** ⓪ 最近　**ミス** ① 错误，失败　**ドジ** ① 失败，糟糕　**なにもかも** ④ 所有的，一切　**気になる** ⓪-① 在意

ユニット2

（佐藤出差回来，到达机场）

翼　：もしもし、今空港に着いたところだ。これから、タクシーに乗って帰るから。

久美：分かった。

翼　：咲はどうしてる？

久美：今寝たところよ。

（佐藤到家了）

翼　：ただいま。

久美：お帰りなさい。お疲れ様。
　　　出張はどうだった。

翼　：いや～、疲れたよ。
　　　空港では荷物を間違えられて、途中で大雨に降られて。そのうえタクシーで取引先へ行こうとしたら全然違うところに連れて行かれてさあ。

久美：そう。ついてなかったね。

翼　：仕事もうまくいかなかったしなあ。

久美：それは大変だったね。

翼　：明日は部長に呼び出されて、怒られるだろうなあ、きっと。

久美：まあ、とにかくお風呂に入って、疲れを取って。

翼　：そうだな。ごめん、ごめん、帰って来たばかりなのに、愚痴っちゃって。じゃ、一風呂浴びるか。

たんご

間違える ③ 弄错　大雨 ③ 大雨　取引先 ⓪ 客户　そのうえ ⓪ 而且　ついていない ①-② 不走运
呼び出す ③ 叫出来，唤出来　とにかく ① 总之　疲れを取る ⓪-① 消除疲劳
愚痴る ② 发牢骚　一風呂 ②（洗）一个澡

# 解 说

表达解说

1. いったい…？

「いったい」的意思是"究竟、到底"本课中后面省略了「（いったい）何ですか」，意思是"所谓奇怪的发言，到底（是什么呢）"。在口语中「いったい」后面的内容经常会省略，其意思会根据语境的不同而发生变化。

2. ただいま

从外面回到家或者公司等自己有归属感的地方时，用「ただいま」告诉家人或者公司同事自己已经回来了。

3. お帰りなさい

「ただいま」的回应，是对从外面回到家或者回到公司的人所说的话，意思是"你回来了"。

4. お疲れ様

用于对对方的辛苦工作表示慰问，在公司下班时同事之间可以用「お疲れ様でした」来表达对彼此一天辛苦工作的慰问。意思是"辛苦了"。在工作单位，下级对上级只能说「お疲れ様です」「お疲れ様でした」。

词汇解说

1. このところ

「このところ」（由连体词「この」和名词「ところ」复合而成，「ところ」在此不再表示空间而表示时间）表示"最近，近来"之意（不包括从说话时间开始的时间段），可用作副词。例如：
(1) このところどうも体の具合（ぐあい）が悪い。
(2) このところずっと風邪ぎみなのです。
(3) このところ暇がない。

2．気になる

「気になる」表示在意、担心之意。「気にする」是他动词性质的惯用语，一般与"を格"名词共现；而「気になる」则是自动词性质的，一般与"が格"名词共现。例如：

(1) 試験の結果が気になる。
(2) 彼女のことが気になって眠れない。
(3) 最近気になる話題はエコです。

3．気を落とす

「気を落とす」表示泄气、气馁、意志消沉之意，经常用于安慰别人时。例如：

(1) 一度ぐらいの失敗に気を落とすな。
(2) 気を落とされませんように。
(3) どんなにつらくても、常に明るく、気を落とさずに。

4．一

「一（ひと）」接在动作性名词或动词第一连用形前面，表示稍微进行一下该动作，或该动作、现象的程度不深。例如：

(1) 一眠りしよう。
(2) これで一安心だ。
(3) 一雨来そうだ。

練 習

基础练习

1. V（ら）れる

例　書く　→　書かれる

(1) 聞く　(2) 来る　(3) いる　(4) 見る　(5) 言う
(6) 読む　(7) 食べる　(8) 打つ　(9) 泣く

2．V（ら）れる

例　この映画・世界中の人々・知っている
→　この映画は世界中の人々に知られています。
(1) この歌・多くの人・愛している
(2) この雑誌・主婦・読んでいる
(3) 日本のアニメ・世界の若者・注目する
(4) わたし・母・叱る
(5) ねずみ・猫・捕まえる
(6) 上海万博・開く

3．V（ら）れる

例　雨・降る・大変だった　→　雨に降られて、大変でした。
(1) クラスメート・笑う・はずかしかった
(2) 子ども・泣く・眠れなかった
(3) 先輩・叱る・落ち込んでいる
(4) 母・倒れる・大変だ

4．V（ら）れる

例　満員電車で、隣の人がわたしの足を踏んだ
→　満員電車で、隣の人に足を踏まれた。
(1) 弟がわたしのパソコンを壊した
(2) 弟がわたしの本を汚した
(3) 友達がわたしの大好きなＣＤを持っていった
(4) 部長が佐藤さんに大事な仕事を任した

5．Nばかり

例　うちの子はよくゲームをやる
→　うちの子はゲームばかりやっている。
(1) 彼はよく文句を言う　　　　(2) 最近よく雨が降る
(3) 夜はよく変な電話がかかってくる　(4) 彼はよく刺身を食べる

たんご

世界中 ⓪ 全世界　**愛** ① 愛　**主婦** ① 家庭主妇　**注目** ⓪ 注目，注视　**ねずみ** ⓪ 老鼠
捕まえる ⓪ 抓住　**万博** ⓪ 世博会　**満員** ⓪ 满员，名額已满　**汚す** ⓪ 弄脏
任す ② 托付，交給　**文句** ① 牢骚，语句

第27課　スピーチコンテストが開かれました

6．Vてばかりいる

例　彼はお酒を飲む
→　彼はお酒を飲んでばかりいる。
（1）あの子は遊ぶ
（2）母は怒る
（3）父はテレビを見る
（4）彼女は電話をかける

7．Vたばかりだ

例　ここに着く　→　ここに着いたばかりです。
（1）この靴は買う　　　　　　（2）12時になる
（3）日本に来る　　　　　　　（4）授業が始まる

8．Vことはない

例　劉さんは冗談（じょうだん）で言っている・気にする
→　劉さんは冗談で言っているから、気にすることはないよ。
（1）おもちゃだ・怖（こわ）がる　　　　（2）時間はまだ大丈夫だ・慌（あわ）てる
（3）大したことはない・心配する　（4）子どもの言うことだ・そんなに怒る

9．Vことがある

例　母はときどき怒る
→　母はときどき怒ることがあります。
（1）仕事で徹夜する　　　　　　（2）ときどきこの道を通（とお）る
（3）電車の中で足を踏まれる　　（4）上司にほめられる

10．Vところだ

例　学校へ行く　→　今、学校へ行くところです。
（1）教室を出る　　　　　　　　（2）仕事が終わる
（3）試験が始まる　　　　　　　（4）日が昇（のぼ）る

たんご

冗談 ③ 玩笑，戏言　　怖がる ③ 感到害怕　　慌てる ⓪ 慌慌张张　　通る ① 通过　　昇る ⓪ 升起

11. Vているところだ
　　例　手紙を書く　➡　今、手紙を書いているところです。
　　(1) 教室を掃除する　　　　　(2) 友達とチャットする
　　(3) アニメを見る　　　　　　(4) 小説を読む

12. Vたところだ
　　例　授業が終わる　➡　ちょうど授業が終わったところです。
　　(1) ご飯を食べ終わる　　　　(2) 部屋を出る
　　(3) 家に着く　　　　　　　　(4) 会議が始まる

13. V（よ）うとする
　　例　ドアを開ける・だめだった　➡　ドアを開けようとしたが、だめだった。
　　(1) 出かける・電話が鳴った
　　(2) 彼から離れる・離れられない
　　(3) 電車に乗る・駅員に呼び止められた
　　(4) 彼の提案を受け入れる・反対の声が強くてできなかった

14. Nのたびに
　　例　北京出張・このホテルに泊まる
　　➡　北京出張のたびにこのホテルに泊まります。
　　(1) 会議・ノートを取る　　　　(2) デート・送り迎えをしてくれる
　　(3) 雨・別れた彼のことを思い出す　(4) 買い物・ポイント・たまる

15. Vたびに
　　例　この映画を見る・涙が出る　➡　この映画を見るたびに涙が出ます。
　　(1) あの2人は会う・けんかする
　　(2) 雨が降る・足が痛くなる
　　(3) この島を訪れる・自然の美しさに感動する
　　(4) 李さんは来る・お土産を持ってきてくれる

たんご

離れる③ 离开　　駅員②⓪ 车站工作人员　　呼び止める④ 叫住　　提案⓪ 提案，建议
受け入れる⓪④⑤ 接受　　ノートを取る①-① 记笔记　　送り迎え⓪-④ 接送
ポイント⓪ 点；点数；要点　　訪れる④ 拜访

16. くらい
    例　これ・知っている　⇒　これくらい知っていますよ。
    (1) ビール1本・飲める　　(2) 日本語の新聞・読める
    (3) 50メートル・泳げる　　(4) 餃子・作れる

17. ちゃ
    例　荷物を無くした　⇒　荷物を無くしてしまった。
    　　　　　　　　　　⇒　荷物を無くしちゃった。
    (1) 雨に降られた　　(2) お皿を割った
    (3) 学校に遅刻した　(4) 話してはいけないことを話した

18. ちゃ
    例　芝生に入る　⇒　芝生に入ってはいけない
    　　　　　　　　⇒　芝生に入っちゃいけない。
    (1) 会社に遅れる　　(2) 図書館で騒ぐ
    (3) こんな時、泣く　(4) 諦める

19. V始める／出す／続ける
    例　雨・降る　⇒　雨が降り始めました。
    　　　　　　　⇒　雨が降り出しました。
    　　　　　　　⇒　雨が降り続けています。
    (1) 桜・咲く　　　　(2) 雪・降る
    (3) 選手たち・走る　(4) 子ども・泣く

会話練習

1．例　①お弁当　②食べた

> A：あっ、①お弁当がない。ここに置いたはずなのに。
> B：誰かに②食べられたんでしょう。
> A：そうかも（しれない）。

たんご

メートル① (単位) 米　　お皿⓪ 盘子　　割る⓪ 弄裂，弄破，除以，分裂　　芝生⓪ 草地，草坪

(1) ①傘がない　　　②持って行った
　　(2) ①自転車がない　②乗って行った
　　(3) ①コップ　　　　②片付けた

２．例　①今朝　　②地下鉄の中で財布をとられた

> A：①今朝は大変でした。
> B：どうしましたか。
> A：②地下鉄の中で財布をとられちゃって。
> B：そうですか。大変でしたね。

　　(1) ①昨日　　　　②学校に来る途中雨に降られた
　　(2) ①昨晩　　　　②何時間も子どもに泣かれた
　　(3) ①先週の旅行　②空港でスーツケースを壊された

３．例　①家を出る　　②母から電話がある

> A：遅れてすみません。
> B：いいえ。何かあったんですか。
> A：①家を出ようとした時、②母から電話があって。

　　(1) ①地下鉄に乗る　②資料を忘れたことに気づく
　　(2) ①教室を出る　　②先生に呼ばれる
　　(3) ①家を出る　　　②鍵（み）が見つからない

４．出かける

> A：王さんは寮にいますか。
> B：王さんは日曜日のたびに出かけているようですが。
> A：そうですか。

　　(1) 図書館に行く　　(2) 映画を見に行く　　(3) 実家に帰る

たんご

見つかる⓪ 被看见，被发现；找到

5．例　①橋本先生は優しい　　　②授業中怒る

> A：①橋本先生は優しいですね。
> B：そうですね。でも、たまに②授業中怒ることもありますよ。
> A：へえ。

(1) ①王さんはいつも早い　　　②遅れる
(2) ①あの二人は仲(なか)がいい　②けんかする
(3) ①あのバスはいつも遅れる　②時間通(じかんどお)りに来る

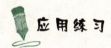 応用練习

1．用日语回答下列问题。
(1) 授業中、間違いをしたことがありますか。
(2) 先生の質問に答えられない時はどんな気持ちですか。
(3) 間違いなどをしてクラスメートに笑われたことがありますか。
(4) 傘を持っていない時、雨が降ってきたらどうしますか。
(5) 今までで一番恥ずかしかったことは何ですか。
(6) 寂しい時どうしていますか。
(7) バスの中で足を踏まれたら怒りますか。
(8) 上司にしかられたらどうしますか。
(9) 今友達に飲みに行こうと誘われたら、行きますか。
(10) お母さんに言いたいことはありますか。

2．请用日语续写下面的故事。
　鈴木さんは高校時代クラスメートの小山さんが好きでした。今日は高校卒業後初めての同窓会。10年ぶりの再会です。鈴木さんは小山さんの様子を想像しながら家を出ました。地下鉄を降りたところ急に大雨が降り出しました。鈴木さんは傘をさして会場へ向かっているところ、傘を持たずに急いでいる女の人を見かけました…

3．每个人都可能犯过很可笑的错误，回想一下你曾犯过的可笑的错误。试用日语讲讲它的来龙去脉吧。

仲①关系，交情

自测题

1. 写出下列划线部分汉字的假名。
   (1) この<u>間</u>は本当にすみませんでした。
   (2) 北京でオリンピックが<u>行</u>われた。
   (3) 仕事がきつくて<u>嫌</u>になった。
   (4) <u>愚痴</u>っちゃって、すみません。
   (5) 授業中<u>恥</u>ずかしい間違いをした。
   (6) 一風呂<u>浴</u>びよう。
   (7) 先生に<u>質問</u>された。
   (8) 会社へ行く途中、<u>大雨</u>に降られた。
   (9) そんなに気を<u>落</u>とさないで。
   (10) それは<u>全然</u>違います。

2. 写出下列划线部分假名的汉字。
   (1) <u>きんちょう</u>して変な答えを言ってしまいました。
   (2) 最近は<u>しっぱい</u>してばかりいます。
   (3) 出張で<u>とりひきさき</u>へ行きました。
   (4) <u>にもつ</u>はこちらに置いてください。
   (5) 彼氏がフランス料理のレストランに<u>つれ</u>て行ってくれました。
   (6) また先輩に<u>おこ</u>られた。
   (7) そんなに<u>あやま</u>らなくてもいいですよ。
   (8) <u>じょうだん</u>は言わないで。
   (9) お忙しいのに<u>よびだ</u>したりして、すみません。
   (10) 服が<u>よご</u>されてしまった。

3. 在下列（　）中填入适当的助词。每个（　）填一个假名。
   (1) あの子は勉強もしないで遊んで（　）（　）（　）いる。
   (2) ちょっと気（　）なりますが、彼は何と言いましたか。
   (3) バスの中で足（　）踏まれた。
   (4) 今、会社（　）着いたところです。
   (5) この間は本当（　）すみませんでした。

(6) 運転手さん（　）全然違うところへ連れて行かれた。
(7) 一年経ったら日本語が好き（　）なった。
(8) 今日会社で上司（　）怒られちゃった。
(9) 先生の質問（　）答えてください。
(10) 途中（　）雨に降られて、大変でした。

4．正確排列句子的順序，把序号填写在_____上。
(1) 土曜日はときどき_____ _____ _____ _____ある。
　　①する　　②外食　　③が　　④こと
(2) _____が_____ _____ _____。
　　①ました　　②雪　　③始め　　④降り
(3) _____ _____ _____ _____。
　　①残業　　②ある　　③する　　④ことが
(4) _____ _____ _____ _____。
　　①よ　　②を　　③引きます　　④風邪
(5) _____ _____ _____ _____だ。
　　①家　　②ばかり　　③帰った　　④に
(6) _____ _____ _____ _____母が餃子を作ってくれる。
　　①に　　②たび　　③帰る　　④実家に
(7) _____ _____ _____ _____。
　　①飲める　　②1本　　③くらい　　④ビール
(8) スーパーへ_____ _____ _____ _____。
　　①行こうと　　②ところだ　　③家を　　④出た
(9) 彼は_____ _____ _____ _____。
　　①います　　②食べて　　③ばかり　　④肉を
(10) 母に_____ _____ _____ _____。
　　①起きなさい　　②早く　　③怒られた　　④と

5．完成下列句子。
(1) A：なんだか元気がないようだね。何かあったの。
　　B：実は_____。
(2) A：_____。
　　B：お帰りなさい。お疲れ様。
(3) A：今空港に着いた_____。
　　B：分かった。

(4) A：子どもに泣かれて＿＿＿＿＿＿＿＿＿＿＿＿。
　　B：大変でしたね。
(5) A：今、どこにいるの？
　　B：家へ＿＿＿＿＿＿＿ところ。
(6) A：買ったばかりのカメラ、壊れちゃった。
　　B：＿＿＿＿＿＿＿。
(7) A：学校に遅れちゃいけないよ。
　　B：＿＿＿＿＿＿＿。
(8) A：先輩に＿＿＿＿＿＿＿。
　　B：それは大変ですね。

6．从a-d中选择正确答案。
(1) 仕事はまだやり終わっていないし、明日＿＿＿＿上司に呼び出されて怒られるだろうなあ。
　　a．ぜひ　　　b．必ず　　　c．きっと　　d．ちゃんと
(2) ＿＿＿＿気になりますが、変な間違いって、いったい…？
　　a．なんとか　b．ちょっと　c．必ず　　　d．きっと
(3) この間は＿＿＿＿すみませんでした。
　　a．確かに　　b．どうにか　c．どうか　　d．本当に
(4) 張さん、どうしましたか。＿＿＿＿元気ありませんね。
　　a．なんだか　b．なんとか　c．どうにか　d．どうか
(5) そんなこと＿＿＿＿忘れてください。
　　a．ちゃんと　b．ちょっと　c．もう　　　d．すでに
(6) 美香ちゃん、＿＿＿＿電話がつながった。今日はどうしたの。
　　a．やっと　　b．要するに　c．つまり　　d．ちゃんと
(7) ああ、いい香りですね。緑茶とは味が＿＿＿＿違いますね。
　　a．たぶん　　b．ぜんぜん　c．きっと　　d．まだ
(8) ＿＿＿＿お茶を飲みながら王さんを待ちましょう。
　　a．ゆっくり　b．たぶん　　c．ぜんぜん　d．改めて
(9) 田中さんにはお菓子よりこのほうが＿＿＿＿喜んでもらえるだろうと思います。
　　a．必ず　　　b．ぜひ　　　c．また　　　d．きっと
(10) 自己ＰＲだから、＿＿＿＿エピソードを入れて書いたほうがいいかもしれないよ。
　　a．だんだん　b．ぜんぜん　c．もっと　　d．まだ

第27課　スピーチコンテストが開かれました

7．将下列动词改成被动态。
(1) する　　　(2) 来る　　　(3) 会う　　　(4) 書く
(5) なくす　　(6) 待つ　　　(7) 死ぬ　　　(8) 呼ぶ
(9) 読む　　　(10) 知る　　 (11) 変える　 (12) 連れる

8．把（　）中的单词改成适当的形式填在_____上。
(1) 弟にパソコンを（壊す）_____。
(2) 授業中、変な答えをして、クラスメートたちに（笑う）_____。
(3) 昨夜子どもに（泣く）_____、よく眠れませんでした。
(4) 万里の長城は始皇帝によって（建てる）_____ました。
(5) 社長に（ほめる）_____、うれしかった。
(6) 風は止んだが、雨は（降る）_____続けている。
(7) 冗談で言ったのですから気に（する）_____ことはありません。
(8) いつもまじめな子ですが、たまに授業中（寝る）_____こともあります。
(9) 天津へ（行く）_____たびに、あの店に寄ります。
(10) ちょうど今（出かける）_____ようとしているところです。

9．把下列句子翻译成日语。
(1) 昨天忘记给你打电话了，真是对不起！

(2) 最近工作上总是犯错误。

(3) 我刚刚下飞机，马上打车回家。

(4) 洗个澡好好休息一下吧。

(5) 昨天去学校的路上被雨淋了，真倒霉。

(6) 每次失败后我都情绪低落。

(7) 打起精神来，继续努力吧。

(8) 我们正打算去吃饭呢，一起吃吧。

(9) 大家都已经走了，他还在继续工作。

(10) 昨天工作上犯了错，被领导骂了一顿。

10. 阅读文章，回答问题。

職場のルール

私の職場には次のようなルールがある。どれも社会人として基本的なルールだ。新入社員になったばかりのころは、こうしたルールを守れなくて、よく怒られた。

①あいさつ：出社・退社の時は必ずあいさつをすること。
②整理整頓：使った物はもとの場所に戻し、机の上の整理をすること。
③時は金なり：時間を守り、時間もお金であるという意識を持つこと。
④ホウレンソウ：報告・連絡・相談をし、コミュニケーションをとること。
⑤親しき仲にも礼儀あり：仕事の時は言葉遣いや態度に気をつけること。

次のa～eは①～⑤のどのルールを守らなかったのでしょうか。
ａ．頼まれた仕事が時間に間に合わないと思ったが、上司に相談しなかった。
ｂ．酒を飲みに行って上司と親しくなったので、職場でも友達のように話してしまった。
ｃ．職場の人に何も言わずに帰ってしまった。
ｄ．昼休みから戻るのが遅れたり、仕事中に友達にメールを送ったりした。
ｅ．自分の机なので、好きな物を置いて自由に使っていた。

 听力训练

1．听录音，选择正确答案。

(1)
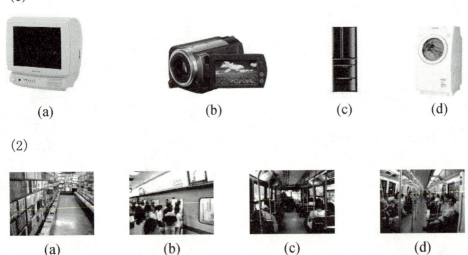

2．听录音，选择正确答案。

(1) _____ (2) _____
(3) _____ (4) _____

日本人与便利店

　　24小时便利店在日语中叫做「コンビニエンスストア」，(convenience store),简称「コンビニ」或「CVS」，在1980年以前叫做「コンビ」「深夜スーパー」。据说最早的便利店是在1927年美国的德克萨斯州出现的，1969年日本开始出现第一家便利店。

　　全天候服务的方便性和日本各地店铺的网络化是便利店在日本拥有超高人气的原因所在。24小时便利店的pos系统极其发达，能够准确地把握商品的销售状况，根据天气、顾客群体、潮流趋势等随时调整商品种类，同时积极与厂家合作开发新产品，并成为许多新产品的唯一代理人，各便利店推出的各具特色的应季商品，吸引着大量的粉丝。

　　便利店除了销售做得有声有色之外，还提供复印、冲洗照片、票务及旅馆的预订、干洗、速递等服务，同时可代收电话费、水电费、煤气费等各种公共费用。除此之外还可以提供邮政及网上购物等方面的服务。有些便利店还设立了报警网路系统，在便利店安装摄像头，一旦发现盗窃抢劫等犯罪行为，就会把图像传到警署。

　　便利店这种方便与周到的服务，使得日本居民对便利店产生了依赖，便利店几乎成为日本民众日常生活的重要的一部分。

第28課

いろいろな経験をさせてもらって、楽しかったです

学习目标
- ★ 谈论经历。
- ★ 委婉地请求。
- ★ 道别，回忆与朋友一起共度的时光。
- ★ 付账。

学习项目
- V（さ）せる＜使动＞
- V（さ）せられる＜使动被动＞
- V（さ）せてもらう／くれる（ください）＜请求＞
- Vことになる＜事态发展的结果＞
- Vことになっている＜规定＞
- こそ＜强调＞
- Nの／V間（は）＜时段＞

第28課　いろいろな経験をさせてもらって、楽しかったです

単　词　表

おごり⓪	【名】请客
披露宴（ひろうえん）②	【名】结婚喜宴，婚宴
招待客（しょうたいきゃく）③	【名】客人，来宾
来賓（らいひん）⓪	【名】来宾
新郎（しんろう）⓪	【名】新郎
新婦（しんぷ）①	【名】新娘
身内（みうち）⓪	【名】亲属，家人
割り勘（わりかん）⓪	【名】AA制
宝物（たからもの）⓪④	【名】宝贝
カルチャーショック（culture shock）⑤	【名】文化冲突
漫画喫茶（まんがきっさ）④	【名】漫画茶吧
学期末（がっきまつ）③	【名】期末
ガム（gum）①	【名】口香糖
間（あいだ）⓪	【名】之间，期间
めでたい③	【形Ⅰ】可喜可贺的
いたずら⓪	【名·形Ⅱ·自Ⅲ】恶作剧，捣乱
貴重（きちょう）⓪	【形Ⅱ】贵重的
経験（けいけん）⓪	【名·他Ⅲ】经验，经历
苦労（くろう）①	【名·自Ⅲ】辛苦；艰苦
感謝（かんしゃ）①	【名·自Ⅲ】感谢
講演（こうえん）⓪	【名·自Ⅲ】讲演
発言（はつげん）⓪	【名·自Ⅲ】发言
隠す（かくす）②	【他Ⅰ】隐藏；瞒；躲藏
噛む（かむ）①	【他Ⅰ】咀嚼，咬
いよいよ②	【副】越发，更加，终于
もしかしたら①	也许
–式（-しき）	–式的，–样的

～（さ）せる（表示使动）使……，叫……，让……
～（さ）せられる（表示使动被动）被迫……
～ことになる（表示事态发展的结果）变得……，成为……
～ことになっている　表示规定
こそ　【助】正是……，才……

▶ 人　名

一郎（いちろう）⓪　　　コナン（conan）①柯南

语法学习

1. V（さ）せる

◆ Ⅰ类动词

V[う段假名]→V[あ段假名]＋せる

言う→言わせる　　書く→書かせる　　消す→消させる

持つ→持たせる　　死ぬ→死なせる　　運ぶ→運ばせる

飲む→飲ませる　　走る→走らせる

わ	か	さ	た	な	ば	ま	ら	＋せる
う	く	す	つ	ぬ	ぶ	む	る	

★ 动词后接「（さ）せる」构成动词的使动态，表达让某人做某事的含义。「V（さ）せる」还可以按照Ⅱ类动词的活用规则进行变形。

◆ Ⅱ类动词

V[る]→V[る]＋させる

食べる→食べさせる　　寝る→寝させる

◆ Ⅲ类动词

来る→来させる　　する→させる

A：他动词使动句

主动句：<u>子どもが</u>　野菜を　**食べる**。

使动句：<u>お母さんは</u>　<u>子どもに</u>　野菜を　**食べさせる**。

B：自动词使动句

主动句：<u>子どもが</u>　買い物に　**行く**。

使动句：<u>お母さんは</u>　<u>子どもを／に</u>　買い物に　**行かせる**。

☆ 以动词的使动态做谓语的句子称为使动句。使动句与主动句的不同在于出现了以「は／が」表示的使动者。

☆ 他动词使动句中，使动者做主语，用「は／が」表示；动作主体用「に」表示，动作客体用「を」表示。

☆ 自动词使动句中，使动者做主语，用「は／が」表示；动作主体用「を／に」表示。

第28課　いろいろな経験をさせてもらって、楽しかったです

(1) 佐藤さんは子どもにピアノを習わせました。
(2) お母さんは息子に自分の部屋を掃除させます。
(3) お父さんは無理に一郎をA大学に入学させようとしている。
(4) 王さんは日本に興味があるので、お母さんが留学に行かせた。
(5) 佐藤さんの推薦もあって、部長は李さんに参加させた。
(6) 一郎が妹のおもちゃを隠して妹を泣かせた。
(7) 子どものころ、よくいたずらをして親を困らせた。

☆ 使动句可以表示以下三种含义：
①表示使动者强制动作主体做某事，如例（1-3）。
②表示使动者容许或放任动作主体做某事，如例（4、5）。这时自动词使动句中的动作主体一般用「に」表示。
③表示使动者（或某一事件）引发了动作主体做某事，多为表达感情的自动词，如例（6、7）。注意这时动作主体要用「を」表示。

★ 使动句和被动句合成的句子称为"使动被动句"，表示动作主体在他人的强制、命令、要求下被迫、不情愿地做某事。相当于汉语的"被迫……；不得不……；无奈……"。

2．V（さ）せられる

◆ Ⅰ类动词

```
V［う段假名］→（V［あ段假名］+せられる）
           →V［あ段假名］+される
```

言う→言わされる　書く→書かされる　消す→消さされる
持つ→持たされる　死ぬ→死なされる　運ぶ→運ばされる
飲む→飲まされる　走る→走らされる

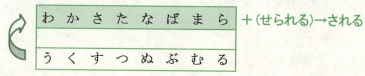

◆ Ⅱ类动词

```
V［る］→V[る]+させられる
```

食べる→食べさせられる　見る→見させられる

◆ Ⅲ类动词

```
来る→来させられる　する→させられる
```

☆「V（さ）せられる」还可以按照Ⅱ类动词的活用规则进行变形。Ⅰ类动词的使动被动形式「V［あ段假名］+せられる」，常常约音为「V［あ段假名］+される」，这种形式更为常见。

たんご

一郎 ⓪ 一郎　　隠す ② 隐藏，瞒　　いたずら ⓪ 恶作剧，捣乱

使动句：お母さんは　子どもに　野菜を　食べさせる。

使动被动句：子どもは　お母さんに　野菜を　食べさせられる。

☆ 使动被动句中，动作主体用「は／が」表示，使动者用「に」表示，但常常不出现使动者。

(1) 佐藤さんは同僚にお酒をたくさん飲まされました。
(2) あの病院に行ったら、いつも長く待たされます。
(3) 子どものころから英語を勉強させられたのに、英語がまったく話せない。
(4) 音の大きさにびっくりさせられた。
(5) 上司の発言(はつげん)にがっかりさせられた。
(6) この番組を見て、いろいろと考えさせられた。

☆ 当动词为「びっくりする、驚く、悩む、がっかりする、考える、反省する」等表示感情或思维的动词时，「Ｖ（さ）せられる」表示某一原因使动作主体产生了该感情或促使其思考，如例（4-6）。原因一般用「に」表示。

3．Ｖ（さ）せてもらう／くれる（ください）

(1) 風邪を引いたので、1日休ませてもらいました。
(2) 苦労(くろう)して大学に行かせてくれた両親に感謝(かんしゃ)したい。
(3) すみません、今日は早く帰らせてもらいたいんですが…。
(4) 今日はわたしに払わせてください。

★ 与上面的使动被动句相反，这个句式表示说话人主动请求对方容许自己做某事。相当于汉语的"（请）让我……；（请）容许我……"。

4．Ｖことになる

(1) 佐藤さんは来月帰国することになりました。
(2) 来年日本へ留学に行くことになりました。
(3) 友達がいよいよ結婚することになりました。
(4) 今回のスピーチコンテストには参加しないことになった。

★「ことになる」接在动词词典形或否定形后面，用于表示客观存在的规定或事态自然发展、变化所产生的结果。

たんご

発言 ⓪ 发言　　苦労 ① 辛苦，艰苦　　感謝 ① 感谢　　いよいよ ② 越发，更加，终于

第28課　いろいろな経験をさせてもらって、楽しかったです

5．Ｖことになっている

(1) 学期末に試験をすることになっている。
(2) 電車の中では携帯電話は使えないことになっています。
(3) 披露宴では、身内は後ろの席に座ることになっています。
(4) これからちょっと友達が来ることになっているので、お先に失礼します。

★「ことになっている」接在动词词典形或否定形后，用来表示惯例、约定、法律、规章制度以及个人的计划、习惯等。

6．こそ

(1) わたしたちのほうこそ、お世話になりました。
(2) 健康こそが大切です。
(3) 今の若者にこそ見てほしい映画です。
(4) 今度こそ勝ちたいです。

★「こそ」接在名词或「に」「で」「と」等格助词后面，用于强调名词所指的事物。前接的名词做主语时，往往用「Ｎこそが」。相当于汉语的"……才（是）"。

7．Ｎの／Ｖ間（は）

(1) 連休の間、ずっと家にいた。
(2) 冬休みの間はずっとバイトをしていました。
(3) 日本にいる間、あちこち旅行に出かけた。
(4) 運転している間は携帯電話を使用しないでください。

★「間（は）」接在"名词+の"、「Ｖている」（或「ある、いる」）的后面，表示在该状态持续的整个阶段内持续进行某一动作或保持某一状态。相当于汉语的"在……期间；在……的时候"。

「なる」与「する」

到目前为止我们学过两组对应的句式：「～ようになる」和「ようにする」；「ことになる」和「ことにする」。「なる」系列一般表示事态自然发展、变化所产生的结果，不包含说话人的意志；而「する」系列则表示决定做（或不做）某事，体现了说话人的主观意志。

与「する」系列相比，日本人往往更倾向于使用「なる」，因为它弱化了说话人的意志，语气显得委婉客气。例如，虽说"结婚"是自己的决定，但日本人对别人宣布婚讯时，依然更习惯于说「結婚することになりました」。

不仅是「なる」与「する」，有不少成对的自他动词也存在着"非意志性（结果）"和"意志性（动作）"的差别。举一个生活中的例子：据说有的地铁、电车工作人员在关闭车门时，会广播「ドアが閉まります。ご注意ください（车要关门了，请注意）」。而当遇到人流密集的情况时，乘务员会对着话筒喊「ドアを閉めます。ご注意ください（我要关车门了，请注意）」，用这种强调动作执行者意志的说法，来提醒乘客。

たんご

学期末 ③ 期末　披露宴 ② 结婚喜宴，婚宴　身内 ⓪ 亲属，家人　間 ⓪ 之间，期间

ユニット1

（午休时间，佐藤和小李在聊天）

佐藤：李さん、例のプロジェクト、秋には始まりそうですよ。

李　：あ、本当ですか。

佐藤：帰国の日もそんなに遠くないだろうなあ。

李　：いよいよですね。

佐藤：中国では本当に貴重な経験をさせてもらいました。ずいぶんカルチャーショックも受けたけど。

李　：そうですか。例えば、どんなことですか。

佐藤：この間、結婚式に招待されたんですけど、日本の結婚式とはかなり違うので驚きました。

李　：え、どう違うんですか。

佐藤：日本の披露宴の場合、招待客の席が決まっていて、来賓がいちばん前のほうに座りますが、中国では身内が前に座るようですね。

李　：ええ、まあ、そういうことになっていますが。

佐藤：にぎやかなのにもびっくりさせられましたが、新郎新婦にあんなにお酒を飲ませるとは思いませんでした。

李　：それは、おめでたい席ですからね。

たんご

貴重⓪貴重的　経験⓪経验，经历　カルチャーショック⑤文化冲突　招待客③客人
来賓⓪来宾　新郎⓪新郎　新婦①新娘　めでたい③可喜可贺的

ユニット2

（上田即将回国，小李和小张请她吃饭，为她送行）

李・張・上田：**かんぱーい**。

上田：この1年、**本当にお世話になりました**。

李・張：わたしたちのほうこそ、ありがとうございました。

上田：時間が経つのは本当に早いですね。李さんや張さんのおかげでいろいろな経験をさせてもらって、楽しかったです。

張：一緒に餃子も作ったし、山にも行ったし、みんないい思い出ですね。

李：ええ、次は日本で、ですね。

上田：え？　日本で？

李：実は日本でのプロジェクトに参加することになったんです。

上田：そうなんですか。おめでとうございます。じゃ、日本で待っています。

張：あの、実はわたしも、もしかしたら、来年日本に留学することになるかもしれません。

上田：わあ、また3人で日本で会えるといいですね。

（饭后）

上田：今日はわたしに払わせてください。

李：だめですよ。今日はわたしたちのおごりです。

上田：じゃあ、割り勘にしましょう。

張：いいえ、中国にいる間は中国式にしましょう。

上田：そうですか。じゃ、すみません。

たんご

もしかしたら ① 也许　　**おごり** ⓪ 请客　　**割り勘** ⓪ AA制　　**-式** ……式的，……样的

表达解说

1. 貴重な経験をさせてもらいました

回顾自己某一个阶段的工作、生活时常用的表达方式，表示自己得到了宝贵的经验。

2. かんぱーい

日本"干杯"的意思同中国不尽相同，中国的"干杯"大多是一饮而尽的意思，而在日本"干杯"祝酒的话，并不是真正的干杯，一般情况下，日本人不会勉强敬酒。

3.（本当に）お世話になりました

用于即将分别时，感谢对方的照顾，意思是"感谢您对我(我们)的照顾"。本课会话的场景是上田的欢送会，上田向李想和小张表示感谢。

词汇解说

1. かなり

「かなり」是程度副词，它所表示的程度不及「非常に」「とても」「大変」高，但超出一般的程度，意思大体相当于汉语的"相当"。例如：

(1) 今日は**かなり**暑い。

(2) 病気は**かなり**重い。

(3) 李さんは**かなり**日本語ができる。

第28課　いろいろな経験をさせてもらって、楽しかったです

 練習

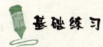 基礎練習

1. V（させる）

　　例　する　⇒　させます

　　（1）覚える　（2）来る　（3）洗う　（4）騒ぐ　（5）貸す
　　（6）待つ　（7）死ぬ　（8）選ぶ　（9）読む　（10）終わる
　　（11）見る　（12）決める　（13）変える　（14）考える　（15）泳ぐ

2. V（させる）

　　例　お母さん・子ども・勉強する　⇒　お母さんは子どもに勉強させる。

　　（1）先生・学生・宿題をする　　（2）親・子ども・家へ帰る
　　（3）社長・佐藤さん・出張する　（4）兄・妹・部屋を掃除する

3. V（される）

　　例　お酒を飲む　⇒　お酒を飲まされる。

　　（1）カラオケで歌う　　　　　（2）つまらない講演を聞く
　　（3）嫌な仕事をする　　　　　（4）見たくないものを見せる

4. させてもらう／くれる（ください）

　　例　頭が痛いので休んだ　⇒　頭が痛いので休ませてもらいました。

　　（1）この仕事をした　　　　　（2）学生会に参加した
　　（3）先輩の本を読んだ　　　　（4）友達のパソコンを使った

5. ことになる

　　例　張さんは日本へ留学する　⇒　張さんは日本へ留学することになりました。

　　（1）息子は結婚する　　　　　（2）郊外に引越しする
　　（3）彼と一緒に暮らす　　　　（4）李さんは新しいプロジェクトに参加する

たんご

講演⓪讲演

6. ことになっている

例　日本では6歳から小学校に入る
　→　日本では6歳から小学校に入ることになっています。

(1) 大学では毎日8時から授業が始まる
(2) 家では晩ご飯は家族で食べる
(3) 会社では12月に忘年会をする
(4) 事務室ではタバコを吸ってはいけない

7. こそ

例　今は大事な時だ　→　今こそ大事な時です。

(1) 友達はわたしの宝物だ
(2) 今年は日本へ行きたい
(3) 冬は体を動かそう
(4) 読書は大きな楽しみだ

8. Nの／V間（は）

例　夏休み・ずっと田舎にいた　→　夏休みの間はずっと田舎にいました。

(1) 昼休み・彼と一緒にいた
(2) 漫画喫茶にいる・ずっと「コナン」を読んでいた
(3) 映画を見ている・ずっとガムを噛んでいた
(4) 母が買い物をしている・父は車で待っていた

会話練習

1. 例　1年

> A：この1年、本当にお世話になりました。
> B：こちらこそ、いろいろありがとうございました。
> A：おかげさまでいろいろな経験をさせてもらって、楽しかったです。
> B：いい思い出がたくさんできましたね。

(1) 3か月　　(2) 1週間　　(3) 半年

たんご

宝物 ⓪④ 宝贝　漫画喫茶 ④ 漫画茶吧　コナン ① 柯南　ガム ① 口香糖　噛む ① 咀嚼，咬

2．例　日本でのプロジェクトに参加する

> A：実は日本でのプロジェクトに参加することになったんです。
> B：そうなんですか。よかったですね。おめでとうございます。

（1）翻訳の仕事をする
（2）日本で勤務する
（3）留学する

 应用练习

1．以佐藤的身份写一篇短文，说一说自己将要离开北京市的心情。

2．以小李的身份写一篇短文，说一说对即将开始的新生活的向往。

1．写出下列划线部分汉字的假名。
（1）今日は割り勘にしましょう。
（2）ご来賓の方にご挨拶お願いします。
（3）今日は友達の結婚式があります。
（4）本当にいい思い出がたくさんできました。
（5）貴重なご意見をいただき、ありがとうございます。
（6）彼は日本勤務を希望しています。
（7）今回の旅行はとてもいい思い出になりました。
（8）次は何をしようかな。

2．写出下列划线部分假名的汉字。
（1）しんろうしんぷが来ました。
（2）李さんは来週きこくすることになっています。
（3）時間がたつのははやいです。
（4）このコンサートのしょうたい客は200名です。

(5) 鈴木さんは神戸大地震をけいけんしました。
(6) みうちだけ来ました。
(7) お金はもうはらいましたよ。
(8) 中国しきで乾杯しましょう。

3．在（　　）中填入适当的助词，每个（　　）填写一个假名。
(1) 時間（　）経つのは本当に早いですね。
(2) この歌はわたし（　）歌わせてください。
(3) 昨日、部長（　）無理にビールを飲まされました。
(4) お母さん（　）子ども（　）歩かせます。
(5) 友達の結婚式（　）招待された。
(6) 今日は前のほう（　）座りましょう。
(7) その家の広さ（　）びっくりした。
(8) 健康（　）（　）宝だ。
(9) みんな（　）日本で会いましょう。
(10) 今日は割り勘（　）しましょう。

4．正确排列句子的顺序，把序号填写在_____上。
(1) わたしは毎日_____ _____ _____ _____います。
　　①を　　　②子どもに　　③食べさせて　　④果物
(2) 王さんは_____ _____ _____ _____遊ばせています。
　　①息子さん　②を　　　　③庭　　　　　　④で
(3) _____ _____ _____ _____もらえませんか。
　　①帰らせて　②今日　　　③早めに　　　　④は
(4) わたし_____ _____ _____ _____もらえませんか。
　　①やらせて　②に　　　　③この　　　　　④企画を
(5) _____ _____ _____ _____行かせます。
　　①主人を　　②買い物に　③ので　　　　　④忙しい
(6) _____ _____ _____ _____に参加できてうれしい。
　　①での　　　②プロジェクト　③希望していた　④日本
(7) _____ _____ _____ _____といいですね。
　　①で　　　　②会える　　③みんな　　　　④日本で
(8) _____ _____ _____ _____は中国式にしましょう。
　　①に　　　　②間　　　　③中国　　　　　④いる
(9) 日本_____ _____ _____ _____。

①受けた　②では　③を　　　　　④カルチャーショック

(10) _____ _____ _____ _____は早いですね。

①の　　②が　　③経つ　　　　④時間

5．完成下列对话。

(1) A：すみません、ちょっとパソコンを（使い）_____ください。
　　B：はい、どうぞ。

(2) A：その本を（貸す）_____てもらえませんか。
　　B：はい、どうぞ。

(3) A：ぜひわたしも仲間に（いれる）_____てください。
　　B：それは大歓迎です。

(4) A：この１年、本当にお世話になりました。
　　B：_____。

(5) A：実は日本でのプロジェクトに参加することになったんです。
　　B：_____。

6．把下列句子翻译成日语。

(1) 我经常让孩子帮助做饭。

(2) 女儿大学毕业后，我想让她去留学。

(3) 我请客人品尝我做的饺子。

(4) 我被他逗笑了。

(5) 中国和日本生活习惯的不同让我非常吃惊。

(6) 同学邀请我参加了他的婚礼。

(7) 在日本来宾席是固定的，来宾坐在最前面，而中国是自己的家人坐在最前面。

(8) 我在中国得到了很多宝贵的体验和美好的回忆。

7．阅读文章，回答问题。

ジューンブライド

　「ジューン・ブライド」とは「6月の花嫁」という意味である。6月になると、テレビや雑誌などでは結婚特集が組まれたりする。
　「ジューン・ブライド」はもともとヨーロッパの風習で、6月は1年中で最も雨が少なくよい天気が続くため、「6月に結婚すると幸せになる」と言われている。しかし、日本では6月といえば梅雨の時期。蒸し暑く、結婚式には向いていない。実際、日本で結婚式が多いのは、季節のよい春や秋で、6月はそう多くはないのだ。それなのに、なぜ「ジューン・ブライド」という言葉が定着することになったのだろうか。
　かつては梅雨の間に結婚式を挙げるカップルが少なかったため、なんとかこの時期に結婚式をさせ、客を増やそうと、式場関係者が欧米の言い伝えを利用したのが始まりで、マスコミの宣伝がそれを広めるようになったようだ。
　今、結婚式は多様化している。神社で行われる伝統的な結婚式の他に、教会やチャペル式、仏教による仏前結婚もあるし、宗教色のない人前結婚、海外で結婚式を挙げる人などもいる。
　結婚は人生の一大イベント。どんな時にどんな式を挙げるにしても、好きな人と一緒になれば、その日こそ、人生の中で一番晴れやかな日であろう。

質問：
①ヨーロッパではなぜ「ジューンブライド」が多いのでしょうか。
②日本で結婚する人が多いのはいつですか。
③どうして日本で「ジューンブライド」という言葉が流行しているのですか。
④日本ではどのような結婚式がありますか。
⑤人生の中で一番晴れやかな日はどんな日だと言っていますか。

 听力训练

1．听录音，回答下列问题。
　(1) _____
　(2) _____
　(3) _____

第28課　いろいろな経験をさせてもらって、楽しかったです

2．听录音，选择正确答案。
   (1) _____
   (2) _____
   (3) _____

3．从a-c中选择适当的应答，完成对话。
   (1) _____   (2) _____   (3) _____   (4) _____

川端康成——日本第一位诺贝尔文学奖获得者

　　川端康成(1899年6月14日–1972年4月16日)，日本新感觉派作家、著名小说家。1899年生于大阪。自幼父母双亡，后祖父母和姐姐的相继病故，使他形成了孤独的性格，这种性格对他以后的文学创作产生了很大影响。

　　川端康成毕业于东京帝国大学（现东京大学）文学部国文学科。他与横光利一等人创立了刊物《文艺时代》，是新感觉派的代表人物。他的主要作品有《伊豆舞女》、《雪国》、《千羽鹤》、《古都》等。其中很多作品已在中国翻译出版。1968年(昭和43年)获得诺贝尔文学奖，他是日本第一个获得诺贝尔文学奖的作家。1972年(昭和47年)自杀。

　　川端康成一生写了100余部中篇、长篇和短篇小说。此外还有散文、评论、随笔等。他的作品一种是描写孤儿生活的，比如《16岁的日记》等，另一种是描写社会底层的人物，比如《伊豆舞女》、《雪国》等。

第29課

李想くんのことを非常に期待なさっているようです

学习目标

★ 通过敬语向长辈或上级表达敬意。
★ 讨论即将发生的事情。
★ 购物。
★ 评论商品。

学习项目

- 敬语＜尊他语＞
- お／ごVになる＜尊他＞
- V（ら）れる＜尊他＞
- お／ご～です＜尊他＞
- お／ご～くださる（い）＜授受・尊他＞
- Vていらっしゃる＜尊他＞
- そうだ＜间接引语＞
- ～らしい＜传闻、推测＞
- Nらしい＜特质＞
- Vやすい／にくい＜动作的难易＞
- Nに＜评价、判断的基准＞
- Aさ＜形容词的名词化＞
- とか＜并列＞

第29課　李想くんのことを非常に期待なさっているようです

環境（かんきょう）⓪	【名】	环境
エコ（eco）①	【名】	环保
エコバッグ（eco bag）④	【名】	环保手袋
コップ（荷兰语kop）⓪	【名】	杯子
服（ふく）②	【名】	衣服
茶器（ちゃき）①	【名】	茶具，茶道用具
花瓶（かびん）⓪	【名】	花瓶
スカーフ（scarf）②	【名】	围巾，披肩
シルク（silk）①	【名】	丝绸
紫（むらさき）②	【名】	紫色，紫色的
形（かたち）⓪	【名】	形状
水筒（すいとう）⓪	【名】	水壶
フォーク（fork）①	【名】	叉子
マイ（my）⓪	【名】	我的，自家用的
パーセント（percent）③	【名】	百分比
囲碁（いご）①	【名】	围棋
何名（なんめい）①	【名】	几位
商品（しょうひん）①	【名】	商品
営業部（えいぎょうぶ）③	【名】	营业部
本部長（ほんぶちょう）③	【名】	本部长
後任（こうにん）⓪	【名】	继任者
大手（おおて）⓪	【名】	大（企业），大（公司）
地方（ちほう）②①	【名】	地方；外地
法律（ほうりつ）⓪	【名】	法律
奥様（おくさま）①	【名】	夫人，太太
看護士（かんごし）③	【名】	护士
敬語（けいご）⓪	【名】	敬语
生き方（いきかた）⓪	【名】	生活方式，生活态度
特徴（とくちょう）⓪	【名】	特征
顔色（かおいろ）⓪	【名】	脸色
力（ちから）③	【名】	力气，力量
ジム（gym）①	【名】	健身房
学生証（がくせいしょう）⓪	【名】	学生证
駐車場（ちゅうしゃじょう）⓪	【名】	停车场

便箋(びんせん)⓪	【名】信纸，信笺
ベージュ(法语beige)⓪	【名】浅驼色，浅茶色
キロ(法语kilo)①	【名】千克，公斤；公里
礼儀正しい(れいぎただしい)⑥	【形Ⅰ】彬彬有礼的，有礼貌的
地味(じみ)②	【名・形Ⅱ】素，暗淡；低调
評判(ひょうばん)⓪	【名・形Ⅱ・自Ⅲ】声誉，名声，评论
安心(あんしん)⓪	【名・自Ⅲ】安心，放心
活躍(かつやく)⓪	【名・自Ⅲ】活跃，活动
見学(けんがく)⓪	【名・他Ⅲ】参观学习
入院(にゅういん)⓪	【名・自Ⅲ】住院
退職(たいしょく)⓪	【名・自Ⅲ】退休，退职
募集(ぼしゅう)⓪	【名・他Ⅲ】招募，征集
いらっしゃる④	【自Ⅰ】（尊他）来，去，在，有
召し上がる(めしあがる)④	【他Ⅰ】（尊他）吃，喝
なさる②	【他Ⅰ】（尊他）做，为
探し求める(さがしもとめる)⑥	【他Ⅰ】寻找，搜寻
感じる(かんじる)⓪④	【自他Ⅱ】感觉，感到
迷う(まよう)②	【自Ⅰ】迷失，迷路
勧める(すすめる)⓪	【他Ⅱ】推荐，劝说
閉まる(しまる)⓪	【自Ⅰ】关闭
割れる(われる)⓪	【自Ⅰ】裂，破裂
濡れる(ぬれる)⓪	【自Ⅱ】淋湿，湿润
ぴったり③	【副】正合适，紧密
ちょうど⓪	【副】正好
なんか①	【副】等，什么的
-畳(-じょう)	～帖（日本房间面积单位，面积大约为1.91m×0.955m）
-中(-ちゅう)	在……期间
おいでになる⑤	（尊他）来，去，在
お休みになる(おやすみになる)⓪-①	（尊他）休息，睡觉
ご覧になる(ごらんになる)⓪-①	（尊他）看，浏览
ご存知(ごぞんじ)②	（尊他）知道

とか【助】（表示并列）……啦，……啦
～そうだ（间接引语）听说……
～らしい（表示传闻、推测）听说……，好像……
-さ 使形容词变成名词的后缀
～やすい／にくい（表示动作的难易）好……；难……

人　名

夏目漱石(なつめそうせき)④　　川端康成(かわばたやすなり)⑥

第29課　李想くんのことを非常に期待なさっているようです

语法学习

1. 敬语〈尊他语〉

敬语是对谈话的对方或话题中的人物表示敬意的表达方式。日语的敬语分为尊他语、自谦语、郑重语和美化语，其形式涉及名词、动词、形容词等。本课先学习尊他语。

尊他语（尊敬語）是对话题中的人物表示尊敬的形式（如果话题中的人物即为听话人，则表示对听话人的敬意），以下分别学习名词、动词、形容词的尊他语。

名词

①部分名词本身就可以表示尊敬的含义，如：

こちら、そちら、どちら、どなた、（この／その／あの／どの）方

②通过给名词加前缀或后缀表示尊敬，如：

お仕事、お部屋、ご家族、ご都合、みなさま、先生方

上面例子中，「お－」「ご－」为前缀，「－さま」「－方」为后缀。一般在和语名词前面加「お」，在汉语名词前面加「ご」，但是也有一些例外，如：

お電話、お食事、お時間

动词

有一部分动词本身就是表示尊敬的动词，这称为"敬语动词"。

いらっしゃる	⇔	行く・来る・いる
おいでになる	⇔	行く・来る・いる
お休みになる	⇔	寝る
おっしゃる	⇔	言う
召し上がる	⇔	食べる・飲む
ご覧になる	⇔	見る
なさる	⇔	する
ご存知	⇔	知っている
くださる	⇔	くれる

> 除了敬语动词外，动词还可以「お／ごVになる」以及「V（ら）れる」的形式表示尊敬，详见下面的解说。

(1) 先生は今研究室にいらっしゃいます。
(2) 毎晩何時にお休みになりますか。
(3) 社長は明日から中国へ出張に行くとおっしゃいました。
(4) 先生、上田さんという方をご存知ですか。

たんご

いらっしゃる④（尊他）来，去，在，有　おいでになる（尊他）来，去，在
お休みになる（尊他）休息，睡觉　召し上がる④（尊他）吃，喝　ご覧になる（尊他）看，浏览
なさる②（尊他）做，为　ご存知（尊他）知道

253

形容词

在形容词前可以加「お」或「ご」构成尊他语，表示尊敬。如：
お元気、お忙しい、お好き、お暇、ご立派、ご親切

(1) 最近、お忙しいですか。
(2) お久しぶりですね。
(3) ご親切に教えていただき、ありがとうございました。
(4) どうぞお体をお大事に。

2. お／ごVになる

```
Ⅰ・Ⅱ类动词：    お ＋ 动词第一连用形 ＋ になる
Ⅲ类动词（～する）：ご ＋ 动词词干       ＋ になる
```

★ 这个句式用于向话题中的人物（动作主体）表示尊敬。

(1) 新聞をお読みになりますか。
(2) 鈴木先生が新しいパソコンをお買いになりました。
(3) 部長は新しいプロジェクトについてご説明になりました。
(4) 初めてご参加になった方が何名(なんめい)もいらっしゃいました。

3. V（ら）れる

(1) 部長は来週出張に行かれるらしいです。
(2) この本は、森村先生が書かれた本です。
(3) 張さんのお父さんは、切手を集められているようです。
(4) あの方は、大学で日本語を専攻されました。

★「V（ら）れる」（形式与被动形式相同）也可以用来表示尊他。
☆ 由于「V（ら）れる」形式与被动、可能等形式相同，究竟是哪种表达，需根据上下文判断。

4. お／ご～です

```
Ⅰ・Ⅱ类动词：    お ＋ 动词第一连用形 ＋ です
Ⅲ类动词（～する）：ご ＋ 动词词干       ＋ です
```

★ 这个句式是敬语中尊他的表达方式之一，表示对动作主体的敬意。

(1) A：お出かけですか。
　　B：ええ、ちょっとそこまで。
(2) 課長、お客様がお待ちです。
(3) 電子メールをご利用ですか。
(4) 部長は明日から上海へご出張です。

たんご

何名　①几位

第29課　李想くんのことを非常に期待なさっているようです

5．お／ご～くださる（い）

| Ⅰ・Ⅱ类动词： | お ＋ 动词第一连用形 ＋ くださる（い） |
| Ⅲ类动词（～する）： | ご ＋ 动词词干 ＋ くださる（い） |

(1) 先生は家までお送りくださいました。

(2) 昨日のパーティーには、森村先生もご出席くださいました。

(3) 顔色が悪いですね。今日は、ゆっくりお休みください。

(4) もう大丈夫です。ご安心ください。

★「お／ご～くださる」是一种尊他的表达方式，用于描写对方为说话人所做的动作。
☆「お／ご～ください」是祈使句，用于请求对方做某事，比「Vてください」的形式更礼貌。相当于汉语的"请您……"。

6．Ｖていらっしゃる

(1) 課長、毎日ブログを書いていらっしゃるんですか。

(2) 山田先生は中国経済について研究していらっしゃる。

(3) 木村さんは退職前、大手の会社に勤めていらっしゃいました。

(4) 部長は隣の部屋でお客様とお話をしていらっしゃいます。

★「Ｖていらっしゃる」是「Vている」的尊他语的表达方式。

7．そうだ

(1) 天気予報によると、明日は晴れるそうだ。

(2) 新聞によると、今年の夏は暑いそうです。

(3) 北京のいちばんいい季節は秋だそうです。

(4) その町の人々はとても親切だそうです。

★「そうだ」接在简体句后，表示间接引语，主要用于说话人转述从其它地方获得的信息，相当于汉语的"听说……；据说……"。
☆可以使用「Nによると」来明确指出信息的来源。

8．～らしい

(1) 李さんも新しいプロジェクトに参加するらしいです。

(2) 天気予報によると、明日は雨らしいです。

(3) 東北地方はまだ寒いらしいから、コートを持って行ったほうがいいでしょう。

(4) 電気がついているから、部屋にいるらしい。

(5) 駅にも近いし、近くにスーパーもあるし、なかなか便利らしいね。

★「らしい」接在动词、形容词的连体形（Ⅱ类形容词为词干）以及名词后面，用于表示传闻（如例1–3）或有客观依据的推测（如例4、5）。相当于汉语的"据说……；好像……"等。
☆与下面要讲到的表示"特质"的「らしい」不同，表示"传闻、推测"的「らしい」没有否定形式。

たんご

顔色 ⓪ 脸色　安心 ⓪ 安心，放心　退職 ⓪ 退休，退职　大手 ⓪ 大企业，大公司　地方 ②① 地方；外地

9. Nらしい

(1) 今日は春らしい天気ですね。
(2) 自分らしい生き方を探し求めている。
(3) 周さんが選んだこの薄い紫のスカーフは彼女らしい色です。
(4) 泣くなよ。男らしくないから。

★「らしい」接在部分名词后面构成一个复合的形容词，表示具有该名词所示事物的特点、特质之意。

10. Vやすい／にくい

(1) この本は字が大きくて、読みやすいです。
(2) 使いやすい辞書を買いたいです。
(3) この靴は大きすぎて、歩きにくいです。
(4) ちょっと言いにくい話なんですが…。

★「やすい／にくい」接在动词接「－ます」的形式后面，构成一个复合形容词，表示动作进行的难易。相当于汉语的"容易……"或"难……"。

11. Nに

(1) タバコは体に悪いです。
(2) この問題は小学生には難しいです。
(3) 彼女はお母さんによく似ています。
(4) この辞書は日本語の勉強に必要です。
(5) かわいい人形ですが、お土産には少し大きいですね。

★谓语是表示评价、判断的词语时，「Nに」可以用于表示做出该评价或判断的基准。

12. Aさ

(1) 富士山の高さは3,776メートルです。
(2) 大きさはどれぐらいですか。
(3) 彼からの手紙をもらった時のうれしさは今でも忘れられません。
(4) 新幹線の速さと便利さを体験してみました。

★形容词词干加「－さ」后变成名词，表示事物的程度。

13. とか

(1) お土産なら、お茶とかお菓子とかはどうですか。
(2) 夏目漱石とか川端康成とか、有名な文学者の作品を読んでみたい。
(3) 暇なとき、散歩するとか、スポーツするとかします。
(4) 敬語は難しいとか複雑だとか大変だと感じる人が多いようだ。
(5) どんな形があるかとか、どんな色があるかとかチェックした。

★「とか」接在名词、动词、形容词或简体疑问句「～か」后，用于表示并列。

たんご

生き方 ⓪ 生活方式，生活态度　　探し求める ② 寻找，搜寻　　紫 ② 紫色　　夏目漱石 ④ 夏目漱石
川端康成 ⑥ 川端康成　　文学者 ③ 文学家　　敬語 ⓪ 敬语　　感じる ⓪ 感觉，感到　　形 ⓪ 形状

第29課　李想くんのことを非常に期待なさっているようです

ユニット１

（部长叫佐藤来到办公室）

佐藤：部長、**お呼びでしょうか**。
部長：ああ、実は、さっき本社から連絡があってね。プロジェクトが本格的に始まることになったそうだよ。
佐藤：いよいよですか。
部長：それで、本部長が「さっそく来月からその準備に入りたい」とお話しになってね。
佐藤：えっ、来月ですか。
部長：ああ、急いでいらっしゃるようなんだ。それで、急で申し訳ないんだが、来月本社に戻って、準備をしてくれないか。
佐藤：分かりました。
部長：李想くんのことも非常に期待なさっているようで、「なるべく早く来てもらいたい」と話されていたよ。
佐藤：そうですか。あのう、わたしの後任も決まったんでしょうか。
部長：ああ、決まったようだよ。本社の営業部から来るらしいよ。今週中には本社から詳しい連絡が来るだろう。
佐藤：分かりました。
部長：じゃ、**よろしく頼むよ**。

本部長⑤ 本部长　　**期待**⓪ 期待　　**後任**⓪ 继任者　　**営業部**③ 营业部

ユニット2

（上田和久美不久将回国，两人一起来买礼物。在礼品店）

久美：あ、ここよ。ここのお店、評判がいいの。たくさん買ったら安くしてくれるらしいし。

上田：すてきなお店！ 中国らしいお土産って、本当にいろいろあって、迷いますね。

久美：あ、この水筒、ちょうどいい大きさで持ちやすい。

上田：みんなこのくらいの水筒を持っていますね。エコでいいですよね。

久美：マイ水筒か。でも、お土産にはちょっと大きいかも。

上田：あ、茶器とか花瓶とかたくさんありますよ。でも、割れやすいかな。スカーフなんかがいいかもしれませんね。

久美：このスカーフ、すてき。シルク100％ね。わたし、これにする。

上田：じゃ、わたしはこれ。エコバッグにします。

たんご

評判⓪ 声誉，名声，评论　　迷う② 迷失，迷路　　水筒⓪ 水壶　　ちょうど⓪ 正好
エコ① 环保　　マイ⓪ 我的，自家用的　　茶器① 茶具，茶道用具　　花瓶⓪ 花瓶　　割れる⓪ 裂，破裂
スカーフ② 围巾，披肩　　なんか① 等，什么的　　シルク① 丝绸　　パーセント③ 百分比
エコバッグ④ 环保手袋

第29課　李想くんのことを非常に期待なさっているようです

解　说

表达解说

1．お呼びでしょうか

「呼びます」的尊他语形式。意思是"是您找我吗"。

2．よろしく頼むよ

用于拜托对方做某事，与「よろしくお願いします」意思相近，但「よろしく頼む」不能对长辈和上级使用。

词汇解说

1．-中

后缀「-中（ちゅう）」接在名词（主要是时间名词）后面表示一定的范围，即动作行为是在该（时间）范围内进行的，或某事物是存在于该范围内的。注意它与「-中（じゅう）」的用法不同。例如：
(1) 4月中に返事をします。
(2) それを今週中に公開する予定です。
(3) どうして空気中の酸素は見えないの。

2．期待する

「期待する」一般表示希望别人做某事，而表示希望与自己有关的某件事情实现时，一般使用「希望する」。例如：
(1) 新人の活躍を期待しています。
(2) わたしはあの会社への就職を強く希望しています。
(3) このクラスには進学を希望する人が多い。

3．評判がいい

「評判がいい」表示评价好，口碑好之意。例如：
(1) このカメラは評判がいいので買いました。
(2) 最近評判がいい企業といえば、どこですか。
(3) 評判がいいネットショップを教えてください。

1. 尊敬語

    例　する　➡　なさる　➡　なさいます
    (1) 行く　　(2) 来る　　(3) いる　　(4) 見る　　(5) 言う
    (6) 読む　　(7) 食べる　(8) 飲む　　(9) くれる

2. V（ら）れる

    例　先生は小説を書いている　➡　先生は小説を書かれています。
    (1) 奥様（おくさま）は出かける　　(2) 部長はＣＤを買った
    (3) 先生は散歩に行った　　(4) お客様はお土産を選んでいる

3. おＶになる

    例　先生は餃子を作る　➡　先生は餃子をお作りになりました。
    (1) 劉先生は辞書を買う　　(2) 王先生は資料を調べる
    (3) お客様は料理を楽しむ　　(4) 社長は日本語の歌を歌う

4. ごＶになる

    例　お客様はこの件を依頼する　➡　お客様はこの件をご依頼になりました。
    (1) 先輩は活躍（かつやく）する　　(2) 社長は説明する
    (3) 先生は見学（けんがく）する　　(4) お客様は相談する

5. お～くださる（い）

    例　先生・参考書を勧（すす）める　➡　先生は参考書をお勧めくださいました。
    (1) 奥様・駅まで迎える　　(2) 先輩・荷物を届ける
    (3) 先生・本を送る　　(4) 部長・わたしに話す

たんご

奥様 ① 夫人，太太　　活躍 ⓪ 活跃，活动　　見学 ⓪ 参观学习　　勧める ⓪ 推荐，劝说

第29課　李想くんのことを非常に期待なさっているようです

6. ご～くださる（い）

例　会議に参加する　➡　会議にご参加ください。
(1) ジムを利用する　　　　　　(2) 安心する
(3) 向こうに着いたら連絡する　(4) 何かあったら相談する

7. おA

例　劉先生は歌が上手だ　➡　劉先生は歌がお上手ですね。
(1) 張先生は毎日忙しい　　(2) 部長は歩くのが速い
(3) 先輩はいつも元気だ　　(4) 社長は囲碁が強い

8. Vていらっしゃる

例　先生は話している　➡　先生は話していらっしゃいます。
(1) 部長はお待ちになっている　(2) 李さんは結婚しているか
(3) 先生は覚えている　　　　　(4) 馬先生は法律の研究をしている

9. そうだ

例　李さんのお姉さんは看護士だ　➡　李さんのお姉さんは看護士だそうです。
(1) あの先生はもう80歳だ　　　(2) 夏休みは14日からだ
(3) あの学校の先生は親切だ
(4) 図書カードを作る時学生証は必要ではない
(5) テストは簡単だった　　　　(6) 手続きはあまり複雑ではなかった
(7) 新しいキャンパスは広い　　(8) 山は寒くなかった
(9) あの店はバイトを募集している　(10) 先生はお酒を召し上がらない

10. ～らしい

例　王さんは月曜日に来る　➡　王さんは月曜日に来るらしいです。
(1) 今年の夏は暑い　　　　　　(2) 彼女は入院した
(3) 明日は晴れる　　　　　　　(4) 森村先生は春節には帰国しない
(5) 劉さんは雨に濡れて倒れた　(6) この駐車場は12時に閉まる

たんご

ジム① 健身房　安心⓪ 安心，放心　囲碁① 围棋　法律⓪ 法律　看護士③ 护士
学生証⓪ 学生证　募集⓪ 招募；征集　入院⓪ 住院　濡れる⓪ 淋湿，湿润
駐車場⓪ 停车场　閉まる② 关闭

11. Nらしい

例　お姉さん・やさしい・女　➡　お姉さんはやさしくて、女らしいです。

(1) 佐藤さん・礼儀正しい・日本人　　(2) 李さん・明るい・若者

(3) 兄・力が強い・男　　(4) この料理・辛い・四川料理

12. Vやすい／にくい

例1　劉先生の授業・分かる・○　➡　劉先生の授業は分かりやすいです。

例2　この薬・飲む・×　➡　この薬は飲みにくいです。

(1) このビール・飲む・○　　(2) この靴・履く・○

(3) このカメラ・使う・×　　(4) この果物・食べる・×

13. Nに

例　タバコは悪い・体　➡　タバコは体に悪いです。

(1) この車はやさしい・環境　　(2) この服はぴったりだ・彼女

(3) この果物はいい・目　　(4) あの子は似ている・お母さん

14. Aさ

例　寮の部屋・広い・違う　➡　寮の部屋の広さが違います。

(1) 彼・やさしい・好きだ　　(2) この仕事・大変・分かった

(3) あの湖・美しい・今でも忘れられない　(4) あの小説・おもしろい・分からない

15. とか

例　ビールやウーロン茶などを用意した

➡　ビールとかウーロン茶を用意した。

(1) この大学は水泳や柔道などのサークルが有名だ

(2) 封筒や便箋などが必要だ

(3) 茶色やベージュのような地味な色が好きだ

(4) スプーンやフォークやコップを並べた

たんご

礼儀正しい ⑥ 彬彬有礼的，有礼貌的　**力** ③ 力量　**環境** ⓪ 环境　**服** ② 衣服
ぴったり ③ 恰好，非常合适　**便箋** ⓪ 信纸，信笺　**ベージュ** ⓪ 浅驼色，浅茶色
地味 ② 素；暗淡；低调　**フォーク** ① 叉子　**コップ** ⓪ 杯子

第29課　李想くんのことを非常に期待なさっているようです

会話練習

1. 例　①このプールの深さ　②2メートルです

   > A：①このプールの深さはどのぐらいですか。
   > B：②2メートルです。

   (1) ①あの山の高さ　　　　　②1500メートルぐらい
   (2) ①このスーツケースの重さ　②20キロぐらい
   (3) ①この部屋の広さ　　　　②8畳(じょう)

2. 例　今日のスケジュールについて説明する

   > A：それでは今日のスケジュールについてご説明します。

   (1) このソフトの使い方について紹介する
   (2) 会議の内容について連絡する
   (3) この商品(しょうひん)の特徴(とくちょう)について紹介する

応用練習

1. 看图说话，练习间接引用的表达方式。

たんご

キロ ① 千克　-畳 -帖（日本房間面積単位）　商品 ① 商品　特徴 ⓪ 特征

2．以下是小李下个月的日程安排，请你试着用日语说一说，同时，说说你自己的日程安排。

	工作	备注
1	5日 软件开发研讨会	发表自己的观点，事先需要收集资料
2	9日 公司组织旅游	事先需要联系饭店
3	12日 上海出差	征求上海事务所工作人员对软件的意见
4	18日 妈妈的生日	争取回家
5	28日 去日本出差	向总部汇报工作情况

3．读下面的会话，将划线部分改成敬语。

学生：先生、あのう、明日の夕方ですが、空いていますか。

先生：ええ、空いていますが、何ですか。

学生：実はゼミのみんなで新入生の歓迎パーティをやるのですが、ぜひ先生にも

第29課　李想くんのことを非常に期待なさっているようです

　　　　参加してもらえたらと思いまして。
先生：そうですか。じゃあ、僕も出ましょう。
学生：ありがとうございます。
先生：それで、どこでやるんですか。
学生：東北風味菜館です。知っていますか。
先生：いや、ちょっと知りませんが。
学生：ちょっと分かりにくい場所ですので、明日一緒させてください。先生は明日の４時半まで講義ですね。
先生：ええ。
学生：それでは、５時に東門に来てください。よろしくお願いします。
先生：はい、分かりました。

4．假设你是导游，用日语敬体写一篇导游词，介绍你的学校或家乡。

1．写出下列划线部分汉字的假名。
(1) 出発の準備ができました。
(2) 社長の後任はまだ決まっていません。
(3) この店の評判はとてもいいです。
(4) この茶館は北京でいちばん有名です。
(5) 花瓶に水を入れてください。
(6) わたしは営業部の王です。
(7) この茶器は割れやすいです。
(8) 辞令は今週中に出るはずです。
(9) もう少し詳しく説明してください。

2．写出下列划线部分假名的汉字。
(1) 今日から、授業がほんかく的に始まります。
(2) あとでれんらくいたします。
(3) では、よろしくたのむよ。
(4) このすいとうは誰のでしょうか。
(5) 最近、仕事のことでまよっています。

(6) 先生、お<u>よ</u>びでしょうか。

(7) 島田さんは土曜日に<u>も</u>どります。

(8) <u>きゅう</u>に雨が降ってきた。

(9) <u>いそ</u>がないと、間に合いませんよ。

(10) わたしは<u>むらさき</u>色が一番好きです。

3．（　）中填入适当的助词，每个（　）填写一个假名。

(1) これはお土産（　）ちょうどいいです。

(2) 学校で日本語（　）（　）、英語（　）（　）を勉強しました。

(3) スカーフ（　）（　）がいいかもしれないね。

(4) この部屋は子ども部屋（　）したい。

(5) この（　）（　）（　）の値段なら、買いたい。

(6) 大学に入ること（　）なりました。

(7) 来週中（　）（　）辞令が出ると思います。

(8) 李さん（　）（　）連絡が来ると思います。

4．正确排列句子的顺序，把序号填写在_____上。

(1) 部長、_____ _____ _____ _____なりましたか。
　　①この　　　②ご覧に　　　③を　　　④記事

(2) 先生_____ _____ _____ _____。
　　①に　　　②東京　　　③いらっしゃる　　　④は

(3) 学長_____ _____ _____ _____。
　　①お話　　　②伺いました　　　③を　　　④の

(4) お父さん_____ _____ _____ _____。
　　①で　　　②は　　　③お元気　　　④いらっしゃいますか

(5) _____ _____ _____ _____住んでいらっしゃいますか。
　　①に　　　②一緒　　　③ご両親　　　④も

(6) こちら_____ _____ _____ _____。
　　①お待ち　　　②で　　　③ください　　　④になって

(7) お客様は_____ _____ _____ _____います。
　　①お土産を　　　②なって　　　③お選び　　　④に

(8) 先輩は_____ _____ _____ _____くださいました。
　　①この　　　②お勧め　　　③を　　　④辞書

(9) 部長_____ _____ _____ _____。
　　①ください　　　②ご参加　　　③も　　　④ました

(10) お父さん_____ _____ _____ _____。

　　　　①で　　　　②は　　　　　③お元気　　　④いらっしゃいますか
(11) お忙しところ空港＿＿＿＿＿＿＿＿＿＿＿＿＿＿。
　　　　①お出迎え　　②ありがとうございます　　③いただいて　　④まで

5．完成下列対話。
(1) A：部長＿＿＿＿＿＿＿＿＿＿＿＿＿。
　　B：あ、はい。どうぞ。
(2) A：今日はいい天気ですね。
　　B：もう4月だからね。
　　A：ええ、やっと春＿＿＿＿＿＿＿＿＿＿＿＿＿。
(3) A：顔色が悪いですね。
　　B：昨日すこし飲み＿＿＿＿＿＿＿＿＿＿＿＿＿。
(4) A：明日の出発時間は何時でしょうか。
　　B：午前9時に出発する＿＿＿＿＿＿＿＿＿＿＿＿＿。

6．用敬語表达方式完成下列句子。
(1) A：先生、いつもバスで学校に＿＿＿＿＿＿＿＿＿＿＿。
　　B：はい、そうです。
(2) A：劉先生は＿＿＿＿＿＿＿＿＿＿＿。
　　B：いいえ、まだいらっしゃっていません。
(3) A：社長は休日には何か運動を＿＿＿＿＿＿＿＿＿＿＿。
　　B：釣りをします。
(4) A：お客様、＿＿＿＿＿＿＿＿＿＿＿。
　　B：よろしくお願いします。
(5) A：奥様は月に何回デパートへ＿＿＿＿＿＿＿＿＿＿＿。
　　B：うん、5回くらいかな。
(6) A：先生、来週の講義は何について＿＿＿＿＿＿＿＿＿＿＿。
　　B：環境汚染についてです。
(7) A：先生、この本の著者を＿＿＿＿＿＿＿＿＿＿＿。
　　B：ええ、知っていますよ。
(8) A：お好きなものをどうぞご自由に＿＿＿＿＿＿＿＿＿＿＿。
(9) A：どうぞご遠慮なく＿＿＿＿＿＿＿＿＿＿＿。
　　B：いただきます。
(10) A：部長はゴルフを＿＿＿＿＿＿＿＿＿＿＿。
　　B：ああ、ゴルフが趣味だよ。

7．从a-d中选择符合例句内容的句子。

(1) A：お医者さんがおっしゃいました。
　　　　a．医者が行った。
　　　　b．医者が言った。
　　　　c．医者が来た。
(2) A：ご講義をなさっていらっしゃいますね。
　　　　a．講義をしている。
　　　　b．講義を聞いている。
　　　　c．講義を持ってくる。
(3) A：先生にお目にかかりました。
　　　　a．先生に会った。
　　　　b．先生の目を見た。
　　　　c．先生はお金がかかった。
(4) A：お酒を召し上がります。
　　　　a．酒を買う。
　　　　b．酒を飲む。
　　　　c．酒を招待する。
(5) A：課長、テニスをなさいますか。
　　　　a．テニスをするか。
　　　　b．テニスがいないか。
　　　　c．テニスは無くなるか。
(6) A：その件をご存知ですか。
　　　　a．それを知っているか。
　　　　b．それを保存するか。
　　　　c．そんなこと、やめなさい。
(7) A：もしもし、東京貿易でいらっしゃいますか。
　　　　a．東京貿易がいますか。
　　　　b．東京貿易ですか。
　　　　c．東京貿易が来ますか。
(8) A：会議にご出席いただければありがたいんですが。
　　B：あ、大丈夫です。
　　　　a．Bさんは会議に出席する。
　　　　b．Bさんは会議に出席しない。
　　　　c．Aさんが会議に出席したいと思っている。
(9) A：大学の案内をお送りいただけないでしょうか。
　　B：はい、分かりました。

a．Aさんは大学の案内を送る。
　　　b．Bさんは大学の案内を送る。
　　　c．AさんもBさんも大学の案内を送らない。

8．从a–d中选择正确答案。
(1) 社長は食事の前にいつも日本酒を少し_____。
　　　a．召し上がります　　　　b．伺います
　　　c．いらっしゃいます　　　d．おいでになります
(2) 国王は外国の歴史をよく_____。
　　　a．知ります　b．お知りです　c．存じております　d．ご存知です
(3) 社長はお疲れ_____時、散歩を_____。
　　　a．てございます、なさいます　　b．た、されます
　　　c．になった、なさいます　　　　d．にした、なさいます
(4) 初めて_____方も少なくなかったようだ。
　　　a．ご参加した　　　　b．ご参加になった
　　　c．お参加した　　　　d．お参加になった
(5) もう_____か。
　　　a．お帰りです　　　　b．お帰ります
　　　c．ご帰りです　　　　d．ご帰ります
(6) 天気予報によると、明日は雨が_____そうだ。
　　　a．降り　　b．降る　　c．降った　　d．降って
(7) 明日、_____らしい。
　　　a．雨　　b．雨の　　c．雨だ　　d．雨な
(8) もう4月なのに、全然春_____ね。
　　　a．のようではない　　　b．らしくない
　　　c．そうではない　　　　d．みたいではない
(9) このお茶、_____やすいですね。
　　　a．飲む　　b．飲み　　c．飲んで　　d．飲んだ

9．把（　）中的单词改成适当的敬语形式填在_____上。
(1) お名前は何と（言う）_____か。
(2) 先生が「来週試験をする」と（言う）_____。
(3) 社長はもう（帰る）_____。
(4) 今朝のテレビのニュースを（見る）_____か。
(5) 社長は今晩（出発する）_____。
(6) 山田先生は明日何時に（来る）_____。

（7）先生は今（いる）＿＿＿＿＿ませんが、午後からこちらに（来る）＿＿＿＿＿そうです。

10. 把下列句子翻译成日语。

（1）听说你考上大学了，祝贺你！

（2）北京夏天商店11点关门。

（3）据说明天是晴天。

（4）他们俩没打伞，在雨中散步。

（5）晚饭吃多了。

（6）这个照相机很好用。

（7）小李即将参加新的软件开发项目。

（8）在中国，孩子6岁就要进入小学上学。

（9）我至今难以忘记那个湖泊的美丽。

（10）姐姐很温柔，很有女人味儿。

11. 阅读文章，回答问题。

あなたのエコ度チェック

今日は「エコ」について考えてみたい。「エコ」とは「エコロジー(ecology)」の省略形で、和製英語だ。英語では"Ecology movement"とか"Political ecology"という言葉が使われているそうだ。最近、日本では、「エコハウス」、「エコカー」、「エコファッション」、「エコライフ」など、「エコ」という言葉がよく使われている。環境を考えた住宅、車、生活、ファッション、生活から、地球にやさしい最先端技術の開発、企業や市民のエコ活動まで、「エコ」が広がってきているようだ。

地球のためにわたしたちができることは多い。「エコ」を意識し、地球にやさしい暮らし方を工夫しよう。次の「エコ・チェックシート」を使うと、どのくらいエコなのか、あなたのエコ度を分かりやすくチェックできる。当てはまるものに「〇」をして診断してみよう。

第29課　李想くんのことを非常に期待なさっているようです

> □使っていない部屋の電気を消している。
> □誰も見ていないテレビはすぐ消している。
> □冷房は目安28度と高めに、暖房は目安20度と低めの設定を心がけている。
> □歯を磨く時、シャワーをしている時には水は出しっぱなしにせず、すぐに止めている。
> □冷蔵庫は何を取り出すか考えてから開け、すぐに閉めている。
> □シャンプーとリンスは使いすぎないようにしている。
> □食器についた油汚れはふき取ってから洗っている。
> □料理をしている時は食べきれる量を作るように考えている。
> □ゴミや空き缶を絶対に川や海に捨てない。ゴミを見つけたら拾っている。

環境省こども環境白書2010（平成21年版）参考

質問：○はいくつありましたか。

听力训练

1. 听录音，回答下列问题。
   (1) _____
   (2) _____
   (3) _____
   (4) _____

2. 听录音，选择正确答案。
   (1) _____　　(2) _____　　(3) _____

日本料理中最具典型的生食是生鱼片和寿司。生鱼片在日语中写作「刺身」，寿司在日语中写作「すし」或「寿司・鮨」。生鱼片原本不仅有生的鱼，还包括蔬菜等，它的原意本是根据食物特性将食物切成适当的大小、形状，目的就是为了突出食物原有的味道。所以生鱼片的刀工极其重要。

寿司现在几乎成了日本料理的代名词。不过寿司实际上起源于东南亚稻耕民族自制的鱼类发酵食品。这种食物后来流传到中国，并随着稻耕农作一起从中国传入日本。日本各地的寿司都具有浓厚的地方色彩，比如在寿司的用料、做法、以及吃法上都各具特色，有的是以海鲜为主材，有的寿司不使用醋，而是发酵后食用。不仅如此，因日本四面环海，一年四季都有不同的鱼的汛期，因此寿司的材料也会根据季节的不同而变化。

第30課

日本でまたお会いできるのを楽しみにしています

学习目标
- ★ 向长辈或上级道别。
- ★ 表示感谢。
- ★ 机场送行。

学习项目
- 敬语＜自谦语＞
- お／ごVする（いたす）＜自谦＞
- お／ごVいただく＜授受・自谦＞
- V（さ）せていただく＜自谦＞
- ございます／〜でございます＜郑重语＞
- 〜ないと〜ない＜否定性的条件＞

第30課　日本でまたお会いできるのを楽しみにしています

单　词　表

本日（ほんじつ）①　　　　　　　　　　　【名】今日
方々（かたがた）②　　　　　　　　　　　【名】（尊他）各位
記念品（きねんひん）⓪　　　　　　　　　【名】纪念品
ＥＭＳ（イーエムエス）⑤　　　　　　　　【名】特快专递
新製品（しんせいひん）③　　　　　　　　【名】新产品
パンフレット（pamphlet）①　　　　　　　【名】小册子，宣传册
フロア（floor）②　　　　　　　　　　　　【名】层，楼层，地板
拙著（せっちょ）①　　　　　　　　　　　【名】拙作
弊社（へいしゃ）①　　　　　　　　　　　【名】弊公司
小社（しょうしゃ）①　　　　　　　　　　【名】弊公司
ありがたい④　　　　　　　　　　　　　　【形Ⅰ】难得的，难能可贵的
名残惜しい（なごりおしい）④　　　　　　【形Ⅰ】恋恋不舍的，依依不舍的
無事（ぶじ）⓪　　　　　　　　　　　　　【形Ⅱ】平安的，安全的
集中（しゅうちゅう）⓪　　　　　　　　　【名・自Ⅲ】集中
通勤（つうきん）⓪　　　　　　　　　　　【名・自Ⅲ】上下班，通勤
指導（しどう）⓪　　　　　　　　　　　　【名・他Ⅲ】指导，指教，辅导
中止（ちゅうし）⓪　　　　　　　　　　　【名・自Ⅲ】中止
入場（にゅうじょう）⓪　　　　　　　　　【名・自Ⅲ】入场
報告（ほうこく）⓪　　　　　　　　　　　【名・他Ⅲ】汇报，报告，上报
了承（りょうしょう）⓪　　　　　　　　　【名・他Ⅲ】了解，理解
拝見（はいけん）⓪　　　　　　　　　　　【名・他Ⅲ】（自谦）看，拜读
参る（まいる）①　　　　　　　　　　　　【自Ⅰ】（自谦）去，来
おる①　　　　　　　　　　　　　　　　　【自Ⅰ】（自谦）在
いたす②　　　　　　　　　　　　　　　　【他Ⅰ】（自谦）做，为
申す（もうす）①　　　　　　　　　　　　【他Ⅰ】（自谦）说
伺う（うかがう）⓪　　　　　　　　　　　【自・他Ⅰ】（自谦）询问，听；
　　　　　　　　　　　　　　　　　　　　　　　　　　拜访，去
出迎える（でむかえる）④⓪　　　　　　　【他Ⅱ】迎接
預かる（あずかる）③　　　　　　　　　　【他Ⅰ】收存，代为保管
精一杯（せいいっぱい）③　　　　　　　　【副】竭尽全力
お目にかかる（おめにかかる）⓪-②　　　 见面
再-（さい）　　　　　　　　　　　　　　 再次-
各-（かく）　　　　　　　　　　　　　　 各-，每-

ございます（郑重语）是……，有……

语法学习

1. 敬语＜自谦语＞

自谦语（謙譲語(けんじょうご)）是说话人通过自谦的方式对话题中的人物表示尊敬的形式（如果话题中的人物即为听话人，则表示对听话人的敬意）。

名词

①一部分名词本身就表示自谦的含义，如：

拙著(せっちょ)、弊社(へいしゃ)、小社(しょうしゃ)

②动作名词前加前缀「お／ご」也可以表示自谦，如：

お返事、お電話、ご連絡、ご相談

(1) お返事が遅くなりまして、申し訳ありません。

(2) すみません、ちょっとお願いがあるんですが。

> "お／ご+名词"的形式用来指对方的事物或动作时表示尊他，用来指自己的事物或动作时表示自谦，不要弄混了哦。

动词

①有一部分动词本身是表示自谦的动词，这称为"自谦动词"。

参(まい)る	⇔	行く・来る
おる	⇔	いる
いたす	⇔	する
いただく	⇔	食べる・飲む・もらう
拝見(はいけん)する	⇔	見る
伺(うかが)う	⇔	聞く・たずねる
存じる	⇔	知る・思う
お目にかかる	⇔	会う
申(もう)す／申(もう)し上(あ)げる	⇔	言う

(1) 李想と申します。中国北京から参りました。

(2) たくさんいただきました。

(3) 3時ごろ伺(うかが)ってもいいですか。

(4) メールを拝見しました。

> 除了自谦动词外，还可以「お／ごVする（いたす）」的形式表示自谦，详见下面的解说。

たんご

拙著 ①拙作　**弊社** ①弊公司　**小社** ①弊公司　**参る** ①（自谦语）去，来　**おる** ①（自谦）在　**いたす** ②（自谦）做，为　**拝見** ⓪（自谦）看，拜读　**伺う** ⓪（自谦）拜访，询问，听　**存じる** ③⓪（自谦）知道　**お目にかかる** ⓪-②见面　**申す** ①（自谦）说

2．お／ごVする（いたす）

```
Ⅰ・Ⅱ类动词：     お ＋ 动词第一连用形 ＋ する（いたす）
Ⅲ类动词（～する）：ご ＋ 动词词干      ＋ する（いたす）
```

（1）お荷物をお持ちしましょうか。

（2）会場までご案内します。

（3）どうぞよろしくお願いいたします。

（4）次に、調査の結果についてご報告（ほうこく）いたします。

★ 这个句式用于表示自谦。「お／ごVいたす」要比「お／ごVする」的自谦程度高一些。

3．お／ごVいただく

```
Ⅰ・Ⅱ类动词：     お ＋ 动词第一连用形 ＋ いただく
Ⅲ类动词（～する）：ご ＋ 动词词干      ＋ いただく
```

（1）先生にこの本をお貸しいただきました。

（2）ご参加いただいた方々（かたがた）に、記念品（きねんひん）をさしあげます。

（3）お忙しいところ、わざわざ空港までお出迎（でむか）えいただいて、申し訳ありません。

（4）よかったら、EMS（イーエムエス）でお送りいただけないでしょうか。

（5）その件について、またご連絡いただければありがたいのですが。

★「お／ご～いただく」是一种自谦的表达方式，用于描写说话人请求对方为自己做某事。相当于"我请您……"。

☆「お／ご～いただきたいです／いただけないでしょうか／いただければありがたいです」等形式是非常客气的请求方式。

4．V（さ）せていただく

（1）それでは、発表させていただきます。

（2）プロジェクトの企画について、報告（ほうこく）させていただきます。

（3）今日は少し早めに帰らせていただきたいですが…。

（4）すみません、会議室を使わせていただけないでしょうか。

★ 动词使动形式的第一连用形（V（さ）せ）后续「いただく」，是一种敬意程度很高的自谦语。

たんご

方々 ②（尊他）各位　**記念品** ⓪ 纪念品　**出迎える** ④⓪ 迎接　**EMS** ⑤ 特快专递
ありがたい ④ 难得，难能可贵　**報告** ⓪ 报告，上报

5．ございます／～でございます

(1) あちらにパンフレットがございます。どうぞご自由にお取りください。
(2) 私(わたくし)には兄弟がございません。
(3) こちらが会場でございます。
(4) 東京には、3時に着く予定でございます。

> ★ 除了尊他语、谦让语之外，敬语还包括郑重语和美化语。
> ☆ 郑重语是对听话人表示敬意的表达方式，用于正式的场合，语气庄重。我们以前学过的敬体形式「～です、～ます」就是郑重语。
> ☆「ございます」是「あります、います」敬意程度更高的郑重语。
> ☆「～でございます」是「～です」敬意程度更高的郑重语。

6．～ないと～ない

(1) 急がないと、もう間に合わないですよ。
(2) わたしは部屋が暗くないと寝られません。
(3) そういう気持ちは、親でない（／親じゃない）と分かりません。
(4) 静かでない（／静かじゃない）と勉強に集中(しゅうちゅう)できない。
(5) もうこんな時間！早く行かないと…。

> ★ 这是条件句之一，「と」接在否定形式的简体句后，后句也多为表示否定意义的句子。相当于汉语的"如果不……就（不）……；不……就会……"等。
> ☆ 在意义明确的情况下，「ないと」后面的句子可以省略。

たんご

集中 ⓪ 集中

ユニット１

（佐藤来向分社社长道别）

佐藤　：（敲门）失礼いたします。佐藤でございます。
支社長：ああ、どうぞ。さあ、座って。
佐藤　：いえ、こちらで。ごあいさつに伺っただけですから。3年間、大変お世話になりました。いろいろご迷惑をおかけいたしましたが、無事(ぶじ)勤めさせていただくことができました。いろいろお教えいただきまして、ありがとうございました。
支社長：本当にご苦労さま。次は、本社での新しいプロジェクトだね。
佐藤　：はい。精一杯(せいいっぱい)やらせていただきます。今後ともご指導(しどう)、よろしくお願いいたします。
支社長：また日本で活躍してくれることを期待しているよ。
佐藤　：はい、支社長もどうかお元気でお過ごしください。
支社長：うん、ありがとう。君も元気で。
佐藤　：ありがとうございます。では、これで失礼いたします。

無事 ⓪ 平安，安全　　**精一杯** ③ 竭尽全力　　**指導** ⓪ 指导，指教，辅导

ユニット2

（首都机场，小张来送上田）

上田：お見送りありがとうございました。

張　：しばらくお別れなんですね。
　　　あ、これ、李さんから預（あず）かってきた手紙です。

上田：どうも。（拿出小李的信，打开看）
　　　李さんによろしく伝えてください。

張　：はい。日本に着いたらメールをくださいね。

上田：ええ、必ず。これからもよろしくお願いしますね。
　　　名残惜（なごりお）しいけど、そろそろ行かないと。

張　：じゃ、お元気で。また会いましょう。再見（zàijiàn）！

上田：どうぞお元気で。日本でまた会いましょう。さようなら。

上田さんへ
　留学、お疲れ様でした。
　今日は仕事でお見送りできませんが、日本でまたお会いできるのを楽しみにしています。
　どうかお元気で！
　　　　　　　　　　　李想

たんご

預かる③ 收存，代为保管　　名残惜しい④ 恋恋不舍，依依不舍

解　说

表达解说

1．いえ、こちらで

这是「いいえ、こちらでいいです」的省略形式。会话 1 中支社长让佐藤坐下，佐藤回答说"不用，在这里说就可以了"。

2．ごあいさつに伺っただけですから

会话 1 中佐藤在回总公司之前去分社社长那里告别。意思是"我只是想向您告别"，后面省略了"就不进去坐了"。

3．ご苦労さま

用于对对方的辛苦工作表示慰问，意思是"辛苦了"。一般不对长辈或上级使用。

4．精一杯やらせていただきます

表示自己一定竭尽全力、尽最大努力去做某事。

5．今後ともご指導、よろしくお願いいたします

表示希望对方今后也能一如既往地对自己给予支持和照顾。也可用于书信。

6．活躍してくれることを期待している

「期待している」用于表示自己对某人抱有希望，是对对方的鼓励。一般不对长辈或上级使用。这里分社社长鼓励佐藤，希望他能在新项目上大显身手，继续努力工作。这句话无论是形式还是内容都是上对下的表达方式。

7．どうか、お元気でお過ごしください

经常用于书信结尾或者分别时，「どうか」是「どうぞ」的敬语形式。此句话的意思是"请多保重"。关系亲近的人之间可以说「お元気で」。

8．お見送りありがとうございました

用于感谢对方特意前来送行。意思是"谢谢你来送我"。

9．～によろしくお伝えください

用于请求对方向第三者传达自己的问候，意思是"请代我向……问好"。

10．また会いましょう

用于比较长久的分别时，意思是"后会有期"、"再见"。

11．さようなら

「さようなら」是比较正式的道别方式，在中小学经常使用，但日常生活和工作中使用频率并不高，它与汉语的"再见"语感不同，在特定的场合下，有"再也不想见"的意思，因此使用时需要特别注意。

词汇解说

1．精一杯

「精一杯」表示竭尽全力之意。例如：
(1) 精一杯努力する。
(2) みんな精一杯働いている。

「精一杯」还用于表示让价的极限。例如：
(3) 値引きはこれが精一杯だ。
(4) 精一杯おまけしましょう。

2．預かる／預ける

「預かる」表示接受别人的委托代为照顾、看管人或物之意。「預かる」表示被委托人的动作，而同为他动词，「預ける」则表示委托人的动作。二者的动作方向正好相反。例如：
(1) 隣の子どもを預かる。
(2) 留守を預かる。
(3) 医者は患者の生命を預かっている。
(4) 荷物を預けてもいいですか。

第30課　日本でまたお会いできるのを楽しみにしています

练　习

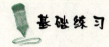

1. 自谦语
   例　する ➡ いたす ➡ いたします
   (1) 行く　　(2) 来る　　(3) いる　　(4) 聞く　　(5) 言う
   (6) 知る　　(7) 食べる　(8) 飲む　　(9) 会う　　(10) 思う

2. お／ごVする（いたす）
   例　荷物を持つ ➡ 荷物をお持ちします。 ➡ 荷物をお持ちいたします。
   (1) キャンパスを案内する　　(2) 忘年会について知らせる
   (3) 東門で待つ　　　　　　　(4) あとで電話する

3. おVいただく
   例　迎える ➡ お迎えいただいて、どうもすみませんでした。
   (1) 知らせる　(2) 調べる　(3) 送る　(4) 待つ

4. ごVいただく
   例　案内する ➡ ご案内いただきまして、ありがとうございました。
   (1) 参加する　(2) 出席する　(3) 説明する　(4) 連絡する

5. V（さ）せていただく
   例　やめる ➡ やめさせていただきます。
   (1) 会議室まで案内する　　(2) スケジュールについて紹介する
   (3) 来週のパーティーに出席する　(4) また電話をする

实用日语 初级（下册）

6. ございます

　　例　お茶・飲んでください　➡　お茶がございます。どうぞお飲みください。
　　(1) 各(かく)フロアにお手洗いがある・利用してください
　　(2) 中止(ちゅうし)になる場合がある・了承(りょうしょう)してください
　　(3) 送信できない場合がある・注意してください
　　(4) 再登録(さい)の必要がある・確認してください

7. Nでございます

　　例　佐藤です　➡　佐藤でございます。
　　(1) こちらは本日のメニューです　　　(2) 会議室は５階です
　　(3) 本日(ほんじつ)お勧めの商品はこちらです　(4) お手洗いはあちらです
　　(5) 発表の資料です。　　　　　(6) 新製品(しんせいひん)のパンフレットです

8. ～ないと～ない

　　例　急げば間に合う　➡　急がないと間に合わない。
　　(1) 復習すれば合格できる　　　　(2) お金を払えば入場(にゅうじょう)できる
　　(3) 働けば生活できる　　　　　　(4) 練習すれば上手になる

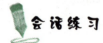 会話練習

1. 例　貴重な体験をさせていただいた

> A：先生、1年間、大変お世話になりました。おかげさまで、貴重な体験をさせていただきました。
> B：これからも頑張ってください。
> A：はい、頑張ります。

　(1) いろいろいい勉強になった
　(2) 楽しく過ごすことができた
　(3) 自信が持てるようになった

たんご

各-①各-，每-　　**フロア**②层，楼层，地板　　**中止**⓪中止　　**了承**⓪了解，理解　　**再**-再次-
本日①今日　　**パンフレット**①小册子，宣传册　　**新製品**③新产品　　**入場**⓪入场

2．例　車を使う

> A：すみませんが、ちょっと車を使わせていただけませんか。
> B：はい、どうぞ。

　　(1) コピー機を使う　　　(2) 荷物をここに置く　　　(3) ここで休む

3．例　もう出かけないと、間に合わない

> A：もう出かけないと、間に合いませんよ。
> B：はい、分かりました。

　　(1) 薬を飲まないと、治らない
　　(2) 勉強しないと、卒業できない
　　(3) 起きないと、遅刻する

応用练习

1．你马上就要去公司在上海的分公司工作。在赴任前，向你的上司道别。对他表示感谢的同时，表示你今后也要加倍努力工作的决心。

2．回忆一下你这一年的学习，总结一下你在学习过程中有哪些经验和教训。想一想在以后的学习中应该怎样做。

1．写出下列划线部分汉字的假名。
(1) 今日はご苦労さまでした。
(2) これからも精一杯頑張りたいと思います。
(3) 貴重なご意見をいただき、ありがとうございました。
(4) 王さん、どうぞ座って。
(5) では、お元気で。
(6) ご指導よろしくお願い申し上げます。

(7) 名残惜しいけど、そろそろ行かないと。
(8) 部長のところへごあいさつに伺いました。
(9) ご迷惑をおかけしました。

2．写出下列划线部分假名的汉字。
(1) それはぞんじませんでした。
(2) 子どもたちは毎日元気ですごしています。
(3) おつかれさまでした。
(4) 駅までみおくりに行きます。
(5) ごかつやくを心からお祈りします。
(6) 佐藤さんは会社に大きくきたいされている。
(7) こんごともよろしくお願いいたします。
(8) 彼氏とわかれた。

3．在（　）中填入适当的助词，每个（　）填写一个假名。
(1) 家（　）帰らせていただきます。
(2) 勉強しない（　）、合格できませんよ。
(3) これ（　）失礼いたします。
(4) これは李さん（　）（　）預かってきた荷物です。
(5) 日本（　）着いたら、連絡してくださいね。

4．从a-d中选择符合例句内容的句子。
(1)「お母様のお名前は何と_____か。」
　　「洋子と_____。」
　　a．おっしゃいます、申されます　　b．言います、申します
　　c．おっしゃいます、おっしゃいます　d．おっしゃいます、申します
(2)「貴社の田中社長はいつこちらに_____か。」
　　「明日_____ことになっております。」
　　a．まいります、いらっしゃる　　b．いらっしゃいます、いたす
　　c．いらっしゃいます、まいる　　d．まいります、いたす
(3) 父は先週から入院して_____。
　　a．いらっしゃいます　　b．おられます
　　c．おります　　　　　　d．ございます
(4) ご面倒ですが、乗車券を_____。
　　a．お見せしてください　b．拝見します
　　c．ご覧になります　　　d．拝見していただきます

(5) 先生に_____のを楽しみにしております。
　　a．お会いになる　　b．拝見する　c．お目にかかる　d．会う

5．完成下列对话。
(1) A：（敲门）_____。
　　B：はい、どうぞ。
(2) （结束一年的学习，向老师表示感谢）
　　先生、_____。
(3) A：これからも頑張ってください。
　　B：はい、_____。
(4) A：はい、東洋電機_____。
　　B：東京工業の王ですが、田中さんはいらっしゃいますか。
(5) A：じゃ、お元気で。
　　B：_____。さよなら。
(6) A：実は来月、結婚することになりました。
　　B：ああ、それは_____。
(7) A：先生はこの辞書をお貸し_____。
　　B：いいですよ。
(8) A：お父様、いらっしゃいますか。
　　B：父は今出かけて_____ます。
(9) A：みなさん、ご紹介します。李さんです。
　　B：中国から_____ました、李と_____ます。
(10) A：このお写真をちょっと_____てもよろしいでしょうか。
　　B：どうぞ、ご覧ください。

6．从 ☐ 中选择适当的副词，填入_____上，每个词只使用一次。

| ちょうど　ちょっと　きゅうに　うっかり　やっと　かならず　きっと |

(1) このシャツは_____大きすぎる。
(2) _____財布を家に忘れてきた。
(3) お金を貸してくれと、_____言われても、困ります。
(4) 毎朝_____声を出して日本語の本を読んでください。
(5) あの二人の身長は_____同じです。
(6) あの人なら、_____わたしの気持ちを分かってくれると思います。
(7) _____期末試験が終わった。

7．把下列句子翻译成日语。

(1) 我不吃药的话，感冒就不会好。

(2) 部长：小王，出差辛苦了。
    小王：部长，您受累了。

(3) 我今后一定努力工作。

(4) 谢谢您来送我。

(5) 谢谢您一年来的照顾。

(6) 非常感谢您耐心的教导。

8．阅读文章，回答问题。

上田さんの手紙

拝　啓

A

　このたび、1年間の留学を終え、帰国することになりました。
皆さまにはいろいろお世話になり、ありがとうございました。
おかげさまで大変貴重な経験をさせていただきました。

　この経験をぜひ仕事に生かしていきたいと存じますので、今後ともご指導よろしくお願いいたします。

　また、日本でお目にかかれれば幸いです。

B

敬具

〇〇〇〇年　7月1日
上田彩香

(1) これはどんな手紙ですか。　①挨拶状　②感謝状　③案内状　④通知状
(2) お礼の言葉を述べている文章はどれですか。
(3) A・Bにはどの文・言葉を入れたらいいですか。
　A　①盛夏の候、ますますご健勝のこととお喜び申し上げます。
　　　②毎日暑いですね。お元気ですか。
　　　③梅雨の候、お元気ですか。
　　　④暑中お見舞い申し上げます。

B ①では、みなさん、お元気で。
②それでは、皆さん、どうぞお元気でお過ごしください。
③末筆ながら、皆さまのご健康とご多幸をお祈りいたします。
④最後になりましたが、皆さまの幸せを祈ります。

听力训练

1．听录音，回答下列问题。
(1) ＿＿＿＿＿＿＿＿＿＿＿＿＿＿＿＿＿＿＿＿＿＿＿＿＿＿＿＿＿＿＿＿＿＿
(2) ＿＿＿＿＿＿＿＿＿＿＿＿＿＿＿＿＿＿＿＿＿＿＿＿＿＿＿＿＿＿＿＿＿＿
(3) ＿＿＿＿＿＿＿＿＿＿＿＿＿＿＿＿＿＿＿＿＿＿＿＿＿＿＿＿＿＿＿＿＿＿

2．听录音，选择正确答案。
(1) ＿＿＿＿＿　　(2) ＿＿＿＿＿　　(3) ＿＿＿＿＿

3．从a–c中选择适当的应答，完成对话。
(1) ＿＿＿＿＿　　(2) ＿＿＿＿＿　　(3) ＿＿＿＿＿　　(4) ＿＿＿＿＿
(5) ＿＿＿＿＿　　(6) ＿＿＿＿＿

棒球——深受日本人喜爱的体育运动

　　在日本，棒球是最受欢迎的体育项目之一。每年4月至10月是棒球的赛季，赛期几乎每天都举行棒球比赛。日本的各家电视台、电台也会进行实况转播。赛季的最后阶段——10月下旬，将举行全日本棒球联赛，决定日本的棒球冠军队。

　　日本的职业棒球有两个组织——"中央联盟"和"太平洋联盟"，所有的职业棒球队都属于这两个组织。每个联盟有六支球队。每支球队在赛期各自进行26次交战，共计130场比赛。日本的职业棒球队差不多都隶属于一家企业或一个集团。因此，棒球队都由企业冠名。

　　日本著名的全国高校棒球赛被俗称为"甲子园"，它的正式名称是日本全国高中棒球锦标赛。甲子园现为兵库县西宫市的一个地名，因建于那里的棒球场落成时岁值甲子年，故该球场被命名为"甲子园球场"。每年两次在此举行日本全国高中棒球锦标赛。因此，甲子园已经成为日本高中棒球的神圣殿堂。

本册出现的各种动词形式

	Ⅰ类动词	Ⅱ类动词	Ⅲ类动词
命令形	書く → 書け 読む → 読め	見る → 見ろ／見よ 食べる → 食べろ／食べよ	来る → 来い する → しろ／せよ
意志形	書く → 書こう 読む → 読もう	見る → 見よう 食べる → 食べよう	来る → 来よう する → しよう
条件形（〜ば）	書く → 書けば 読む → 読めば	見る → 見れば 食べる → 食べれば	来る → 来れば する → すれば
可能态	書く → 書ける 読む → 読める	見る → 見られる 食べる → 食べられる	来る → 来られる する → できる
被动态	書く → 書かれる 読む → 読まれる	見る → 見られる 食べる → 食べられる	来る → 来られる する → される
使动态	書く → 書かせる 読む → 読ませる	見る → 見させる 食べる → 食べさせる	来る → 来させる する → させる
使动被动态	書く → 書かされる 読む → 読まされる	見る → 見させられる 食べる → 食べさせられる	来る → 来させられる する → させられる

词汇解说索引

第16课
1．先輩
2．-中（-じゅう）
3．-め
4．-風

第17课
1．例の
2．〜価値がある
3．お返し
4．お礼

第18课
1．-くん
2．希望する

第19课
1．かまいません／大丈夫です
2．-み
3．ＰＲ

第20课
1．よく
2．アテンドする
3．さっそく

第21课
1．遠慮する
2．見られる／見える

第22课
1．お菓子
2．料理

第23课
1．先

2．わが

第24课
1．舞台
2．どんどん

第25课
1．急いで
2．〜だい／かい
3．うまくいく
4．相談に乗る
5．俺／お前

第26课
1．ずいぶん
2．至急
3．かたがた

第27课
1．なんだか
2．このところ
3．気になる
4．気を落とす
5．一

第28课
1．かなり

第29课
1．-中（-ちゅう）
2．期待する
3．評判がいい

第30课
1．精一杯
2．預かる／預ける

表达解说索引

ああ、どうぞ〈18〉
いえ、こちらで〈30〉
いったい…？〈27〉
今、よろしいでしょうか〈19〉
ええ、まあ〈17〉
遠慮します〈21〉
お忙しいところ申し訳ありませんが〈19〉
お帰りなさい〈27〉
(本当に)お世話になりました〈28〉
お疲れ様〈27〉
お久しぶりです〈16〉
お見送りありがとうございました〈30〉
お呼びでしょうか〈29〉
活躍してくれることを期待しているよ〈30〉
かまいませんよ〈19〉
かんぱーい〈28〉
頑張りましょう〈18〉
貴重な経験をさせてもらいました〈28〉
元気だった？/お元気ですか〈16〉
ごあいさつに伺っただけですから〈30〉
ご苦労さま〈30〉
ご送付かたがたお詫び申し上げます〈26〉
この間はありがとうございました。新年会、とても楽しかったです〈16〉
ご迷惑をおかけし、申し訳ございませんでした〈26〉
ご連絡ありがとうございました〈26〉
今後、このようなことがないよう気をつけます〈26〉
今後ともご指導、よろしくお願いいたします〈30〉

最高〈21〉
さすが、わが秘書〈23〉
さようなら〈30〉
失礼します〈18〉
精一杯やらせていただきます〈30〉
それは楽しみですね〈24〉
それはちょっと…〈21〉
そんなこと言うなよ〈25〉
大切にします〈22〉
大変勉強になりました〈19〉
ただいま〈27〉
ちょっと〈25〉
ちょっとお願いがあるんですが〈18〉
どうかお元気でお過ごしください〈30〉
どうかしたんですか〈19〉
取り急ぎ、ご連絡まで〈26〉
何かあったら、いつでも連絡しろよ〈25〉
〜によろしく伝えてください〈30〉
はい、チーズ〈21〉
はい、何でしょう〈18〉
〜はどうしたらいいかと思って〈17〉
本当だ〈21〉
本当ですか〈17〉
まさか！〈17〉
また会いましょう〈30〉
申し訳ありません〈25〉
やっていけそうにありません〈25〉
よかったら、開けてみてください〈22〉
よろしく頼むよ〈29〉

単語索引

あ

あい（愛）〈27〉
あいさつ（挨拶）〈27〉
あいだ（間）〈30〉
あいて（相手）〈21〉
アイデア（idea）〈21〉
アイドル（adol）〈24〉
あう（合う）〈17〉
-あう（―合う）〈18〉
あかちゃん（赤ちゃん）〈17〉
あかんぼう（赤ん坊）〈17〉
あきらめる（諦める）〈25〉
あげる（挙げる）〈21〉
あさねぼう（朝寝坊）〈17〉
あじ（味）〈16〉
あじわい（味わい）〈24〉
あずかる（預かる）〈30〉
あたためる（温める）〈24〉
あつまる（集まる）〈18〉
あっというま（あっという間）〈16〉
あてる（当てる）〈24〉
アテンド（attend）〈20〉
アドバイス（advice）〈16〉
あぶない（危ない）〈21〉
あめ（飴）〈22〉
あやまる（謝る）〈26〉
あら〈19〉
あらわれる（現れる）〈19〉
ありがたい〈30〉
アルバム（album）〈18〉
あわてる（慌てる）〈27〉
あんしん（安心）〈29〉
あんない（案内）〈16〉

い

胃（い）〈26〉
イーエムエス（EMS）〈30〉
いいかげん（いい加減）〈25〉
いきかた（生き方）〈29〉
いご（囲碁）〈29〉
いし（石）〈22〉
いそぐ（急ぐ）〈25〉
いたす〈30〉
いたずら〈28〉
いただく〈18〉
いちど（一度）〈23〉
いっけん（一軒）〈25〉
いなか（田舎）〈25〉
いまごろ（今ごろ）〈22〉
イヤホン（earphone）〈24〉
いよいよ〈28〉
いらい（依頼）〈26〉
いらっしゃる〈23〉
いる（要る）〈16〉
いろ（色）〈24〉

う

ウーロンちゃ（ウーロン茶）〈24〉
うえる（植える）〈19〉
うがい〈19〉
うかがう（伺う）〈30〉
うけいれる（受け入れる）〈27〉
うけとる（受け取る）〈26〉
うける（受ける）〈17〉
うごかす（動かす）〈23〉
うすで（薄手）〈23〉
うそ〈25〉
うそをつく〈25〉
うっかり〈26〉
うつす（写す）〈27〉
うつる（写る）〈21〉
うつわ（器）〈22〉
うまい〈25〉
うる（売る）〈20〉
うるさい〈16〉
うれる（売れる）〈25〉
うんどうかい（運動会）〈20〉

え

えいきょう（影響）〈27〉
えいぎょうぶ（営業部）〈29〉
えきいん（駅員）〈27〉
エコ（eco）〈29〉
エコバッグ（eco bag）〈29〉
えさ〈23〉
えだ（枝）〈22〉
エピソード（episode）〈19〉
えらい〈18〉
えらぶ（選ぶ）〈17〉
えんりょ（遠慮）〈21〉

お

おいでになる〈29〉
おうぼ（応募）〈20〉
おおあめ（大雨）〈27〉
おおきな（大きな）〈16〉
おおて（大手）〈29〉
おか（丘）〈24〉
おかえし（お返し）〈17〉
おかげ〈16〉
おかしい〈22〉
おくさま（奥様）〈29〉
おくりむかえ（送り迎え）〈27〉
おくりもの（贈り物）〈19〉
おこなう（行う）〈27〉
おごり〈30〉
おこる（怒る）〈25〉
おさら（お皿）〈27〉
おすすめ（お勧め）〈24〉
おせん（汚染）〈20〉
おたく（お宅）〈16〉
おちこむ（落ち込む）〈25〉
おちつく（落ち着く）〈16〉
おちる（落ちる）〈22〉
おっしゃる〈25〉
おとしだま（お年玉）〈23〉
おとしより（お年寄り）〈25〉
おとす（落とす）〈25〉
おどろく（驚く）〈16〉
オフ（off）〈26〉
おまえ（お前）〈30〉
おみまい（お見舞い）〈19〉

おめにかかる（お目にかかる）〈30〉
おめでとう〈23〉
おもう（思う）〈17〉
おもちゃ〈22〉
おや（親）〈22〉
おやすみになる（お休みになる）〈29〉
オリンピック（Olympics）〈27〉
おる〈30〉
おれい（お礼）〈17〉
おれる（折れる）〈22〉
おわび（お詫び）〈26〉

【か】

カーテン（curtain）〈20〉
かいがい（海外）〈16〉
がいこく（外国）〈24〉
かいじょう（会場）〈20〉
ガイド（guide）〈24〉
かいはつじぎょう（開発事業）〈17〉
かいはつぶ（開発部）〈19〉
かえる（変える）〈19〉
かおいろ（顔色）〈29〉
かおり（香り）〈24〉
かがくぎじゅつ（科学技術）〈16〉
かがくしゃ（科学者）〈21〉
かがみ（鏡）〈23〉
かがやく（輝く）〈24〉
かかり（係り）〈19〉
かきくわえる（書き加える）〈19〉
かきつづける（書き続ける）〈18〉
かく～（各～）〈30〉
がくしょく（学食）〈24〉
かくす（隠す）〈28〉
がくせいしょう（学生証）〈29〉
かくにん（確認）〈23〉
かける（掛ける）〈23〉
かざる（飾る）〈17〉
カシオ〈24〉
かたい〈16〉
かたがた〈26〉

かたがた（方々）〈30〉
かたち（形）〈29〉
かたづける（片付ける）〈23〉
かち（価値）〈17〉
かつ（勝つ）〈18〉
がっきまつ（学期末）〈28〉
かっこいい〈17〉
かっこう〈26〉
かつやく（活躍）〈29〉
かてい（家庭）〈21〉
かならず（必ず）〈25〉
かなり〈24〉
かのうせい（可能性）〈21〉
かびん（花瓶）〈29〉
かふんしょう（花粉症）〈19〉
かべ（壁）〈22〉
かみコップ（紙コップ）〈23〉
かみがた（髪型）〈24〉
ガム（gum）〈28〉
かむ（噛む）〈28〉
かよいつづける（通い続ける）〈18〉
かよう（通う）〈26〉
～がる〈22〉
カルチャーショック（culture shock）〈28〉
カレー（curry）〈27〉
かわ（皮）〈26〉
かわく（乾く）〈23〉
かわる（変わる）〈22〉
かんがえかた（考え方）〈24〉
かんがえる（考える）〈16〉
かんきょう（環境）〈29〉
かんけい（関係）〈22〉
かんこうきゃく（観光客）〈18〉
かんごし（看護士）〈29〉
かんじ（感じ）〈16〉
かんじる（感じる）〈29〉
かんしゃ（感謝）〈28〉
かんしん（関心）〈19〉
かんどう（感動）〈16〉
かんぽうやく（漢方薬）〈18〉

【き】

き（木）〈19〉
きかい（機会）〈17〉
きかく（企画）〈17〉

きかくしょ（企画書）〈25〉
きく（効く）〈24〉
きけん（危険）〈16〉
きげん（期限）〈24〉
きこえる（聞こえる）〈21〉
ぎじゅつ（技術）〈18〉
きそ（基礎）〈25〉
きそく（規則）〈24〉
きたい（期待）〈29〉
きちょう（貴重）〈28〉
きちょうひん（貴重品）〈25〉
きつい〈25〉
きづく（気づく）〈27〉
きにいる（気に入る）〈18〉
きになる（気になる）〈27〉
きねんひん（記念品）〈29〉
きぼう（希望）〈18〉
きみ（君）〈16〉
きめる（決める）〈16〉
きもちいい（気持ちいい）〈16〉
きもちわるい（気持ち悪い）〈26〉
キャンディー（candy）〈17〉
急（きゅう）〈18〉
きゅうり〈26〉
きゅうりょう（給料）〈18〉
きょういく（教育）〈20〉
きょうかい（教会）〈19〉
きょうげき（京劇）〈24〉
きょうざい（教材）〈26〉
きょうじゅう（今日中）〈25〉
きょうそう（競争）〈19〉
きょうみ（興味）〈18〉
ぎょうむ（業務）〈19〉
ぎり（義理）〈17〉
キロ（法語kilo gram的略）〈29〉
きんじょ（近所）〈19〉
きんちょう（緊張）〈27〉
きんむ（勤務）〈18〉

【く】

くうき（空気）〈21〉
クーラー（cooler）〈26〉
ぐたいてき（具体的）〈21〉
くださる〈18〉

ぐちる（愚痴る）〈27〉
くに（国）〈24〉
くもる（曇る）〈20〉
くやしい（悔しい）〈22〉
くらす（暮らす）〈22〉
くらべる（比べる）〈23〉
くるしい（苦しい）〈22〉
くれる（暮れる）〈23〉
くろう（苦労）〈28〉
くわしい（詳しい）〈18〉

け
け（毛）〈20〉
けいかく（計画）〈19〉
けいけん（経験）〈28〉
けいご（敬語）〈29〉
けいざい（経済）〈19〉
ゲーム（game）〈19〉
けしょう（化粧）〈16〉
けっか（結果）〈25〉
けんがく（見学）〈29〉
けんきゅう（研究）〈17〉
けんこう（健康）〈18〉
げんこう（原稿）〈26〉
げんざい（現在）〈16〉
けんちく（建築）〈24〉
けんぶつ（見物）〈21〉

こ
こ（個）〈23〉
こい（恋）〈24〉
こいびと（恋人）〈24〉
こうえん（講演）〈28〉
こうぎ（講義）〈16〉
こうきしん（好奇心）〈19〉
こうさ（黄砂）〈19〉
〜ごうしつ（〜号室）〈26〉
こうじょうしん（向上心）〈19〉
こうすい（香水）〈27〉
こうにん（後任）〈29〉
こうむいん（公務員）〈16〉
こおり（氷）〈22〉
こおる（凍る）〈20〉
こくさいぶんかさい（国際文化祭）〈17〉
こくはく（告白）〈26〉

こくみん（国民）〈24〉
こしょう（故障）〈16〉
こじん（個人）〈21〉
こじんてき（個人的）〈21〉
ごぞんじ（ご存知）〈29〉
こたえる（答える）〈23〉
こづかい（小遣い）〈23〉
コップ（荷兰语kop）〈29〉
ことり（小鳥）〈21〉
このあいだ（この間）〈16〉
このところ〈27〉
このは（木の葉）〈19〉
こふう（古風）〈16〉
こまる（困る）〈22〉
こむ（込む）〈16〉
ごらんになる（ご覧になる）〈29〉
ごろごろ〈26〉
ころぶ（転ぶ）〈26〉
こわい（怖い）〈16〉
こわがる（怖がる）〈27〉
こわす（壊す）〈26〉
こわれる（壊れる）〈19〉
こんかつ（婚活）〈17〉
こんご（今後）〈26〉
こんしゅうまつ（今週末）〈20〉

さ
サークル（circle）〈16〉
さい〜（再〜）〈30〉
さいこう（最高）〈21〉
さいふ（財布）〈17〉
ざいりょう（材料）〈27〉
さかえる（栄える）〈16〉
さがしもとめる（探し求める）〈29〉
-さき（-先）〈20〉
さくひん（作品）〈20〉
さしあげる（差し上げる）〈17〉
さしみ（刺身）〈17〉
さしゅう（査収）〈26〉
さす〈16〉
さすが〈21〉
ざせき（座席）〈26〉
さそう（誘う）〈16〉
さっき〈16〉
さっそく（早速）〈20〉
さどう（茶道）〈19〉

さびしい（寂しい）〈16〉
-さま（〜様）〈26〉
さる（猿）〈21〉
さわぐ（騒ぐ）〈21〉
さわる（触る）〈23〉
さんか（参加）〈17〉
さんこうしょ（参考書）〈23〉
さんさい（山菜）〈21〉
さんせい（賛成）〈17〉

し
しあい（試合）〈18〉
しお（塩）〈24〉
しおみず（塩水）〈19〉
しかる（叱る）〈27〉
じかんどおり（時間通り）〈27〉
じかんない（時間内）〈22〉
-しき（一式）〈18〉
じき（時期）〈19〉
しきさい（色彩）〈22〉
しきゅう（至急）〈26〉
じしん（自信）〈20〉
じしん（地震）〈25〉
システム（system）〈19〉
しぜん（自然）〈19〉
じだい（時代）〈16〉
したく（支度）〈20〉
しちゃく（試着）〈21〉
じつ（実）〈24〉
しっかり〈25〉
じっさい（実際）〈26〉
しっぱい（失敗）〈22〉
しどう（指導）〈30〉
しばふ（芝生）〈27〉
しぼう（志望）〈19〉
しまる（閉まる）〈29〉
じみ（地味）〈29〉
ジム（gym）〈29〉
しめきり（締め切り）〈26〉
しゃべる〈26〉
しゅうしょく（就職）〈17〉
しゅうちゅう（集中）〈30〉
じゅうどう（柔道）〈18〉
しゅうにゅう（収入）〈20〉
じゅうぶん（十分）〈16〉
じゅぎょうちゅう（授業中）〈27〉

しゅご（主語）〈19〉
しゅっせき（出席）〈18〉
しゅと（首都）〈16〉
しゅふ（主婦）〈27〉
しゅんせつ（春節）〈16〉
じゅんちょう（順調）〈19〉
しよう（使用）〈25〉
-じょう（-畳）〈29〉
しょうがくせい（小学生）〈18〉
しょうこうしゅ（紹興酒）〈19〉
じょうし（上司）〈25〉
しょうしゃ（小社）〈30〉
しょうしょう（少々）〈22〉
しょうじんりょうり（精進料理）〈22〉
しょうたい（招待）〈27〉
しょうち（承知）〈20〉
しょうたいきゃく（招待客）〈28〉
しょうたいじょう（招待状）〈23〉
じょうたつ（上達）〈24〉
じょうだん（冗談）〈27〉
しょうひん（商品）〈29〉
じょうほうしゅうしゅう（情報収集）〈23〉
しょうらい（将来）〈17〉
ジョギング（jogging）〈18〉
しょくりょうひん（食料品）〈23〉
じょせい（女性）〈19〉
しらせ（知らせ）〈22〉
しりあい（知り合い）〈19〉
しりょうしつ（資料室）〈26〉
シルク（silk）〈29〉
しろ（城）〈26〉
しんがく（進学）〈17〉
じんじゃ（神社）〈18〉
しんせいひん（新製品）〈30〉
しんねんかい（新年会）〈16〉
しんぱい（心配）〈16〉
しんぷ（新婦）〈28〉
しんろう（新郎）〈28〉

【す】

スイカ〈18〉
すいせん（推薦）〈17〉
すいせんじょう（推薦状）〈19〉
すいぞくかん（水族館）〈21〉
すいとう（水筒）〈29〉
すいはじめる（吸い始める）〈18〉
ずいぶん〈26〉
スーツ（suit）〈21〉
スーツケース（suitcase）〈19〉
スカーフ（scarf）〈29〉
すがた（姿）〈21〉
すぎる（過ぎる）〈25〉
〜すぎる〈26〉
すく〈16〉
すぐれる（優れる）〈18〉
スケール（scale）〈24〉
スケジュール（schedule）〈17〉
すごす（過ごす）〈16〉
すすむ（進む）〈23〉
すすめる（勧める）〈29〉
ステレオ（stereo）〈16〉
ストレス（stress）〈26〉
すばらしい〈17〉
スピード（speed）〈25〉
スピーチコンテスト（speech contest）〈27〉
スプーン（spoon）〈23〉
すべて〈19〉
すべる（滑る）〈22〉
スポット（spot）〈20〉
すもう（相撲）〈20〉

【せ】

せいいっぱい（精一杯）〈30〉
せいかつひ（生活費）〈20〉
ぜいきん（税金）〈24〉
せいこう（成功）〈21〉
せいひん（製品）〈20〉
せかいかくち（世界各地）〈19〉
せかいじゅう（世界中）〈27〉
せっかく〈20〉
せっきょくてき（積極的）〈21〉
せっちょ（拙著）〈30〉
せつめい（説明）〈18〉
せつめいしょ（説明書）〈24〉
ぜんかい（前回）〈26〉
せんしゅ（選手）〈26〉
ぜんぜん（全然）〈20〉
せんもん（専門）〈19〉

【そ】

そうさ（操作）〈23〉
そうしん（送信）〈25〉
そうだい（壮大）〈16〉
そうだん（相談）〈16〉
そうだんにのる（相談に乗る）〈25〉
そうふ（送付）〈26〉
そだてる（育てる）〈20〉
そのうえ（その上）〈27〉
ソフトウエア・プログラマー（software programmer）〈19〉
それとも〈17〉

【た】

ダイエット（diet）〈18〉
だいがくいん（大学院）〈17〉
たいき（大気）〈20〉
たいくつ（退屈）〈22〉
たいけん（体験）〈16〉
たいしかん（大使館）〈20〉
たいしょく（退職）〈29〉
たいせつ（大切）〈22〉
だいたい（大体）〈18〉
だいとかい（大都会）〈26〉
だいとし（大都市）〈26〉
たいふう（台風）〈16〉
ダイヤモンド（diamond）〈24〉
タオル（towel）〈23〉
たおれる（倒れる）〈22〉
たがいに（互いに）〈18〉
たからもの（宝物）〈28〉
たく（炊く）〈16〉
たしか（確か）〈22〉
たしかに（確かに）〈28〉
たしなおす（足し直す）〈25〉
だしもの（出し物）〈24〉
たずねる（訪ねる）〈26〉
ただしい（正しい）〈16〉
たたみ（畳）〈16〉
たてる（立てる）〈20〉
たな（棚）〈22〉
たにん（他人）〈27〉
たのしむ（楽しむ）〈20〉
たのむ（頼む）〈23〉

たび〈27〉
たべおわる（食べ終わる）〈18〉
たまる〈26〉
たりる（足りる）〈20〉

ち

チーム（team）〈18〉
チェック（check）〈19〉
ちから（力）〈29〉
ちこく（遅刻）〈25〉
ちしき（知識）〈19〉
ちほう（地方）〈29〉
ちゃいろ（茶色）〈26〉
ちゃかん（茶館）〈24〉
ちゃき（茶器）〈29〉
ちゃげい（茶芸）〈24〉
チャレンジ（challenge）〈19〉
ちゃわん（茶碗）〈23〉
ちゃんと〈23〉
ちゅうがくせい（中学生）〈22〉
ちゅうし（中止）〈25〉
ちゅうしゃじょう（駐車場）〈29〉
ちゅうもく（注目）〈27〉
ちょうし（調子）〈25〉
ちょうじょう（頂上）〈21〉
ちょうせん（挑戦）〈19〉
ちょうだい〈23〉
ちょうど〈29〉
チョコレート（chocolate）〈17〉
ちょきん（貯金）〈18〉
ちょくぜん（直前）〈23〉
ちょっかつし（直轄市）〈16〉

つ

つうきん（通勤）〈30〉
ついていない—〈27〉
ついでに〈21〉
つうじる（通じる）〈16〉
つかまえる（捕まえる）〈27〉
つかれをとる（疲れを取る）〈27〉
つぎたす〈24〉
つく（着く）〈16〉
つけもの（漬物）〈24〉
つごう（都合）〈16〉
つたえる（伝える）〈19〉

つづく（続く）〈26〉
つづける（続ける）〈18〉
つつむ（包む）〈23〉
つながる〈26〉
つまる（詰まる）〈26〉
つもり〈20〉
つもる（積もる）〈22〉
つよみ（強み）〈19〉
つらい（辛い）〈16〉

て

ていあん（提案）〈27〉
ていしゅつ（提出）〈25〉
ていねい（丁寧）〈17〉
〜てき（〜的）〈21〉
てきとう（適当）〈20〉
できるだけ〈23〉
デジカメ（digital camera）〈22〉
てづくり（手作り）〈16〉
てつや（徹夜）〈19〉
でむかえる（出迎える）〈30〉
てりょうり（手料理）〈16〉
てんきよほう（天気予報）〈23〉
てんきん（転勤）〈25〉
てんこう（天候）〈24〉
でんしじしょ（電子辞書）〈24〉
でんしレンジ（電子range）〈24〉
でんとう（伝統）〈24〉
てんぷ（添付）〈26〉
てんぷファイル（添付file）〈26〉

と

どうぐ（道具）〈22〉
とうちゃく（到着）〈20〉
とうふ（豆腐）〈16〉
どうぶつえん（動物園）〈21〉
とうほく（東北）〈23〉
どうりょう（同僚）〈20〉
とうろく（登録）〈24〉
とおく（遠く）〈21〉
とおす（通す）〈19〉
とおり〈23〉

とおる（通る）〈27〉
どくそうてき（独創的）〈22〉
とくちょう（特徴）〈29〉
ところで〈17〉
ドジ〈27〉
としだま（年玉）〈23〉
とちゅう（途中）〈22〉
とつぜん（突然）〈18〉
とどく（届く）〈27〉
とにかく〈27〉
とぶ（飛ぶ）〈18〉
とまる（泊まる）〈16〉
ドライブ（drive）〈21〉
とり（鳥）〈21〉
とりいそぎ（取り急ぎ）〈26〉
とりひきさき（取引先）〈27〉
どろにんぎょう（泥人形）〈16〉
どろぼう（泥棒）〈20〉
どんどん〈16〉

な

なおしあう（直し合う）〈18〉
なおす（直す）〈18〉
なかなか〈16〉
ながれ（流れ）〈17〉
なきごえ（鳴き声）〈21〉
なきだす（泣き出す）〈18〉
なか（仲）〈26〉
ながす（流す）〈22〉
なかま（仲間）〈22〉
ながめ（眺め）〈21〉
ながれる（流れる）〈24〉
なく（泣く）〈16〉
なくす（無くす）〈17〉
なげる（投げる）〈25〉
なごりおしい（名残惜しい）〈30〉
なさる〈29〉
なつかしい（懐かしい）〈16〉
なにごと（何事）〈25〉
なにもかも〈27〉
なべ（鍋）〈19〉
なま（生）〈26〉
なまみず（生水）〈25〉
なみだ（涙）〈16〉
なやむ（悩む）〈22〉
ならぶ（並ぶ）〈16〉

なる（鳴る）〈16〉
なるべく〈23〉
なれる（慣れる）〈16〉
なんか〈29〉
なんだか〈16〉
なんめい（何名）〈29〉

に
におい（匂い）〈16〉
にがい（苦い）〈17〉
にげる（逃げる）〈20〉
にほんごのうりょくしけん
　（日本語能力試験）〈17〉
にゅういん（入院）〈29〉
にゅうがく（入学）〈17〉
にゅうじょう（入場）〈30〉
ニュース（news）〈22〉
にゅうりょく（入力）〈24〉
にんげん（人間）〈17〉

ぬ
ぬいぐるみ〈22〉
ぬすむ（盗む）〈27〉
ぬる（塗る）〈17〉
ぬれる（濡れる）〈29〉

ね
ねがう（願う）〈18〉
ねずみ〈27〉
ネット（net）〈18〉
ネットショップ（net shop）〈24〉

の
のうみんが（農民画）〈22〉
のこる（残る）〈19〉
のびる（伸びる）〈20〉
のぼる（昇る）〈27〉
のりかえる（乗り換える）〈16〉
のんびり〈21〉

は
ばあい（場合）〈25〉
パーセント（percent）〈25〉
パーマ（perm）〈26〉
はいけん（拝見）〈30〉
バイオリン（violin）〈26〉
バイト〈24〉
ばくちく（爆竹）〈16〉
パジャマ（pajamas）〈26〉
はず〈22〉
はずかしい〈24〉
パスワード（password）〈19〉
はだざむい（肌寒い）〈20〉
はっきり〈19〉
はつげん（発言）〈28〉
はっぴょう（発表）〈17〉
はなしあう（話し合う）〈17〉
はなみ（花見）〈20〉
はなやか（華やか）〈16〉
はなれる（離れる）〈27〉
パスワード（password）〈19〉
ハッピーバースデートゥーユー
　（happy birthday to you）〈23〉
パパ（papa）〈23〉
はばひろい（幅広い）〈19〉
はやる〈17〉
はらう（払う）〈25〉
はる（貼る）〈23〉
バレーボール（valley
　ball）〈26〉
はれる（晴れる）〈18〉
バレンタインデー（St.
　Valentine's day）〈17〉
パワーポイント（power
　point）〈18〉
はんたい（反対）〈17〉
ばんぱく（万博）〈27〉
パンフレット（pamphlet）〈30〉

ひ
ヒアリング（hearing）〈27〉
ピーアール（PR）（public
　relations）〈19〉
ひえる（冷える）〈20〉
ひく（引く）〈26〉
ピクニック（picnic）〈21〉
ビザ（visa）〈24〉
ひさしぶり（久しぶり）〈16〉
パジャマ（pajamas）〈26〉
ひしょ（秘書）〈23〉
ひじょうに（非常に）〈22〉
びっくり〈22〉
ぴったり〈29〉
ビデオ（video）〈19〉
ひどい〈19〉
ひとで（人出）〈21〉
ひとびと（人々）〈22〉
ひとぶろ（一風呂）〈27〉
ヒヤリング（hearing）〈23〉
びよういん（美容院）〈26〉
ひょうか（評価）〈27〉
びょうき（病気）〈18〉
ひょうばん（評判）〈29〉
ひらがな（平仮名）〈19〉
ひらく（開く）〈20〉
ひろう（拾う）〈21〉
ひろうえん（披露宴）〈28〉
ひろば（広場）〈24〉
ピンク（pink）〈26〉
びんせん（便箋）〈29〉

ふ
～ふう（～風）〈16〉
ふうとう（封筒）〈19〉
プール（pool）〈19〉
ふえる（増える）〈18〉
フォーク（fork）〈29〉
ふかい（深い）〈20〉
ふく（吹く）〈18〉
ふく（服）〈29〉
ふくざつ（複雑）〈16〉
ぶじ（無事）〈30〉
ふた（蓋）〈24〉
ぶたい（舞台）〈24〉
ふちゅうい（不注意）〈26〉
ぶちょう（部長）〈17〉
ふとる（太る）〈16〉
ふとん（布団）〈26〉
ふむ（踏む）〈27〉
ふゆかい（不愉快）〈27〉
ふゆやすみ（冬休み）〈16〉
～ぶり〈16〉
ブルー（blue）〈26〉
プレゼン（presentation）〈18〉
プロ（professional）〈22〉
フロア（floor）〈30〉
プロきゅう（professionalきゅう）〈21〉
プログラミング（programming）〈19〉
プロジェクト（project）〈17〉

ふんいき（雰囲気）<16>
ぶんがくぶ（文学部）<20>
ぶんしょう（文章）<18>

【へ】
へいじつ（平日）<16>
へいしゃ（弊社）<30>
ページ(page)<25>
ベージュ(法语beige)<29>
へる（減る）<20>
へん（変）<16>
へん（辺）<28>
ペンキ(荷兰语pek)<23>
へんこう（変更）<25>

【ほ】
ポイント(point)<27>
ほうこく（報告）<30>
ぼうねんかい（忘年会）<17>
ほうほう（方法）<21>
ほうりつ（法律）<29>
ボール(ball)<25>
ぼしゅう（募集）<29>
ぼしゅうようこう（募集要項）<20>
ほそい（細い）<16>
ほとんど<16>
ほめる（褒める）<27>
ホワイトデー(white day)<17>
ボランティア(volunteer)<16>
ほんかくてき（本格的）<21>
ほんじつ（本日）<30>
ほんぶちょう（本部長）<29>
ほんめい（本命）<17>
ほんもの（本物）<22>
ほんやく（翻訳）<18>

【ま】
マイ(my)<29>
まいかい（毎回）<25>
まいる（参る）<30>
まかす（任す）<27>
まがる（曲がる）<18>
まご（孫）<23>
まさか<17>
マスク(mask)<19>
まち（街）<16>

まちがい（間違い）<21>
まちがえる（間違える）<27>
まちじゅう（町中）<16>
まなぶ（学ぶ）<19>
まにあう（間に合う）<19>
ママ(mamma/mama)<23>
～まま<26>
まもる（守る）<16>
まよう（迷う）<29>
まるで<22>
まわり（周り）<21>
まわる（回る）<24>
まんいん（満員）<26>
まんが（漫画）<24>
まんがきっさ（漫画喫茶）<28>
まんじゅう（饅頭）<16>
まんぞく（満足）<22>

【み】
みうち（身内）<28>
みえる（見える）<21>
ミス(miss)<27>
みずうみ（湖）<22>
みずぎ（水着）<26>
みつかる（見つかる）<27>
みつける（見つける）<16>
みな<27>
みなとまち（港町）<16>
みにつける（身につける）<19>
みみ（耳）<24>
みわたす（見渡す）<24>
みんぞく（民族）<24>
みんな<17>

【む】
むこう（向こう）<20>
むこうぎし（向こう岸）<21>
むらさき（紫）<29>

【め】
～め<16>
めいしょ（名所）<20>
めいわく（迷惑）<25>
メートル(meter)<27>
めぐすり（目薬）<26>
めしあがる（召し上がる）<29>
めずらしい（珍しい）<19>

メニュー(menu)<24>
めんどう（面倒）<24>
メンバー(member)<18>

【も】
もうしあげる（申し上げる）<26>
もうしこむ（申し込む）<21>
もうしわけありません（申し訳ありません）<25>
もうす（申す）<30>
もうすぐ<16>
もしかしたら<28>
もち（餅）<22>
もちいる（用いる）<17>
もつ（持つ）<18>
もてる<18>
もんく（文句）<27>

【や】
～や（～屋）<17>
やく（焼く）<16>
やくにたつ（役に立つ）<17>
やくだつ（役立つ）<22>
やけど<17>
やさしい（易しい）<25>
やっと<26>
やむ<26>
やめる（辞める）<25>
やる<23>

【ゆ】
ゆうき（勇気）<22>
ゆうじょう（友情）<17>
ゆうのう（有能）<27>
ゆうはん（夕飯）<22>
ゆきぐに（雪国）<17>
ゆしゅつ（輸出）<20>
ゆずる（譲る）<25>
ゆびわ（指輪）<24>
ゆめ（夢）<22>

【よ】
～よう（～用）<16>
ようい（用意）<20>
ようちえん（幼稚園）<21>
ようふう（洋風）<24>
ようふく（洋服）<16>

ヨーロッパ(Europe)〈16〉
よごす（汚す）〈27〉
よごれる（汚れる）〈24〉
よてい（予定）〈20〉
よびだす（呼び出す）〈27〉
よびとめる（呼び止める）〈27〉
よみおわる（読み終わる）〈18〉
よみはじめる（読み始める）〈18〉
よやく（予約）〈21〉
よる（寄る）〈16〉
よろこぶ（喜ぶ）〈21〉
よわい（弱い）〈20〉

ら

らいひん（来賓）〈27〉
らく（楽）〈19〉

り

りそう（理想）〈21〉
りょうしょう（了承）〈30〉
りょかん（旅館）〈16〉
りょくちゃ（緑茶）〈24〉

る

ルール(rule)〈25〉
るす（留守）〈16〉

れ

例（れい）〈21〉
れいぎただしい（礼儀正しい）〈29〉
れいとうしょくひん（冷凍食品）〈24〉
れいの（例の）〈17〉
れきし（歴史）〈18〉
ろんぶん（論文）〈18〉

ろ

ろうどく（朗読）〈26〉

わ

わが〈23〉
わかす（沸かす）〈23〉
わかもの（若者）〈27〉
わかれる（別れる）〈18〉
わく（沸く）〈16〉
わざわざ〈19〉
わずか〈16〉
わたくし（私）〈26〉
わたる（渡る）〈21〉
わびる（詫びる）〈26〉
わりかん（割り勘）〈28〉
わる（割る）〈27〉
われる（割れる）〈29〉

以下人名、地名、物品名不做考点

伊豆（いず）〈16〉
一郎（いちろう）〈28〉
川端康成（かわばたやすなり）〈29〉
玉淵潭公園（ぎょくえんたんこうえん）〈20〉
景山公園（けいざんこうえん）〈24〉
故宮（こきゅう）〈24〉
コナン(conan)〈28〉
坂本竜馬（さかもとりょうま）〈17〉
佐藤（さとう）〈21〉

西安（せいあん）〈18〉
夏目漱石（なつめそうせき）〈29〉
パリ(Paris)〈22〉
北京南駅（ぺきんみなみえき）〈16〉
香港（ホンコン）〈20〉
松本（まつもと）〈26〉
劉（りゅう）〈29〉
呉（ご）〈29〉

文化专栏索引

第16课　日本的教育体制
第17课　日本人的义理人情
第18课　日本年号的由来与计算方法
第19课　日本的节假日
第20课　日本人的防灾意识
第21课　日本人的集团性
第22课　歌舞伎—日本的国剧
第23课　樱花前线

第24课　日本的温泉
第25课　日本的大众传媒
第26课　日本茶道
第27课　日本人与便利店
第28课　川端康成
第29课　生食文化
第30课　棒球——深受日本人喜爱的体育运动

动词、形容词、副词表

他动词

考える（かんがえる）〈16〉
決める（きめる）〈16〉
さす〈16〉
誘う（さそう）〈16〉
過ごす（すごす）〈16〉
炊く（たく）〈16〉
乗り換える（のりかえる）〈16〉
守る（まもる）〈16〉
焼く（やく）〈16〉
案内する（あんないする）〈16〉
心配する（しんぱいする）〈16〉
受ける（うける）〈17〉
選ぶ（えらぶ）〈17〉
飾る（かざる）〈17〉
さしあげる〈17〉
無くす（なくす）〈17〉
塗る（ぬる）〈17〉
話し合う（はなしあう）〈17〉
企画する（きかくする）〈17〉
推薦する（すいせんする）〈17〉
研究する（けんきゅうする）〈17〉
発表する（はっぴょうする）〈17〉
いただく〈18〉
書き続ける（かきつづける）〈18〉
くださる〈18〉
吸い始める（すいはじめる）〈18〉
食べ終わる（たべおわる）〈18〉
続ける（つづける）〈18〉
直し合う（なおしあう）〈18〉
直す（なおす）〈18〉
運ぶ（はこぶ）〈18〉
持つ（もつ）〈18〉
読み終わる（よみおわる）〈18〉
読み始める（よみはじめる）〈18〉

翻訳する（ほんやくする）〈18〉
説明する（せつめいする）〈18〉
植える（うえる）〈19〉
変える（かえる）〈19〉
書き加える（かきくわえる）〈19〉
伝える（つたえる）〈19〉
通す（とおす）〈19〉
届ける（とどける）〈19〉
学ぶ（まなぶ）〈19〉
用いる（もちいる）〈19〉
志望する（しぼうする）〈19〉
チェックする（check）〈19〉
売る（うる）〈20〉
汚染する（おせんする）〈20〉
育てる（そだてる）〈20〉
立てる（たてる）〈20〉
楽しむ（たのしむ）〈20〉
用意する（よういする）〈20〉
輸出する（ゆしゅつする）〈20〉
支度する（したくする）〈20〉
承知する（しょうちする）〈20〉
挙げる（あげる）〈21〉
拾う（ひろう）〈21〉
申し込む（もうしこむ）〈21〉
予約する（よやくする）〈21〉
試着する（しちゃくする）〈21〉
見物する（けんぶつする）〈21〉
流す（ながす）〈22〉
動かす（うごかす）〈23〉
掛ける（かける）〈23〉
片付ける（かたづける）〈23〉
比べる（くらべる）〈23〉
包む（つつむ）〈23〉
頼む（たのむ）〈23〉
貼る（はる）〈23〉

动词、形容词、副词表

やる<23>
沸かす（わかす）<23>
確認する（かくにんする）<23>
操作する（そうさする）<23>
ちょうだいする<23>
温める（あたためる）<24>
当てる（あてる）<24>
つぎたす<24>
見渡す（みわたす）<24>
ガイドする(guide)<24>
登録する（とうろくする）<24>
入力する（にゅうりょくする）<24>
諦める（あきらめる）<25>
落とす（おとす）<25>
おっしゃる<25>
足す（たす）<25>
投げる（なげる）<25>
払う（はらう）<25>
辞める（やめる）<25>
譲る（ゆずる）<25>
使用する（しようする）<25>
送信する（そうしんする）<25>
提出する（ていしゅつする）<25>
受け取る（うけとる）<26>
壊す（こわす）<26>
しゃべる<26>
訪ねる（たずねる）<26>
引く（ひく）<26>
申し上げる（もうしあげる）<26>
依頼する（いらいする）<26>
告白する（こくはくする）<26>
査収する（さしゅうする）<26>
世話する（せわする）<26>
送付する（そうふする）<26>
添付する（てんぷする）<26>
朗読する（ろうどく）<26>
受け入れる（うけいれる）<27>
写す（うつす）<27>
叱る（しかる）<27>
捕まえる（つかまえる）<27>
盗む（ぬすむ）<27>

踏む（ふむ）<27>
褒める（ほめる）<27>
任す（まかす）<27>
間違える（まちがえる）<27>
汚す（よごす）<27>
呼び出す（よびだす）<27>
呼び止める（よびとめる）<27>
割る（わる）<27>
送り迎えする（おくりむかえする）<27>
招待する（しょうたいする）<27>
提案する（ていあんする）<27>
評価する（ひょうかする）<27>
隠す（かくす）<28>
噛む（かむ）<28>
くださる<29>
探し求める（さがしもとめる）<29>
勧める（すすめる）<29>
なさる<29>
召し上がる（めしあがる）<29>
見学する（けんがくする）<29>
募集する（ぼしゅうする）<29>
預かる（あずかる）<30>
いたす<30>
出迎える（でむかえる）<30>
申す（もうす）<30>
期待する（きたいする）<30>
指導する（しどうする）<30>
拝見する（はいけんする）<30>
報告する（ほうこくする）<30>
了承する（りょうしょうする）<30>

自動詞

要る（いる）<16>
落ち着く（おちつく）<16>
驚く（おどろく）<16>
感動する（かんどうする）<16>
すく<16>
込む（こむ）<16>
栄える（さかえる）<16>
通じる（つうじる）<16>
着く（つく）<16>

泊まる（とまる）<16>
泣く（なく）<16>
並ぶ（ならぶ）<16>
鳴る（なる）<16>
慣れる（なれる）<16>
寄る（よる）<16>
沸く（わく）<16>
講義する（こうぎする）<16>
化粧する（けしょうする）<16>
留守する（るすする）<16>
乾く（かわく）<17>
はやる<17>
朝寝坊する（あさねぼうする）<17>
お返しする（おかえしする）<17>
参加する（さんかする）<17>
賛成する（さんせいする）<17>
就職する（しゅうしょくする）<17>
進学する（しんがくする）<17>
入学する（にゅうがくする）<17>
反対する（はんたいする）<17>
集まる（あつまる）<18>
勝つ（かつ）<18>
通い続ける（かよいつづける）<18>
優れる（すぐれる）<18>
飛ぶ（とぶ）<18>
泣き出す（なきだす）<18>
晴れる（はれる）<18>
増える（ふえる）<18>
曲がる（まがる）<18>
もてる<18>
別れる（わかれる）<18>
勤務する（きんむする）<18>
出席する（しゅっせきする）<18>
ジョギングする（jogging）<18>
ダイエットする（diet）<18>
貯金する（ちょきん）<18>
プレゼンする（presentation）<18>
現れる（あらわれる）<19>
壊れる（こわれる）<19>
残る（のこる）<19>
チャレンジする（challenge）<19>

挑戦する（ちょうせんする）<19>
徹夜する（てつやする）<19>
曇る（くもる）<20>
凍る（こおる）<20>
足りる（たりる）<20>
逃げる（にげる）<20>
伸びる（のびる）<20>
冷える（ひえる）<20>
減る（へる）<20>
アテンドする（attend）<20>
応募する（おうぼする）<20>
到着する（とうちゃくする）<20>
花見する（はなみする）<20>
写る（うつる）<21>
聞こえる（きこえる）<21>
騒ぐ（さわぐ）<21>
のんびりする<21>
見える（みえる）<21>
喜ぶ（よろこぶ）<21>
渡る（わたる）<21>
成功する（せいこうする）<21>
ドライブする（drive）<21>
落ちる（おちる）<22>
折れる（おれる）<22>
変わる（かわる）<22>
困る（こまる）<22>
滑る（すべる）<22>
倒れる（たおれる）<22>
積もる（つもる）<22>
悩む（なやむ）<22>
吹く（ふく）<22>
役立つ（やくだつ）<22>
失敗する（しっぱいする）<22>
満足する（まんぞくする）<22>
暮れる（くれる）<23>
答える（こたえる）<23>
触る（さわる）<23>
進む（すすむ）<23>
輝く（かがやく）<24>
効く（きく）<24>
流れる（ながれる）<24>

回る（まわる）〈24〉
汚れる（よごれる）〈24〉
バイトする〈24〉
上達する（じょうたつする）〈24〉
合う（あう）〈25〉
売れる（うれる）〈25〉
怒る（おこる）〈25〉
落ち込む（おちこむ）〈25〉
過ぎる（すぎる）〈25〉
遅刻する（ちこくする）〈25〉
転勤する（てんきんする）〈25〉
迷惑する（めいわくする）〈25〉
謝る（あやまる）〈26〉
通う（かよう）〈26〉
転ぶ（ころぶ）〈26〉
たまる〈26〉
続く（つづく）〈26〉
つながる〈26〉
詰まる（つまる）〈26〉
やむ〈26〉
わびる〈26〉
ごろごろする〈26〉
はっきりする〈26〉
慌てる（あわてる）〈27〉
気づく（きづく）〈27〉
愚痴る（ぐちる）〈27〉
届く（とどく）〈27〉
通る（とおる）〈27〉
昇る（のぼる）〈27〉
離れる（はなれる）〈27〉
見つかる（みつかる）〈27〉
挨拶する（あいさつする）〈27〉
影響する（えいきょうする）〈27〉
緊張する（きんちょうする）〈27〉
注目する（ちゅうもくする）〈27〉
いたずらする〈28〉
感謝する（かんしゃする）〈28〉
希望する（きぼうする）〈28〉
苦労する（くろうする）〈28〉
講演する（こうえんする）〈28〉
発言する（はつげんする）〈28〉

いらっしゃる〈29〉
閉まる（しまる）〈29〉
濡れる（ぬれる）〈29〉
迷う（まよう）〈29〉
割れる（われる）〈29〉
安心する（あんしんする）〈29〉
活躍する（かつやくする）〈29〉
退職する（たいしょくする）〈29〉
入院する（にゅういんする）〈29〉
評判する（ひょうばん）〈29〉
おる〈30〉
参る（まいる）〈30〉
集中する（しゅうちゅうする）〈30〉
中止する（ちゅうしする）〈30〉
通勤する（つうきんする）〈30〉
入場する（にゅうじょうする）〈30〉

自他动词

相談する（そうだんする）〈16〉
思う（おもう）〈17〉
希望する（きぼうする）〈18〉
開く（ひらく）〈20〉
遠慮する（えんりょする）〈21〉
暮らす（くらす）〈22〉
中止する（ちゅうしする）〈25〉
変更する（へんこうする）〈25〉
急ぐ（いそぐ）〈25〉
訪れる（おとずれる）〈27〉
怖がる（こわがる）〈27〉
伺う（うかがう）〈30〉

I 类形容词

うるさい〈16〉
かたい〈16〉
気持ちいい（きもちいい）〈16〉
怖い（こわい）〈16〉
寂しい（さびしい）〈16〉
正しい（ただしい）〈16〉
辛い（つらい）〈16〉
懐かしい（なつかしい）〈16〉
細い（ほそい）〈16〉

かっこいい<17>
すばらしい<17>
苦い（にがい）<17>
詳しい（くわしい）<18>
幅広い（はばひろい）<19>
ひどい<19>
珍しい（めずらしい）<19>
深い（ふかい）<20>
肌寒い（はだざむい）<20>
弱い（よわい）<20>
危ない（あぶない）<21>
おかしい<22>
悔しい（くやしい）<22>
苦しい（くるしい）<22>
はずかしい<24>
うまい<25>
きつい<25>
易しい（やさしい）<25>
気持ち悪い（きもちわるい）<26>
めでたい<28>
ありがたい<30>
名残惜しい（なごりおしい）<30>

II 类形容词

複雑（ふくざつ）<16>
変（へん）<16>
華やか（はなやか）<16>
壮大（そうだい）<16>
古風（こふう）<16>
危険（きけん）<16>
複雑（ふくざつ）<16>
健康（けんこう）<18>
急（きゅう）<18>
自然（しぜん）<19>
順調（じゅんちょう）<19>
楽（らく）<19>
丁寧（ていねい）<20>
適当（てきとう）<20>
具体的（ぐたいてき）<21>
個人的（こじんてき）<21>
最高（さいこう）<21>

積極的（せっきょくてき）<21>
本格的（ほんかくてき）<21>
大切（たいせつ）<22>
独創的（どくそうてき）<22>
退屈（たいくつ）<22>
いい加減（いいかげん）<25>
迷惑（めいわく）<25>
ドジ<27>
不愉快（ふゆかい）<27>
有能（ゆうのう）<27>
当然（とうぜん）<28>
いたずら<28>
貴重（きちょう）<28>
地味（じみ）<29>
評判（ひょうばん）<29>
無事（ぶじ）<30>

副词

どんどん<16>
十分（じゅうぶん）<16>
ほとんど<16>
さっき<16>
なかなか<16>
もうすぐ<16>
久しぶり（ひさしぶり）<17>
まさか<17>
大体（だいたい）<18>
突然（とつぜん）<18>
互いに（たがいに）<18>
はっきり<19>
すべて<19>
せっかく<20>
早速（さっそく）<20>
のんびり<21>
さすが<21>
ついでに<21>
まるで<22>
非常に（ひじょうに）<22>
全然（ぜんぜん）<22>
少々（しょうしょう）<22>
確か（たしか）<22>

动词、形容词、副词表

びっくり〈22〉
できるだけ〈23〉
ちゃんと〈23〉
なるべく〈23〉
かなり〈24〉
しっかり〈25〉
必ず（かならず）〈25〉
ごろごろ〈26〉
はっきり〈26〉
至急（しきゅう）〈26〉
やっと〈26〉

ずいぶん〈26〉
うっかり〈26〉
とにかく〈27〉
いよいよ〈28〉
確かに（たしかに）〈28〉
ぴったり〈29〉
ちょうど〈29〉
なんか〈29〉
精一杯（せいいっぱい）〈30〉
わざわざ〈30〉

语法索引

［Nの／V］間（は）＜时段＞〈28〉

お-／ご-＜表示尊敬的前缀＞〈26〉

お／ご［V］いただく＜授受・自谦＞〈30〉

お／ご［V］する（いたす）＜自谦＞〈30〉

お／ご［V］になる＜尊他＞〈29〉

お／ご～くださる（い）＜授受・尊他＞〈29〉

お／ご～です＜尊他＞〈29〉

～おかげで＜积极的原因＞〈16〉

［N］がする＜感官、感觉＞〈16〉

～かどうか＜选择＞〈20〉

～かもしれない＜推测＞〈19〉

－がる＜形容词的动词化＞〈22〉

～が聞こえる／見える＜能力＞〈21〉

くださる／いただく／さしあげる＜物品的授受・敬语＞〈18〉

くらい＜最低限度＞〈27〉

けど＜顺接＞〈16〉

ございます／～でございます＜郑重语＞〈30〉

こそ＜强调＞〈28〉

［V］ことがある＜频率低＞〈27〉

［V］ことにする＜决定＞〈18〉

［V］ことになっている＜规定＞〈28〉

［V］ことになる＜事态发展的结果＞〈28〉

［V］ことはない＜建议＞〈27〉

［A］さ＜形容词的名词化＞〈29〉

［V］（さ）せていただく＜自谦＞〈30〉

［V］（さ）せてもらう／くれる（ください）＜请求＞〈28〉

［V］（さ）せられる＜使动被动＞〈28〉

［V］（さ）せる＜使动＞〈28〉

～し、～＜并列＞〈18〉

［V］ず（に）＜否定的状态＞〈26〉

［A／V］すぎる＜程度＞〈26〉

そうだ＜间接引语＞〈29〉

［V／A］そうだ＜征兆、推测＞〈22〉

语法索引

[V]そうにない／～なさそうだ＜征兆，推测（否定）＞〈25〉
それとも＜选择＞〈17〉
[V]た＋[N]〈18〉
[V]たいと思う＜愿望＞〈18〉
だけでいい＜充分条件＞〈24〉
[V]たばかりだ＜动作刚刚结束＞〈27〉
[Nの／V]たびに＜反复＞〈27〉
ため（に）＜原因＞〈26〉
[Nの／V]ために＜目的＞〈18〉
～たら＜假设、条件＞〈16〉
[V]たら、～た＜契机-发现＞〈16〉
疑问词＋[V]たらいいか＜询问＞〈17〉
[V]たらどうですか＜建议＞〈17〉
～だろう（と思う）＜推测＞〈22〉
ちょうだい／[V]てちょうだい＜请求＞〈23〉
[N]って＜话题＞〈17〉
[V]つもりだ＜打算＞〈20〉
[AⅠ]て；[N／AⅡ]で＜原因、理由＞〈16〉
[V]てある＜状态的存续＞〈23〉
[V]ていらっしゃる＜尊他＞〈29〉
[V]ておく＜准备＞〈23〉
-的＜性质＞〈21〉
[V]てくださいませんか／いただけませんか／いただけないでしょうか＜客气的请求＞〈19〉
[V]てくださる／いただく／さしあげる＜受益＞〈19〉
[V]てくる／いく＜移动、变化＞〈20〉
[V]てくれる／もらう／あげる＜行为的授受＞〈18〉
[V]てしまう＜不良后果＞〈26〉
～でしょう＜推测、委婉的判断＞〈17〉
[V]てばかりいる＜动作的持续＞〈27〉
[V／AⅠ]ても；[N／AⅡ]でも＜让步＞〈18〉
[V]てよかった＜评价＞〈16〉
[V]と、～た＜契机-发现＞〈24〉
[V]といい＜愿望、建议＞〈18〉
という[N]＜说明＞〈17〉
[Nの／V]とおり＜标准＞〈23〉
とか＜并列＞〈29〉
[V]ところだ／[V]ているところだ／[V]たところだ＜动作的开始、进行和结束＞〈27〉
ところで＜转换话题＞〈17〉

307

[N]として＜资格、身份＞〈16〉

とても～ない＜否定可能性＞〈22〉

～とは言えない＜否定性的判断＞〈21〉

～と思う＜思维活动＞〈17〉

～と言う＜言语行为＞〈17〉

[V]な＜禁止＞〈25〉

[V]ないで＜否定＞〈16〉

～ないと～ない＜否定性的条件＞〈30〉

[V]なくてはならない／いけない＜要求、义务＞〈18〉

[V]なさい＜命令＞〈25〉

[N]なら＜话题＞〈24〉

なら＜条件、假设＞〈21〉

[N]に＜评价、判断的基准＞〈29〉

[N]に＜原因＞〈22〉

[N]について＜内容＞〈17〉

[N]によって＜基准＞〈24〉

格助词＋の〈18〉

のに＜转折＞〈16〉

～ば～ほど＜程度递进＞〈24〉

[V／A₁]ば＜条件、假设＞〈24〉

～場合（は）＜假设＞〈25〉

[V]ばいい＜建议＞〈24〉

～はずがない＜否定性的判断＞〈25〉

～はずだ＜推测＞〈22〉

[V]べきだ＜义务＞〈25〉

[Vた／Vない]ほうがいい＜建议、劝说＞〈19〉

までに＜期限＞〈25〉

[Nの／Vた／Vない]まま＜放任＞〈26〉

（まるで）～ようだ＜比喻＞〈22〉

みたいだ＜比喻＞〈24〉

[V]やすい／にくい＜动作的难易＞〈29〉

やる／[V]てやる＜授受＞〈23〉

[V]（よ）う＜意志＞〈20〉

（まるで）～ようだ＜比喻＞〈22〉

[V]ようだ＜推测＞〈26〉

[V]（よ）うと思う＜计划＞〈20〉

[V]（よ）うとする＜意图＞〈27〉

[Nの]ような／ように；[N]みたいな／みたいに＜示例＞〈26〉

[V／Nの]予定だ ＜计划＞ ⟨20⟩

[N]らしい ＜特质＞ ⟨29⟩

[V]（ら）れる ＜被动＞ ⟨27⟩

[V]（ら）れる ＜尊他＞ ⟨29⟩

[V]ようにする ＜目标＞ ⟨23⟩

[V]ようになる ＜变化＞ ⟨23⟩

[N₁]を[N₂]にする ＜使然＞ ⟨26⟩

[N]を通して ＜手段、媒介＞ ⟨19⟩

表示动作阶段的复合动词 ⟨18⟩

动词的第一连用形 ⟨19⟩

动词的可能态 ＜能力、可能＞ ⟨21⟩

动词的命令形 ⟨25⟩

简体句 ⟨16⟩

敬语 ＜自谦语＞ ⟨30⟩

敬语 ＜尊他语＞ ⟨29⟩

口语中的缩略形式 ⟨27⟩

参 考 书 目

彭广陆・守屋三千代,《综合日语》第1～4册,北京大学出版社,2004—2006.

何琳,《综合日语练习册》第1～4册,北京大学出版社,2005—2008.

彭广陆,《综合日语教师指导用书》第1～4册,北京大学出版社,2004—2006.

池上嘉彦・守屋三千代,『自然な日本語を教えるために——認知言語学をふまえて』,ひつじ書房,2009.

阪田雪子・新屋映子・守屋三千代,『日本語運用文法——文法は表現する』,凡人社,2003.

新屋映子・姫野伴子・守屋三千代,『日本語教科書の落とし穴』,アルク,1999.

鈴木康之主編(彭广陆编译),《概说・现代日语语法》,吉林教育出版社,1999.

国際交流基金日本語国際センター,『教科書を作ろう 中等教育向け初級日本語素材集 せつめい編』,1999.

髙見澤孟監修『はじめての日本語教育 基本用語事典』アスク・東京,1997.

松岡弘監修、庵功雄・高梨信乃・中西久実子・山田敏弘『初級を教える人のための日本語文法ハンドブック』,スリーエーネットワーク,2000.

NHK放送文化研究所編『ＮＨＫ日本語発音アクセント辞典』新版(第19刷),NHK出版,2002.

みんなの教材サイト http://minnanokyozai.jp/

编者后记

本教材的编写方针由编委会集体讨论决定。在编写过程中,由总主编负责全套教材的组织协调工作,分册主编具体负责各册的编写。《实用日语 初级(上册·下册)》由主编何琳、磐村文乃,副主编周彤负责具体策划和统稿,各部分执笔工作具体分工如下:

课文、会话:磐村文乃、稻垣亚文、宫崎泉
单词表及索引:刘健、马小兵
语法解说及索引:王轶群、周彤
词汇解说及索引:彭广陆
练习:何琳、刘艳文、高靖
小知识、表达解说及索引:马成芬
定稿:彭广陆、何琳
审订:守屋三千代

在编写过程中,日语教育专家、日本创价大学守屋三千代教授始终给予热情关怀和具体指导,对保证本教材的质量起到了重要的作用,在此表示由衷的感谢。

感谢北京大学出版社外语编辑室主任张冰女士为本教材的出版提供的帮助,感谢本书责任编辑、北京大学出版社的兰婷女士为本教材的出版所付出的努力。

《实用日语》编委会
2010年7月7日

北京市高等教育自学考试课程考试大纲

课程名称：初级日语二　　课程代码：05816　　2010年7月版

第一部分　课程性质与设置目的

一、课程性质与特点

本课程为北京市高等教育自学考试日语（基础科）（专科）专业的笔试课程，适用于基础阶段的日语学习者。

通过本课程考试的学习者，具备初步的日语综合应用能力，掌握基础的日语语言知识和一定的语言技能，并能为后续阶段的日语课程学习及应用打下良好的基础，同时具备良好的跨文化交际能力。

二、课程目标与基本要求

本课程的目标为帮助学习者培养初步的日语综合应用能力，掌握简单的日语基础知识和初步的语言技能，培养良好的文化素养和跨文化交际能力。语言知识包括语音、词汇、语法，语言技能包括听说读写译五项技能，文化素养包括背景知识、言语行为特征和非言语行为特征。

为实现这一目标，教材选用了适合自学的学习内容，设计了适合自学的学习方法、步骤。通过本课程的学习，要求学生掌握"初级日语二"阶段规定的语言知识，对语法和词汇要理解并学会使用，同时注重听说读写译技能的均衡发展，初步形成日语综合应用能力。

三、与其他课程的关系

完成"初级日语一"的学习。

第二部分　课程内容与考核目标

本课程以《实用日语　初级（下册）》（彭广陆等编著 北京大学出版社 2010年7月版）为推荐教材，主要包括以下内容：1. お久しぶり、元気だった；2. あのプロジェクトについてどう思いますか；3. 書いたら直してくれませんか；4. 日本語で書いた文章を見ていただけないでしょうか；5. 週末は家で勉強しようと思っています；6. 遠くまでよく見えますね；7. 楽しそうに話していました；8. 準備しておきます；9. あそこに登れば、故宮が見渡せるんです；10. これからは遅れないように気をつけなさい；11. 電源をオフのままにしてしまいました；12. スピーチコンテストが開かれました；13. いろいろな経験をさせてもらって、楽しかったです；14. 李想くんのことを非常に期待なさっているようです；15. 日本でまたお会いできるのを楽しみにしています。

"初级日语二"阶段所学习的内容均为日语基础知识，是今后继续学习的基础，所有单词、语法、表达方式都要求熟练掌握。考生学习时应以单词、语法、课文、练习为中心，感受、理解、应用、掌握日语，同时通过完成课后的自测题，及时查漏补缺。考核将围绕以上内容进行。

为了帮助学习者提高阅读能力，教材中设计了阅读练习，但是考虑到初级阶段阅读练习中词汇量较大，因此，初级日语二的阅读练习将不列入考核范围。未列入考核范围的部分可供考生学习时参考使用。

教材中特别指出的部分人名地名（见单词索引卷末）以及"词汇解说"中的生词不做考点。

第16课　お久しぶり、元気だった

一、学习目的与要求

通过本单元学习，要求能够理解关系亲密者之间的对话，掌握寒暄、道谢、谈论自己的经历的表达方式。

二、考核知识点与考核目标

★语法：

(1) 简体句

(2) ～たら＜假设、条件＞

(3) Vたら、～た＜契机-发现＞

(4) Vないで＜否定＞

（5）A_Iて；N／A_IIで＜原因、理由＞

（6）のに＜转折＞

（7）Nとして＜资格、身份＞

（8）Nがする＜感官、感觉＞

（9）Vてよかった＜评价＞

（10）～おかげで＜积极的原因＞

（11）けど＜顺接＞

★词汇：本课单词表中的单词。

★交际用语：

（1）お久しぶりです。

（2）元気だった？／お元気ですか。

（3）この間はありがとうございました。新年会、とても楽しかったです。

第17课　あのプロジェクトについてどう思いますか

一、学习目的与要求

通过本单元学习，要求掌握询问、叙述意见、感想，询问、说明风俗习惯，征求意见，提出建议的表达方式。

二、考核知识点与考核目标

★语法：

（1）～と思う＜思维活动＞

（2）～と言う＜言语行为＞

（3）Nって＜话题＞

（4）というN＜说明＞

（5）～でしょう＜推测、委婉的判断＞

（6）Vたらどうですか＜建议＞

（7）疑问词＋Vたらいいか＜询问＞

（8）Nについて＜内容＞

（9）ところで＜转换话题＞

（10）それとも＜选择＞

★词汇：本课单词表中的单词。

★交际用语：

（1）本当ですか。

(2) ええ、まあ。

(3) ～はどうしたらいいかと思って。

(4) まさか。

第18课　書いたら直してくれませんか

一、学习目的与要求

通过本单元学习，要求掌握请求帮助，提出建议，说明自己的决定和计划，推荐的表达方式。

二、考核知识点与考核目标

★ 语法：

(1) くださる／いただく／さしあげる＜物品的授受・敬语＞

(2) Vてくれる／あげる／もらう＜行为的授受＞

(3) Vたいと思う＜愿望＞

(4) Nの／Vために＜目的＞

(5) Vなくてはならない／いけない＜要求、义务＞

(6) Vことにする＜决定＞

(7) V／A_Iても；N／A_{II}でも＜让步＞

(8) Vといい＜愿望、建议＞

(9) ～し、～＜并列＞

(10) 格助词＋の

(11) Vた＋N

(12) 表示动作阶段的复合动词

★ 词汇：本课单词表中的单词。

★ 交际用语：

(1) ちょっとお願いがあるんですが。

(2) はい、何でしょう。

(3) 頑張りましょう。

(4) 失礼します。

(5) ああ、どうぞ。

第19课　日本語で書いた文章を見ていただけないでしょうか

一、学习目的与要求

通过本单元学习，要求掌握向长辈、上级提出请求，建议，劝说，铺垫的表达

方式。

二、考核知识点与考核目标

★ 语法：

(1) Vてくださる／いただく／さしあげる＜受益＞

(2) Vてくださいませんか／いただけませんか／いただけないでしょうか＜客气的请求＞

(3) Vた／Vないほうがいい＜建议、劝说＞

(4) ～かもしれない＜推测＞

(5) Nを通して＜手段、媒介＞

(6) 动词的第一连用形

★ 词汇：本课单词表中的单词。

★ 交际用语：

(1) 今、よろしいでしょうか。

(2) お忙しいところ申し訳ありませんが。

(3) かまいませんよ。

(4) どうかしたんですか。

(5) 大変勉強になりました。

第20课　週末は家で勉強しようと思っています

一、学习目的与要求

通过本单元学习，要求掌握询问、谈论计划，谈论天气、季节，谈论自己的意向的表达方式。

二、考核知识点与考核目标

★ 语法：

(1) Vてくる／いく＜移动、变化＞

(2) V（よ）う＜意志＞

(3) V（よ）うと思う＜计划＞

(4) Vつもりだ＜打算＞

(5) V／Nの予定だ　＜计划＞

(6) ～かどうか＜选择＞

★ 词汇：本课单词表中的单词。

第21课　遠くまでよく見えますね

一、学习目的与要求

通过本单元学习，要求掌握表达能力、可能，发出邀请、接受邀请、拒绝邀请的表达方式。

二、考核知识点与考核目标

★ 语法：

(1) 动词的可能态＜能力、可能＞

(2) ～が聞こえる／見える＜能力＞

(3) なら＜条件、假设＞

(4) ～とは言えない＜否定性的判断＞

(5) －的＜性质＞

★ 词汇：本课单词表中的单词。

★ 交际用语：

(1) はい、チーズ。

(2) それはちょっと…。

(3) 遠慮します。

(4) 本当だ。

(5) 最高。

第22课　楽しそうに話していました

一、学习目的与要求

通过本单元学习，要求掌握赠送和接受礼物，根据观察做出判断、预测，通过比喻描述对某个事物的印象，描述自己的体验的表达方式。

二、考核知识点与考核目标

★ 语法：

(1) V／Aそうだ＜征兆、推测＞

(2) ～だろう（と思う）＜推测＞

(3) （まるで）～ようだ＜比喻＞

(4) ～はずだ＜推测＞

(5) －がる＜形容词的动词化＞

(6) とても～ない＜否定可能性＞

(7) Nに＜原因＞

★ 词汇：本课单词表中的单词。

★ 交际用语：

（1）よかったら、開けてみてください。

（2）大切にします。

第23课　準備しておきます

一、学习目的与要求

通过本单元学习，要求掌握给予指示，接受指示，确认事情，谈论准备情况，祝贺生日的表达方式。

二、考核知识点与考核目标

★ 语法：

（1）Ｖておく＜准备＞

（2）Ｖてある＜状态的存续＞

（3）Ｖようになる＜变化＞

（4）Ｖようにする＜目标＞

（5）Ｎの／Ｖとおり＜标准＞

（6）ちょうだい／Ｖてちょうだい＜请求＞

（7）やる／Ｖてやる＜授受＞

★ 词汇：本课单词表中的单词。

★ 交际用语：

（1）さすが、わが秘書。

第24课　あそこに登れば、故宮が見渡せるんです

一、学习目的与要求

通过本单元学习，要求掌握做向导，简单介绍物品的使用方法，简单介绍北京的茶馆的表达方式。

二、考核知识点与考核目标

★ 语法：

（1）Ｖ／Ａ₁ば＜条件、假设＞

（2）Ｎなら＜话题＞

（3）Ｖと、～た＜契机-发现＞

（4）Ｖばいい＜建议＞

(5) ～ば～ほど＜程度递进＞

(6) だけでいい＜充分条件＞

(7) みたいだ＜比喻＞

(8) Nによって＜基准＞

★ 词汇：本课单词表中的单词。

★ 交际用语：

(1) それは楽しみですね。

第25课　これからは遅れないように気をつけなさい

一、学习目的与要求

通过本单元学习，要求掌握命令、禁止、忠告，鼓励、安慰向你倾诉烦恼的朋友的表达方式。

二、考核知识点与考核目标

★ 语法：

(1) 动词的命令形

(2) Vな＜禁止＞

(3) Vなさい＜命令＞

(4) Vべきだ＜义务＞

(5) ～はずがない＜否定性的判断＞

(6) Vそうにない／～なさそうだ＜征兆，推测（否定）＞

(7) までに＜期限＞

(8) ～場合（は）＜假设＞

★ 词汇：本课单词表中的单词。

★ 交际用语：

(1) ちょっと。

(2) 申し訳ありません。

(3) やっていけそうにありません。

(4) そんなこと言うなよ。

(5) 何かあったら、いつでも連絡しろよ。

第26课　電源をオフのままにしてしまいました

一、学习目的与要求

通过本单元学习，要求掌握谈论自己的失败，道歉、请求原谅，叙述理由，责

备、催促的邮件，道歉的邮件的表达方式。

二、考核知识点与考核目标
★ 语法：

(1) Vてしまう＜不良后果＞

(2) Nの／Vないまま＜保持原状＞

(3) N1をN2にする＜使然＞

(4) ため（に）＜原因＞

(5) Vようだ＜推测＞

(6) Nのような／ように；Nみたいな／みたいに＜示例＞

(7) Vず（に）＜否定的状态＞

(8) A／Vすぎる＜程度＞

(9) お-／ご-＜表示尊敬的前缀＞

★ 词汇：本课单词表中的单词。

★ 交际用语：

(1) 取り急ぎ、ご連絡まで。

(2) ご連絡、ありがとうございました。

(3) ご迷惑をおかけし、申し訳ございませんでした。

(4) 今後、このようなことがないよう気をつけます。

(5) ご送付かたがたお詫び申し上げます。

第27课　スピーチコンテストが開かれました

一、学习目的与要求

通过本单元学习，要求掌握失意、抱怨、鼓励的表达方式；掌握描述动作的时间，叙述被动的行为的表达方式。

二、考核知识点与考核目标
★ 语法：

(1) V（ら）れる＜被动＞

(2) Vてばかりいる＜动作的持续＞

(3) Vたばかりだ＜动作刚刚结束＞

(4) Vことはない＜建议＞

(5) Vことがある＜频度低＞

(6) Vところだ／Vているところだ／Vたところだ＜动作的开始、进行和结束＞

(7) V（よ）うとする＜意图＞

(8) Nの／Vたびに＜反复＞

(9) くらい＜最低限度＞

(10) 口语中的缩略形式

★ 词汇：本课单词表中的单词。

★ 交际用语：

(1) いったい…？

(2) ただいま。

(3) お帰りなさい。

(4) お疲れ様。

第28课　いろいろな経験をさせてもらって、楽しかったです

一、学习目的与要求

通过本单元学习，要求掌握谈论经历，委婉地请求，道别，回忆与朋友一起共度的时光，付账的表达方式。

二、考核知识点与考核目标

★ 语法：

(1) V（さ）せる＜使动＞

(2) V（さ）せられる＜使动被动＞

(3) V（さ）せてもらう／くれる（ください）＜请求＞

(4) Vことになる＜事态发展的结果＞

(5) Vことになっている＜规定＞

(6) こそ＜强调＞

(7) Nの／V間（は）＜时段＞

★ 词汇：本课单词表中的单词。

★ 交际用语：

(1) 貴重な経験をさせてもらいました。

(2) かんぱーい。

(3) （本当に）お世話になりました。

第29课　李想くんのことを非常に期待なさっているようです

一、学习目的与要求

通过本单元学习，要求掌握通过敬语向长辈或上级表达敬意，讨论即将发生的事

情，购物，评论商品的表达方式。

二、考核知识点与考核目标

★ 语法：

(1) 敬语＜尊他语＞

(2) お／ごVになる＜尊他＞

(3) V（ら）れる＜尊他＞

(4) お／ご～です＜尊他＞

(5) お／ご～くださる（い）＜授受・尊他＞

(6) Vていらっしゃる＜尊他＞

(7) そうだ＜间接引语＞

(8) ～らしい＜传闻、推测＞

(9) Nらしい＜特质＞

(10) Vやすい／にくい＜动作的难易＞

(11) Nに＜评价、判断的基准＞

(12) Aさ＜形容词的名词化＞

(13) とか＜并列＞

★ 词汇：本课单词表中的单词。

★ 交际用语：

(1) お呼びでしょうか。

(2) よろしく頼むよ。

第30课　日本でまたお会いできるのを楽しみにしています

一、学习目的与要求

通过本单元学习，要求掌握向长辈或上级道别，表示感谢，机场送行的表达方式。

二、考核知识点与考核目标

★ 语法：

(1) 敬语＜自谦语＞

(2) お／ごVする（いたす）＜自谦＞

(3) お／ごVいただく＜授受・自谦＞

(4) V（さ）せていただく＜自谦＞

(5) ございます／～でございます＜郑重语＞

(6) ～ないと～ない＜否定性的条件＞

★ 词汇：本课单词表中的单词。
★ 交际用语：
 (1) いえ、こちらで。
 (2) ごあいさつに伺っただけですから。
 (3) ご苦労さま。
 (4) 精一杯やらせていただきます。
 (5) 今後ともご指導、よろしくお願いいたします。
 (6) 活躍してくれることを期待しているよ。
 (7) どうか、お元気でお過ごしください。
 (8) お見送りありがとうございました。
 (9) 〜によろしくお伝えください。
 (10) また会いましょう。
 (11) さようなら。

第三部分　有关说明与实施要求

一、考核的能力要求

本课程为日语专业基础主干课程，考核内容以基础知识为主。本大纲在考核目标中所列的所有项目均要求能够正确理解、应用，同时要求能够读、写使用以上语言知识组成的语言素材。由于考试条件的限制，考试采用笔试形式，主要通过读、写的形式考察学生综合语言应用能力。

二、推荐教材

《实用日语　初级（下册）》，彭广陆等编著，北京大学出版社，2010年版。

三、自学方法指导

本大纲的课程要求是依据专业考试计划和专业培养目标而确定的。"学习目的与要求"明确了课程主要内容和要求掌握的范围。"考核知识点和考核目标"为自学考试考核的主要内容。为了有效地进行自学指导，本大纲已明确了教材的主要内容和需要重点掌握的语言知识、技能。

自学者在自学过程中，可以按照以下步骤进行有效学习：

1. 利用教材所附录音光盘，首先熟读、熟听并理解单词。
2. 学习语法项目，同时可以做与各语法项目相关的基础练习。

3. 学习课文，在具体的语境中体会、理解、掌握语言知识。最好做到理解、朗读、背诵。
4. 完成练习，巩固、消化语言知识。
5. 完成自测题，及时检测自己掌握的情况。
6. 再次朗读课文。

四、对社会助学的要求

1. 助学单位和教师应熟知本大纲的要求和规定。
2. 教学过程中，应以本大纲为依据，使用本大纲规定的教材实施教学和辅导。
3. 助学辅导时，应充分利用录音光盘，注重考生的基本功的训练，重视语言知识的同时，注重语言能力的培养。并根据考生的特点，按照大纲的要求制定、实施教学计划。
4. 助学辅导时，应以教材的单词、语法、课文、练习为中心开展教学。
5. 助学学时：本课程共8学分，建议总课时150学时，其中助学课时分配如下：

	课程内容	学时
第16课	お久しぶり、元気だった	8
第17课	あのプロジェクトについてどう思いますか	8
第18课	書いたら直してくれませんか	8
第19课	日本語で書いた文章を見ていただけないでしょうか	8
复习		4
第20课	週末は家で勉強しようと思っています	8
第21课	遠くまでよく見えますね	8
第22课	楽しそうに話していました	8
第23课	準備しておきます	8
复习		6
第24课	あそこに登れば、故宮が見渡せるんです	8
第25课	これからは遅れないように気をつけなさい	8
第26课	電源をオフのままにしてしまいました	8
第27课	スピーチコンテストが開かれました	8
复习		4
第28课	いろいろな経験をさせてもらって、楽しかったです	8
第29课	李想くんのことを非常に期待なさっているようです	8
第30课	日本でまたお会いできるのを楽しみにしています	8
复习		8
机动		8
合计		150

五、关于命题考试的若干规定

1. 本大纲各章所提到的内容和考核目标都是考试内容。试题覆盖所有内容，适当突出重点。

2. 试卷中对不同能力层次的试题比例大致是：基础知识＿＿80＿＿％，应用能力＿＿20＿＿％。

3. 试题难易程度应合理：较易、中等难度、较难。较难部分比例不超过30％，建议20％。

4. 考试方式为：笔试。考试时间为150分钟。评卷采用百分制，60分为及格。

5. 命题要基本覆盖要求掌握内容中的重要部分，能够检查考试的初级日语的基本水准。试题由选择题部分和非选择题部分两大部分组成。分为单选题、完形填空、阅读填空、单词翻译、完成句子、翻译等几种题型。

六、题型示例（样题）

第一部分　选择题（共44分）

一、单项选择题（本大题共44小题，每小题1分，共44分）

1．花のきれいなところ（　　）写真を撮ろうか。

  A．に B．で C．を D．が

2．社長に（　　）、うれしかった。

  A．褒めて B．褒めさせて C．褒められて D．褒めさせられて

3．先生が仕事を紹介して（　　）。

  A．もらいました   B．くださいました

  C．あげました   D．いただきました

4．授業の1時間（　　）来てください。

  A．前に B．前の C．前で D．前は

5．（部屋の外で話しています）先生が教室に（　　）。

  A．出ていきました   B．入っていきました

  C．出てきました   D．入ってきました

第二部分　非选择题（共56分）

二、填空题（本大题共20个单词，每个单词0.5分，共10分）

45．给下列日文汉字注上平假名。

  （1）季節 （2）合格 （3）暖かい （4）調べる

46. 给下列日文假名注上汉字。
   (1) しつもん　　(2) しんぱい　　(3) くもる　　(4) よわい

三、翻译题（本大题共20个单词，每个单词0.5分，共10分）

47. 将下列日语单词译成汉语。
   (1) レベル　　(2) 肌寒い　　(3) 幅広い　　(4) 間に合う

48. 将下列汉语单词译成日语。
   (1) 养育　　(2) 欣赏　　(3) 密码　　(4) 上进心

四、日译汉（本大题共9小题，每小题2分，共18分）

49. この募集要項を見て、留学までの予定を立ててみてください。

50. ここは日によって出し物が変わるんですが、茶芸や京劇などいろいろ見られる。

51. インターネットを通して世界各地の人々と交流できる。

52. システム開発部で身につけたプログラミングの知識を用い、今回のプロジェクトでゲームソフトの開発に挑戦したいと考え、志望しました。

五、汉译日（本大题共6小题，每小题3分，共18小题）

58. 早晨，我打开窗户发现下雪了。

59. 老师，能麻烦您帮我写封留学的推荐信吗？

60. 为了尽快把感冒治好，佐藤吃完药就睡觉了。

61. 我现在已经能够看懂日语的报纸了。